자동차와
민주주의

자동차와 민주주의

자동차는 어떻게 미국과 세계를 움직이는가

ⓒ 강준만, 2012

초판 1쇄 2012년 3월 5일 찍음
초판 1쇄 2012년 3월 10일 펴냄

지은이 | 강준만
펴낸이 | 강준우
기획 · 편집 | 김진원, 문형숙, 심장원, 이동국, 이연희
디자인 | 이은혜, 최진영
마케팅 | 박상철, 이태준
관리 | 김수연

펴낸곳 | 인물과사상사
인쇄 · 제본 | 대정인쇄공사
출판등록 | 제17-204호 1998년 3월 11일

주소 | (121-839) 서울시 마포구 서교동 392-4 삼양E&R빌딩 2층
전화 | 02-325-6364
팩스 | 02-474-1413
www.inmul.co.kr | insa@inmul.co.kr

ISBN 978-89-5906-208-9 03300

값 14,000원

자동차와 민주주의

자동차는 어떻게 미국과 세계를 움직이는가

강준만 지음

인물과
사상사

미국인의 자동차 종교

미국 여성들의 원만한 성생활을 위해 애쓰는 잡지 『코스모폴리탄 Cosmopolitan』은 언젠가 「오토에로티시즘: 그의 자동차가 당신보다 더 그를 흥분시킬 때Autoeroticism: When His Car Excites Him More Than You Do」라는 기사를 실었다. 오토에로티시즘은 원래 자위 따위를 통한 자기만족을 뜻하지만, 오늘날엔 자동차 에로티시즘으로 해석하는 게 더 어울릴지도 모르겠다. 이 잡지는 이런 해법을 제시했다.

"침대에 자동차 방향제를 뿌리세요. 당신 가슴에 장식술처럼 '퍼지 다이스(미국인들이 백미러에 즐겨 달던 주사위 모양의 장식물)'를 다세요. 그리고 그를 '점 퍼 케이블(자동차 배터리 충전용 케이블)'로 침대에 묶어놓고 당신의 배터리도 충전이 필요하다고 속삭이세요."[1]

웃자고 하는 말이겠지만, 근거 없는 말은 아니다. 미국은 자동차를 의인화하고 개인화할 정도로 자동차 사랑에 푹 빠진 명실상부한 '자동차 공화국'이기 때문이다. 이미 1990년 미국의 자동차 등록 대수는 1억 9000만 대를 기록해 운전면허증을 발급받은 사람 수보다 2300만 대 이상 많았다. 전체 국토 면적의 2퍼센트에 해당하고 경작 가능 면적의 10퍼센트에 해당하는 6만 평방마일이 자동차를 위한 아스팔트로 덮여 있고, 도로 유지 비용으로 하루 평균 2억 달러를 쓴다. 1억 개가 넘는 아스팔트 주차장 면적은 조지아 주 면적(15만 3909제곱킬로미터)에 해당된다.[2] '아스팔트 국가Asphalt Nation'라는 말이 나오는 이유다.[3]

미국인은 세계 인구의 5퍼센트에 불과하지만 전 세계 자동차 운행 거리의 50퍼센트, 휘발유 소비의 40퍼센트를 점하고 있다. 미국인들은 평균적으로 유럽인보다 2배 더 운전을 한다. 여행할 때 자동차를 직접 운전하는 비율도 미국인 82퍼센트, 독일인 48퍼센트, 프랑스인 47퍼센트, 영국인 45퍼센트다. 미국인은 평균 연간 1만 2000마일을 달리는데, 1년에 850시간을 운전하는 데 쓴 셈이다. 자동차로 인해 미국인의 3분의 2가 과체중이고, 미국인들의 교통비는 주택비와 비슷한 수준이다.[4]

이런 자동차 공화국 체제에 도전하는 목소리가 없는 건 아니지만 힘을 얻긴 힘들다. 무엇보다도 언론의 자동차 광고 의존도가 너무 높기 때문이다. 자동차와 자동차 용품 광고는 텔레비전과 잡지에서는 최대 광고주이고 신문에서는 두 번째다. 신문 광고의 25퍼센트, 텔레비전 광고의 20퍼센트, 잡지 광고의 15퍼센트, 라디오 광고의 10퍼센트를 차지하고 있다. 1998년 제너럴 모터스(General Motors, 지엠)가 광고비를 줄이자 잡지계 전체가 충격에 휩싸이기도 했다.[5]

미국인에게 자동차 사랑의 이유를 물으면 이구동성으로 편리성 때문이라고 답한다. 그러나 그건 자신들도 인식하지 못하는 거짓말이다. 그들은 훨씬 편리한 대체 수단이 있을 때에도 그걸 한사코 거부하고 자신이 직접 운전하는 자동차를 택한다. 왜 편리한데도 카풀을 한사코 거부하느냐고 물으면 미국인들은 "나는 매우 독립적이랍니다"라고 답한다.[6]

세상에 '독립'이 그런 의미로도 쓰일 수 있단 말인가? 하지만 그렇게 따질 일이 아니다. 미국인에게 자동차는 '자유와 독립의 상징'이요 '소비주의 욕망의 지존'이요 '행복의 심장부'이기 때문이다. 아니 종교다. 자동차는 미국인의 세속적 종교다. '자동차 종교'라는 말을 만들어 그걸 비판한 이는 1920년대부터 자동차와 초고층 건축물의 쇄도로 인해 뉴욕이 훼손될 것이라고 우려했던 도시계획가·역사가·사회주의자인 루이스 멈퍼드Lewis Mumford였다.[7] 하긴 자동차 종교가 아니라면, 도저히 이해할 수 없는 일이 너무 많이 벌어졌다.

자동차에 대한 인식은 나라마다 다르지만 '유사 이데올로기'라 해도 좋을 정도로 자동차는 한 국가의 중심적 가치를 대변한다. 자동차의 발명은 유럽에서 이루어졌지만, 자동차 문화가 만개한 나라는 미국이었다. 미국인들에게 자동차는 (하와이와 알래스카를 제외하면) 동서로 약 4300킬로미터, 남북으로 약 3000킬로미터의 거대한 대지를 장악하기 위한 수단이었다. 미국인은 세계 어느 나라 국민들보다 자유를 '자율autonomy'과 '이동성mobility'의 개념으로 파악해왔으며, 이는 곧 '자동차Auto+Mobile'를 의미하는 것이었다.[8]

자동차왕 헨리 포드Henry Ford는 모델 T의 가격을 인하하면서 "자동차를 사기 위해 부자가 될 필요는 없지만 부자가 되기 위해서는 자동차를 사야 한다"라고 선전했다. 이 선전 구호가 시사하듯, 미국에서 자동차

는 자유 이데올로기와 개인주의뿐만 아니라 '아메리칸 드림'의 상징이자 실체이다.[9]

MIT 명예교수 린우드 브라이언트Linwood Bryant는 1975년 "자동차가 미국인의 삶에서 차지하는 중요성에 상응하는 연구가 학계에서 이루어진다면, 그렇게 해서 나오는 책이 적어도 우리 도서관 장서의 40퍼센트는 차지할 것이다"라고 했다.[10] 반농담으로 한 말이겠지만, 새겨들을 만하다. 미국 사회에 관하여 알아야 할 필요가 있는 모든 것은 정치사상보다는 미국인의 자동차 문화와 운전 행태에서 훨씬 많이 배울 수 있다는 주장을 믿어보기로 하자.[11]

이 책은 미국인의 자동차 생활을 대중문화 · 자본주의 · 민주주의와 관련해 역사적으로 살펴보고자 한다. 예찬도 비판도 아닌, 있는 그대로의 모습을 담담하게 관찰한다. 때론 분석과 해석을 시도하겠지만, 남의 삶의 방식에 대한 존중심을 전제로 하련다. 자, 이제 가벼운 마음으로 '자동차 여행'이 아닌 '자동차에 관한 여행'을 시작해보자.

2012년 3월
강준만 올림

1

1900~1910년대

자동차의 탄생과
포드주의 혁명

자동차의 발명

인류의 발명품 가운데 수송 수단은 의외로 발전이 느렸다. 바퀴 달린 차량이 실질적으로 사용되기 시작한 때는 1470년 무렵이었으며, 사륜마차는 16세기 후반에서야 도로를 달렸다.[1] 인류 최초의 자동차는 1482년 레오나르도 다빈치가 만든 태엽 자동차라곤 하지만, 그건 장난감 수준이었고 근대적 의미의 자동차가 탄생되기까진 300년이 더 걸려야 했다. 1769년에서야 프랑스의 공병 장교인 니콜라 퀴뇨Nicholas Cugnot가 육군 장관 스와술 공작의 후원으로 세 바퀴 증기자동차를 만들었다.

이 증기자동차는 말이 좋아 자동차지, 걸음 속도보다 느린 시속 3.2킬로미터에 불과했다. 그런데도 세계 최초의 교통사고라는 기록도 추가했다. 파리 교외에서 시험 운전에 나섰다가 담벼락을 들이받은 것이다. 퀴뇨가 이 자동차를 고쳐 몰고 다니자 공포를 느낀 파리 시민들이

● 카를 벤츠가 발명한 자동차의 모습.

경찰에 '괴물 수레'를 처벌해달라고 항의하는 바람에 차는 창고에 갇히게 됐다.[2]

　속도 개선으로 진정한 실용적인 자동차의 발명가로 인정받는 이는 독일의 고틀리에프 다임러Gottlieb Daimler다. 그는 1886년 시속 15킬로미터로 달리는 네 바퀴짜리 가솔린 자동차를 발명했다. 또 다른 독일인 카를 벤츠Karl Benz도 거의 동시에 아주 흡사한 모양의 자동차를 발명했다. 벤츠가 '가솔린 엔진 구동의 타는 장치'라는 특허를 받은 1886년 1월 29일은 세계 자동차 탄생 기념일로 꼽힌다.

　다임러사와 벤츠사는 1926년 메르세데스벤츠Mercedes-Benz라는 상호로 서로 합병하는데, 메르세데스는 다임러가 1901년 경주용으로 만든 자동차에 자신의 조카딸 이름을 따서 붙인 이름이었다.[3] 다임러에게 경주용 자동차를 주문한 오스트리아 사업가 에밀 옐리네크Emil Jellinek가 그 차에 10살 먹은 딸의 이름을 붙였는데, 나중에 다임러가 그 이름을 사용한 것이라는 설도 있다.[4]

벤츠의 자동차는 1893년에 열린 시카고 세계박람회에 전시돼 미국인들에게 깊은 인상을 남겼다. 바로 그해에 미국의 자전거 제조업자인 찰스 듀리에Charles Duryea와 프랭크 듀리에Frank Duryea 형제는 미국 최초로 휘발유로 움직이는 자동차를 만들었지만 미국인들은 거들떠보지도 않았다.

1893년 독일의 루돌프 디젤Rudolf Diesel은 불이 나기 쉬워 위험한 가솔린 엔진을 대체할 수 있는 장치를 연구하다가 디젤 엔진을 개발함으로써 자동차 발전에 기여했으며, 1895년 프랑스의 앙드레 미슐랭Andre Michelin은 자동차용 공기타이어를 발명해 자동차 속도를 높이는 데에 기여했다.[5] 이제 미국인들도 더 이상 자동차를 외면하기는 어려웠으리라. 1895년 9월까지 미국 특허국에는 자동차 관련 특허가 500건이나 등록되었으며, 발명왕 토머스 에디슨Thomas A. Edison은 기자들에게 "다음번 기적은 말 없이 탈 수 있는 이동 수단이 될 것이다"라고 말했다.[6]

그즈음 아일랜드 이민자 농부의 아들로 태어나 기계를 다루는 데에 탁월한 재능을 지닌 헨리 포드가 듀리에 형제의 아이디어를 이용해 간단한 엔진과 바퀴가 달린 저렴한 자동차를 만들고 있었다. 그는 1896년 초여름 새벽, 디트로이트에 있는 집의 창고를 개조한 실험실에서 잠든 도시의 거리로 최초의 포드 자동차를 끌고 나왔다. 자전거 바퀴 네 개에 사륜마차의 차대를 얹고 자신이 직접 만든 2기통짜리 휘발유 엔진을 장착한 자동차였다.[7]

당시 사람들은 자동차를 진보의 상징으로 여겼다. 그렇지 않다면 1896년 대통령 선거에서 기업인을 비난하면서 농민의 이익을 대변하겠다고 나선 민주당 대통령 후보 윌리엄 제닝스 브라이언William Jennings Bryan이 자동차를 타고 선거 유세에 나선 걸 어찌 설명할 수 있겠는가. 물론 자동차를 타고 움직이면 더 많은 곳을 방문할 수 있고, 자동차라는 구경거리로 유권자들을 더 많이 불러모을 수 있으며, 또 신문의 관심을 더 끌 수도 있었지만, 브라이언으로선 자신의 현대성과 진보성을 자동차를 통해 과시하고 싶었던 것이다. 비단 브라이언뿐만 아니라 여러 진보적인 시장 후보들도 자동차 유세에 가세했다.[8]

자동차가 달리려면 도로가 있어야 했다. 미국의 도로는 20세기의 산물이다. 18세기가 끝날 무렵까지도 오늘날을 기준으로 도로다운 도로는 필라델피아의 랜캐스터 턴파이크turnpike, 보스턴과 뉴욕 사이의 보스턴 포스트 로드, 대니얼 분이 켄터키 지방에서 개척한 와일더니스 로드, 필라델피아와 코네스토가의 강 초입을 연결하는 그레이트 로드가 전부였다.[9] 1864년 뉴욕시는 정체를 해결하기 위해 센트럴파크를 관통하는 3킬로미터의 지하 터널을 뚫고 서브웨이subway라는 이름을 붙였다. 영국에서는 서브웨이가 아직도 지하 터널이라는 의미로 쓰이지만 미국에서는 29년 동안만 그 의미로 쓰이다가 1893년부터는 지하철도를 가리키는 이름이 되었다. 1870년대부터 시작된, 자전거 타기를 위한 도로 만들기 운동, 즉 '굿 로드 운동Good Roads Movement'은 궁극적으로 자동차 도로를 만드는 데에 큰 기여를 하게 된다.[10]

말과 같이 쓰던 초기 도로의 가장 큰 문제는 배설물이었다. 1890년대에 뉴욕시에 있던 6만 마리의 말은 매일 1250톤의 똥과 6만 갤런의 오줌

●굿 로드 운동, 1914년 캔자스주 벨로잇에서 사람들이 도로를 닦고 있다.

을 배출했다. 1900년 뉴욕 로체스터의 담당 공무원들은 시내에 있는 말들이 1년 동안 배출하는 오물이 1평방에이커를 53미터 높이로 뒤덮을 만한 양이라고 계산했다. 1년에 거리에서 죽는 말도 뉴욕이 1만 5000마리, 시카고도 1만 2000마리나 됐다. 말의 사체가 며칠 동안 방치되기도 해 도시에는 파리 떼와 오물에 김이 피어오르는 사체가 항상 널려 있었다. 이런 위생상의 문제 때문에 당시 뉴욕에서 2세 미만의 영아 사망률은 매년 70퍼센트에 달했다. 말 관련 사고로 목숨을 잃는 사람도 많아, 1900년 한 해 동안 뉴욕에서의 사망자는 시민 1만 7000명당 한 명꼴인 200명이었다.(이런 통계를 들어 오늘날 자동차 사고로 죽는 시민보다 1900년에 말 사고로 죽는 시민이 거의 두 배에 가까웠다는 주장도 있다.)

도로에서 말을 몰아내기 시작한 건 케이블카, 전차, 자동차였다. 지금은 샌프란시스코에만 남아 있지만, 케이블카는 한동안 인기를 누렸다. 1873년 처음 등장한 샌프란시스코의 케이블카 운용 규모는 1900년 177킬로미터의 노선과 600대의 차량이 있을 정도로 커졌다. 케이블카

● 1910년 당시 시카고 도심의 교통 체증 모습. 자동차와 전차, 마차가 뒤엉켜 있다.

를 밀어낸 게 전차trolley car다. 최초의 전차는 베를린의 베르너 지멘스 Werner Siemens가 1879년에 선보였는데, 미국에서는 1885년 볼티모어와 햄프던 구간을 주행한 것이 최초였다.[11] 전차는 광범위하게 확산되지만, 곧 자동차에 의해 밀려나게 된다. 한동안 도로에서 말, 케이블카, 전차, 자동차 등이 공존하는 가운데 이미 1890년대에 교통 혼잡 시간rush hour 과 교통 체증traffic jam이라는 신조어가 등장했으며, 도시 근교 생활의 막이 열리게 되었다.[12]

1890년대는 아직 헨리 포드의 시대가 아니었다. 당시 미국에서 가장 주목할 만한 자동차 업계 인물은 랜섬 올스Ransom E. Olds였다. 그가 1897년에 만든 올스모빌Oldsmobile 자동차 광고 문구는 "거의 소음이 없고 폭발이 불가능합니다"였다. 당시 자동차 폭발 사고가 많았다는 걸 말해준다. 자동차 공장의 이동식 조립 공정(어셈블리 라인)은 헨리 포드의 작품으로 여겨지지만, 양이 적어서 그렇지 어셈블리 라인을 가장 먼저 도입한 사람이 올스였다. 그는 그걸 도입해 자동차 생산을 1901년 425대에서 1902년 2500대, 1904년 5000대까지 늘렸다. 올스의 회사 올스 모터 웍스Olds Motor Works는

●올스모빌을 만든 랜섬 올스.

1908년 지엠에 인수되며, 2004년 생산이 중단될 때까지 107년간 장수하면서 총 3520만 대를 생산하게 된다.[13)

1899년 9월 13일 뉴욕 시내의 센트럴파크 서쪽과 74번가가 만나는 지점에서 헨리 블리스는 아서 스미스가 과속으로 몰던 택시에 치여 미국 최초의 교통사고 사망자가 되었다. 경찰은 스미스를 살인 혐의로 체포했지만, 법원은 고의가 아닌 과실로 일어난 사고라며 보석금 1000달러에 석방했다. 뉴욕시는 사고 100주년을 맞아 사고 현장에 표지판을 세웠다. 유럽에서는 이미 두 명의 교통사고 희생자가 나왔다. 브리짓 드리스콜이라는 런던 시민이 1896년 시내 하이드파크에서, 이에 앞서 1869년 메리 워드가 아일랜드에서 교통사고로 숨졌다.[14)

미국 최초의 교통사고 사망자가 나온 그해에 자동차 제조업자 알렉산더 윈턴과 클리블랜드의 기자 찰스 생크스는 클리블랜드에서 뉴욕까지 자동차 여행을 시도했는데, 두 사람이 뉴욕에 들어갈 때는 100만 명 가까운 사람들이 그들을 마중 나갔다. 여행 중에 송고한 극적인 기사들 덕분이었다. 드디어 자동차에 대한 언론의 열광이 시작되었으며, 자동차 업체들이 막강한 광고주가 됨으로써 자동차와 언론의 유착이라고

해도 좋을 정도의 협조 체제가 이루어지게 된다. 자동차는 1910년 잡지 광고의 8분의 1을 점했지만, 1917년엔 4분의 1로 증가한다. 이에 따라 자동차와 별 관련이 없는 잡지들까지 광고를 얻기 위해 일부러 자동차 관련 고정 지면을 만들어 자동차 붐을 키우는 데 동참한다. 1895년 미국의 도로에는 단지 4대의 자동차가 있었으며, 1898년에도 30대에 불과했지만, 1900년에 1만 3824대, 1905년 7만 7000대로 엄청나게 늘어난다.[15]

포드 자동차의
탄생

자동차를 무엇이라고 부를 것인가? 말 없는 마차horseless carriage에서 모터사이클motorcycle에 이르기까지 수십 가지 이름이 나왔다가 오토모빌automobile이라는 이름으로 정착된 것은 1899년이었다. 라틴어 '이륜마차carrus'에서 나온 영어 '카car'는 16세기부터 여러 종류의 마차를 뜻하는 단어로 쓰였기 때문에 1910년부터 오토모빌을 대신하는 말로 대중에 인식되었다.

초기의 기술 발전은 거의 독일에서 이루어졌지만 최초의 대규모 자동차 제조업자는 프랑스인이었기 때문에 자동차와 관련된 많은 프랑스 단어들이 영어에 유입되었다. 섀시(chassis: 차대), 개러지(garage: 차고), 쇼퍼(chauffeur: 운전사), 카뷰레터(carburetor: 기화기), 쿠페(coupe: 2인승 차), 리무진(limousine: 대형 고급 승용차) 등이 바로 그것이다. 리무진은 원래 프랑스 리무쟁 지역의 양치기들이 입는 무거운 망토를 가리키는 단어였는데, 바깥 공기에 노출된 채 앉아 있어야 했던 초기 운전사들이 이 망토를 걸쳤다. 이 단어가 운전사에서 차를 가리키는 말로 점점 옮겨가 1902년에는 영어 단어가 되었다. 초기엔 운전석과 칸막이가 돼 있는 고급 자동차를 리무진이라고 했는데, 이는 1902년에 첫선을 보였다.[16]

아직 자동차는 신뢰할 수 있는 기계가 아니었다. 1900년 버몬트주는 모든 자동차 운전자는 반드시 전방 200미터 앞에서 붉은 기를 들고 안내하는 사람을 고용해야 한다는 법까지 제정했다. 1901년 자동차 번호판이 등장했으며, 1902년 샌프란시스코, 신시내티, 서배너 등은 시속 8마일(약 13킬로미터)이라는 제한속도를 조례로 제정했다. 그럼에도 1903년 보스턴에서 세계 최초의 순찰차가 등장했다. 당시 경찰은 마차로 순찰 활동을 했는데 교통질서를 위반한 자동차를 따라잡을 수 없어 자동차로 바꾼 것이다.[17]

● 미국 자동차협회의 창설 당시 로고.

뉴욕, 필라델피아, 시카고 등 대도시엔 자동차 소유자들의 자동차 클럽이 생겨났는데, 이런 지역 클럽 9개가 모여 1902년 미국자동차협회AAA: American Automobile Association를 결성했다. 미국자동차협회는 회원들에게 매년 『블루북Blue Book』이라는 책자를 나눠주었는데, 이 책자엔 전국의 도로, 숙박시설, 정비소 등 자동차 여행에 필요한 정보가 담겨 있었다.[18]

그러나 자동차는 대중, 특히 가난한 사람들에겐 반감의 대상이었다. 아니 아직 차를 가질 수 없는 중산층도 분노하긴 마찬가지였다. 이런 심정을 대변하듯, 1902년 5월 27일자 『뉴욕타임스』는 자동차를 가리켜 '악마의 차devil wagons'라고 했다. 유럽도 마찬가지였다. 1903년 영국의 정치가 캐스카트 왓슨은 자동차 소유자들이 "사람들을 길에서 쫓아낼 권리"라도 있는 것처럼 행동한다며 "죄 없는 사람들과 어린아이들, 개들과 가축들이 포학하고 악취 나는 이 사악한 기계에 쫓겨 목숨을 부지하기 위해 달아나야만 한다"라고 성토했다. 1904년 뉴욕시 일부 지역에서는 자동차에 대한 투석投石이 어찌나 격렬했던지 경찰이 출동하는 사태까지 벌어졌다. 1906년 2월 프린스턴대 총장 우드로 윌슨Woodrow Wilson은 한 연설에서 거칠게 운전하는 자동차 운전자들을 비난하면서, 자동차가 그 소유자들에게 부를 지나치게 과시할 수 있게 해주어 보통 사람들을 시샘을 넘어 사회주의로 몰아갈 것이라고 우려했다.[19]

1903년 드디어 헨리 포드가 그간 몇 차례의 시행착오를 거친 끝에 공동출자 형식으로 미시간주 디트로이트에서 포드 자동차 회사를 설립했다. 엉뚱하게도 그는 1901년 10월 10일 미시간주 그로스 포인트에서 열린 자동차 경주 대회에 자신이 직접 만든 차를 타고 출전해 당시 세계기록 보유자인 알렉산더 윈튼을 누르고 우승함으로써 이미 전국적인 유명 인사가 되어 있었다. 이 지명도가 회사 설립에 큰 도움이 되었다. 포드 자동차는 첫해에 311명을 고용하여 1780대를 제작했다. 이때엔 이미 미국에 88개나 되는 자동차 회사가 있었으며, 디트로이트에서만 15개의 업체가 경쟁했다.[20]

디트로이트의 역사는 1701년으로 거슬러 올라간다. 그해 7월 24일

● 모델 T를 배경으로 포즈를 취한 헨리 포드.

프랑스 탐험가 앙투안 캐딜락Antoine de la Mothe Cadillac이 처음으로 도착해 도시를 건설하면서 그곳을 5대호와 연결되는 강변에 위치해 있기에 해협이라는 뜻의 프랑스어 디트로이트dtroit를 붙여 포트 디트로이트Fort Detroit라고 불렀다. 1760년 영국을 상대로 한 '프랑스인과 인디언의 동맹전쟁' 때 영국군이 장악하면서 포트 디트로이트를 디트로이트로 줄여 부르게 된 것이다.

디트로이트가 자리 잡은 미시간주는 인디애나주·오하이오주와 더불어 단단한 목재가 풍부해 마차 산업의 중심지였으며, 중서부 농장에서 사용되는 각종 가솔린 엔진의 주요 생산지였고, 또 비조직화된 풍부한 숙련 노동력을 쉽게 조달할 수 있었기 때문에 자동차 산업이 발달하기엔 적지였다. 이제 디트로이트는 미국 자동차 산업의 중심지로 성장

하면서 '모터시티Motor City' 또는 '모타운Motown'이라는 별명을 얻게 된다.[21]

1902년 헨리 릴런드Henry Leland는 캐딜락 자동차 회사Cadillac Automobile Company를 설립했는데, 앞서 말한 디트로이트의 건설자를 기려 지은 이름이다. 캐딜락은 1909년 지엠에 450만 달러에 인수되었는데, 이후 여러 차례의 기술 혁신을 통해 캐딜락이라는 이름의 고급 브랜드 자동차가 탄생했다. 릴런드는 그 후 링컨Lincoln이라는 또 다른 고급 자동차를 만들었는데, 이는 1922년 포드에 인수돼 나중에 링컨 콘티넨탈Lincoln Continental로 다시 태어난다. 링컨 콘티넨탈은 1939년부터 1948년까지 생산되다 잠시 중단되고 1956에 재기되어 2002년까지 생산된다. 캐딜락은 탄생 이후 오늘날까지 아메리칸 드림의 아이콘으로 인식되는 고급

● 모타운이라 불리는 디트로이트. 멀리 보이는 가장 높은 빌딩이 지엠 본사다.

●최초로 대중화된 자동차 모델 T의 모습.

브랜드로 미국에서 뷰익Buick 다음으로 오래된 자동차 브랜드다. [22]

또 1902년 폰티액Pontiac이라는 자동차 회사가 폰티액 자동차를 내놓았다. 미시간주 폰티액에서 생산돼 지역 이름을 따서 붙인 것인데, 폰티액은 원래 인디언 추장의 이름이다. 폰티액 자동차는 1909년 지엠에 인수돼, 1926년 지엠의 폰티액으로 출시됨으로써 미국인에게 사랑받게된다. 폰티액의 생산은 2010년 중단된다.

포드는 초창기에 생산된 첫 8개 모델의 이름에 아무 이유도 없이 A, B, C, F, K, N, R, T를 붙였다. 1908년 10월 1일 출시된 모델 T는 최초로 대중화된 자동차였다. 포드는 1911년 프레드릭 테일러Frederick W. Taylor의 책에 처음 아이디어가 소개된 컨베이어벨트를 이미 이때부터 도입하여 T형 포드를 대량생산했다. 이에 따라 자동차 가격이 1908년의 950달러에서 1914년 490달러 그리고 이후 300달러 아래로 떨어졌다. 훗날 포드는 "자신의 자동차 조합 공정에 대한 발상은 쇠고기를 손질하는 데 사용되는 시카고 포장 공장의 궤도장치에서 빌려온 것"이라고 말했다.[23]

소비자들의 반응은 뜨거웠다. 각종 제안이 물밀듯이 밀려들었다. 매주 평균 300통의 편지가 포드 자동차로 날아들었다. 방향지시등을 만들어달라는 제안처럼 시대를 30년이나 앞서간 전문적인 제안이 있었는가 하면 좋지 않은 버릇을 고칠 생각은 하지 않고 차 안에 침을 뱉을 수 있는 통을 만들어달라는 제안도 있었다.[24]

원래 모델 T는 녹색 바탕에 빨간 줄무늬였지만, 한 엔지니어가 검은색이 다른 색보다 빨리 마른다는 것을 발견해 검은색으로 통일했다. "차의 색깔이 검기만 하다면 어떤 색이든 관계 없다." 포드가 자동차 색깔은 반드시 검은색으로 통일해야 한다고 강조하면서 한 말이다.[25]

포드는 검은색과 더불어 남성성을 강조했다. 그는 자동차 치장을 '소녀풍 장신구'라고 비난하면서 모델 T의 남성성을 그런 오염으로부터 보호하고자 했다. 일부러 그런 건지는 알 수 없지만, 모델 T는 치마 입은 여자가 타기엔 불편했고 운전할 때도 다른 차에 비해 운전자의 더 많은 완력을 필요로 했다. 심지어 1912년에 발명돼 다른 차들에겐 있던, 힘들이지 않고 시동을 걸게 해주는 자동시동장치self-starter마저 한참 후에야 달았다.

별로 믿기지 않는 이야기지만, 1920년 『로스앤젤레스타임스Los Angeles Times』의 보도에 따르면, 덴버에서의 이혼 소송 사건에서 이혼을 요구한 아내가 난폭한 남편이 자신을 강제로 포드 차에 타게 했다고 말하자 판사가 이혼을 허가했다는 이야기마저 있다. 포드는 오직 가격 경쟁력만

주장했는데, 이는 남성성 고수와 더불어 훗날 포드가 경쟁력을 잃게 되는 주요 원인이 된다.[26]

모델 T는 '틴 리지Tin Lizzie' 라는 애칭으로 불렸는데, 이 단어는 오늘날 영어사전에 '소형 싸구려 자동차, 털터리 자동차' 로 풀이돼 있다.[27] 처음 나온 이후로 20년간 외관을 그대로 유지했으니 그런 대접을 받는 것도 무리는 아니지만, 참으로 격세지감이 아니라 할 수 없다.

지엠 왕국의
탄생

1904년 프랑스는 세계 최대의 자동차 생산국이라는 타이틀을 미국에 넘겨주었다. 그리고 1907년의 미국의 자동차 생산 대수는 4만 4000대에 이르러 2만 5000대에 불과한 프랑스를 큰 격차로 따돌렸다. 1907년의 보유 자동차 대수는 프랑스 4만 대, 독일 1만 6000대, 미국은 14만 3000대였다.[28] 세계 최대의 자동차 생산국이 된 것을 기념이라도 하듯, 윌리엄 밴더빌트William K. Vanderbilt는 뉴욕의 롱아일랜드에 모터파크웨이Motor Parkway를 만들어 1904년부터 밴더빌트컵Vanderbilt Cup 자동차 경주 대회를 개최하였다. 자동차 경주 대회는 이전에도 열렸지만 모터파크웨이는 자동차 경주를 위한 전용 도로로는 세계 최초였다. 이 대회는 엄청난 관중을 동원하는 폭발적인 인기를 누리면서 1910년까지 계속되었다.[29]

뛰어난 자동차 사업 수완으로 '자동차 빌리' 라는 애칭을 얻은 윌리엄 듀런트William C. Durant가 1904년에 스코틀랜드 출신의 데이비드 던바 뷰익David Dunbar Buick이 1899년에 만든 회사의 지분을 인수해 이해부터 뷰익 모델을 판매하기 시작했다.

그리고 1905년에는 실버너스 바우저Sylvanus F. Bowser가 실용적인 주유기를 발명해 그것을 필링 스테이션filling station이라 불렀다. 이 무렵 사람들은 가솔린을 가스라고 줄여서 불렀는데, 이는 나중에 주유소를 가리키는 가스 스테이션gas station이라는 용어를 낳게 된다.

어떤 필자는 "자동차는 현대의 우상이다. 차를 가진 사람은 여성들에게 신神이나 마찬가지다"라고 썼는데,[30] 자동차의 우상화엔 대중문화도 일조했다. 1900년 토머스 에디슨의 다큐 영화 〈자동차 퍼레이드 Automobile Parade〉를 시작으로 수많은 자동차 다큐 영화들이 만들어졌다. 물론 당시엔 다큐 영화는 중요한 오락물이었다. 자동차를 미화하는 노래들도 무더기로 쏟아져 나왔다. 1905년과 1908년 사이에 나온 120곡 이상의 노래가 자동차를 주제로 한 노래였다. 〈On an Automobile Honeymoon〉(1905), 〈In My Merry Oldsmobile〉(1905), 〈Fifteen Kisses on a Gallon of Gas〉(1906), 〈When He Wanted to Love Her (He Would Put Up the Cover)〉(1915) 등 수많은 자동차 노래 가운데 최대 히트곡은 단연 올스모빌 자동차 찬가라 할 수 있는 〈In My Merry Oldsmobile〉이었다.[31]

1906년 실험 차원에서나마 자동차의 최고 속도는 시속 200킬로미터에 이르렀지만, 대부분의 주는 자동차의 제한 속도를 20~50킬로미터로 제한했다. 아직 포장 도로가 많지 않았기 때문이다. 1903년까지 미국엔 200만 마일의 도로가 있었지만, 도로 포장률은 7퍼센트에 지나지 않았다. 일부 지역에선 도로에 웅덩이를 일부러 만들어놓고 차가 빠지게 한

● 제너럴 모터스 본사. 13개의 자동차 회사와 10개 부품 회사를 결합시킨 지주회사의 형태로 출범했기 때문에
이름을 제너럴 모터스라고 했다.

다음 말을 동원해 차를 꺼내주는 사업으로 짭짤한 재미를 보는 사람들
도 있었다.[32]

　뷰익 자동차는 대성공을 거두었고, 듀런트는 이 성공을 기반으로
1908년 9월 16일 뷰익의 지주회사 형태로 미시간주 플린트에서 지엠을
창립했다. 13개 자동차 회사와 10개 부품 회사를 결합시킨 지주회사의
형태로 출범했기 때문에 이름을 제너럴 모터스라고 했다. 출범 과정의
이런 복잡성 때문에 지엠 창립에 대한 언론 보도는 그해 12월 말에서야
이루어졌다. 어찌됐건 지엠의 탄생은 뷰익 덕분에 가능했던 셈이다. 뷰
익의 생산량은 1909년 1만 4606대로 미국 전체 자동차 생산량의 11퍼센
트, 1910년엔 3만 525대로 15퍼센트를 차지했다. 1910년 농촌 지역의 은

행들은 농부들이 차를 사기 위해 예금을 대량 인출해간다고 불평하기 시작했다. [33)]

1911년 뷰익 자동차는 고정된 외장 차체를 갖춘 차closed-body car를 내놓았는데, 이는 포드 자동차보다 4년 빠른 것이었다.(자동차 중 최초의 고정된 외장 차체를 소개한 건 캐딜락이다.) 또 1939년 최초로 방향지시등을 장착했다.

데이비드 뷰익은 1906년 자신의 남은 지분마저 팔고 회사를 떠났는데, 이후 유전·부동산 사업을 하다가 쫄딱 망해 집에 전화도 놓을 수 없는 수준의 생활을 해야 했다. 그는 비참하게 최후를 보냈지만 2000년까지 생산된 3500만 대의 뷰익 자동차에 자신의 이름을 남겼다. 오늘날까지도 살아 있는 뷰익은 미국의 가장 오래된 자동차 브랜드다. [34)]

듀런트는 캐딜락, 엘모어, 폰티액, 릴라이언스 모터컴퍼니 등을 잇달아 인수해 팽창 경영을 하다가 2년 만인 1910년에 채권단에 회사를 넘겨야 했다. 그러나 듀런트는 1911년 11월 3일 자동차 레이서이자 엔지니어인 루이스 쉐보레Louis Chevrolet와 함께 쉐보레 모터 카 회사Chevrolet Motor Car Company를 설립해 재기를 시도했다. 듀런트는 쉐보레의 대성공으로 1916년 지엠의 다수 지분을 인수해 지엠 사장에 복귀했다. 동시에 쉐보레를 지엠에 합병했다. 하지만 이렇게 되찾은 회사의 경영이 부진해 1920년에 다시 물러나고 얼마 후 앨프리드 슬론Alfred Sloan이 지엠의 경영을 물려받는다.

듀런트의 실패는 지나친 조직 확대 때문이었다. 그는 부품을 생산하는 25개 회사를 통합하는 등 조직을 자꾸 키워나갔다. 하지만 1920년 불경기가 닥치자 재고가 쌓이고 위기에 처했다. 이 위기에 대한 책임으로 그해 11월 20일 사임한 것이다. 그 후 그는 대공황으로 재산을 다 까먹고 1936년 74세에 파산하고 만다. 그래서 지엠이 마련해준 소액 연금으로 연명하다가 1947년 거의 거지로 죽는 운명을 맞이한다. 『뉴욕타임스』는 그의 사망을 보도하면서 "듀런트는 한때 1억 2000만 달러의 자산가였고, 그의 월스트리트 브로커조차 매년 600만 달러의 커미션을 받았지만, 1936년 파산 시 그의 수중엔 250달러밖에 없었다"라며 듀런트의 드라마 같은 인생을 소개했다.[35]

쉐보레는 지엠의 대표적인 자동차 브랜드로 '쉐비Chevy'라는 애칭으로 불린다. 한국에선 일제강점기 때부터 '시보레'로 널리 알려졌다. 쉐보레는 1913년부터 지금까지 보타이 문양을 엠블럼으로 사용하고 있는데, 이는 프랑스계로 스위스 출신인 루이스 쉐보레가 부모님의 고향을 기리기 위해 스위스 십자가를 토대로 만든 것이다. 듀런트가 프랑스 호텔의 벽지에서 본 문양이라는 설도 있기는 하다.

쉐보레는 자동차 디자인을 두고 듀런트와 의견 갈등을 빚다 자신의 지분을 팔고 1915년에 회사를 떠났는데, 1929년 대공황에 재산을 몽땅 날려 쉐보레 공장 노동자로 취직해 연명하는 비운의 주인공이 되었다. 그래도 그의 이름은 뷰익처럼 자동차에 새겨져 오늘도 도로를 누비고 있다. 쉐보레는 1920년대에 포드의 모델 T에 대항하는 주력 상품이었으며, 1963년 미국에서 팔린 차 10대 가운데 1대는 쉐보레였을 정도로 지엠의 효자 브랜드 역할을 해냈다.[36]

포드주의는 소비자 혁명의 씨앗

1910년 8월 뉴욕주에서 최초의 운전면허제가 도입되었으며, 이후 각 주로 퍼져나갔다. 중산층 소비자들은 '자동차 몸살'을 앓기 시작했다. 자동차는 꿈이지만, 경제적으로 자동차를 장만하기엔 역부족이었기 때문이다. 무리를 하면 못할 것도 없지만, 과연 그렇게까지 해야 하는가. 이 문제로 고민하는 사람들이 많아졌다. 자동차를 사기 위해 집을 담보로 잡히고, 출산을 미루고, 자식의 대학 진학을 포기케 하고, 결혼을 미루는 중산층 사람들이 많아졌다. 이와 관련, 1910년 『뉴욕타임스』는 자동차는 중산층에게 '사악한 사치an evil extravagance'라고 비난했다.[37]

1912년 선거에선 정치인들이 유세를 하는 데 자동차는 필수품이었다. 이전 대통령들은 취임식장까지 마차를 타고 갔지만, 1913년 우드로윌슨 대통령은 최초로 자동차를 타고 갔다. 바로 이해에 포드는 한 단계

● 컨베이어벨트에서 일하는 포드 공장 노동자들.

업그레이드된 어셈블리 라인 개념을 세상에 소개했다. 이에 따라 포드
사는 1914년 24초당 자동차 1대씩을 내놓으며 24만 8000대를 생산했다.
미국 내 시장점유율은 1908년 9.45퍼센트에서 1914년 48퍼센트로 급상
승했다. 이른바 '포드주의Fordism 혁명'이다.

또한 포드는 1914년 노동 시간을 하루 9시간에서 8시간으로 줄이고
하루 최저 임금을 5달러로 인상했다. 컨베이어벨트에 대한 저항 때문인
지 직원 이직률이 매우 높아지자 내린 조치였는데, 이 발표가 있던 날
포드 공장의 문 앞에 1만 명의 노동자가 몰려들었다. 당시 동종 업체의
평균 임금은 2.34달러였으니, 노동자들에게 통상 임금의 두 배에 해당
하는 일당을 지급한 것이다. 그래서 나오게 된 말이 '5달러짜리 하루Five
Dollars Day'였다.[38]

포드주의는 이동형 일관 작업 공정의 도입과 노동자들에게 전문화된

임무를 할당하는 노동 통제로 경제적 효율성을 극대화해 소품종 대량 생산을 가능케 한 경영 방식을 말한다. 1914년 자동차 생산에 도입된 포드주의는 '20세기 소비자 혁명'의 씨앗이자 견인차가 되었다. 포드주의로 대량생산 체제가 작동함에 따라 광고를 중심으로 소비자를 양산하는 체제가 구축되었고, 이에 따라 대중의 정체성 변화가 일어났다.[39]

1910년대에 어느 노동조합 간부는 이렇게 말했다. "노동자들에게 왜 일을 하느냐고 물어보면 생활고를 해결하기 위해 일한다는 사람은 25퍼센트에 불과하고 집을 마련하기 위해서라고 말하는 사람은 10퍼센트에 불과하다. 그러나 자동차를 사기 위해 일한다는 사람은 무려 65퍼센트에 달한다."[40]

기능성과 효율성 중시, 대량생산과 대량소비, 국가·정부의 경제 규제, 대중문화 동질화를 특징으로 하는 포드주의의 자본 축적 체제가 새로운 변화에 너무 경직돼 있다는 것이 밝혀지면서, 1970년대 중반부터 유연적 축적flexible accumulation을 중심으로 한 포스트포드주의post-Fordism가 탄생하게 된다.[41]

1916년 의회가 고속도로기금법Federal Aid Road Act을 제정하고 그해 7월 11일 우드로 윌슨 대통령이 법안에 서명하자 미국은 대규모 도로 건설 시대로 진입했으며, 자동차 수요도 폭증했다. 포드는 노동자들의 일당을 1919년에는 6달러, 1929년에는 9달러로 인상한다. 그래서 신입사원을 뽑는다는 공고만 나가면 회사 앞은 지원자로 장사진을 이루었다. 보수 우파들은 포드를 사회주의자로 몰아붙였다. 처음 일당 5달러를 준다는 발표가 나왔을 때 『월스트리트저널』은 '경제적 범죄'라고 비난할 정도였다. 그러나 대세는 포드의 편이었다. 포드에겐 인도주의자라는 찬사가 쏟아졌다.

또한 포드는 흑인, 여성, 전과자, 장애인 고용에 앞장섰다. 포드 공장에선 늘 다른 자동차 회사의 공장에서 일하는 흑인의 수를 모두 합친 것보다 더 많은 흑인이 일했으며, 1919년 4만 4569명에 달하는 전체 인력중에서 9563명이 장애인이었다. 또 400~600명에 이르는 전과자들까지 고용했으니, 인도주의자라는 말을 들을 만했다. 그러나 포드는 "인도주의란 아무런 쓸모가 없는 것"이라면서 자신의 철학인 자력갱생을 역설했으며 노동조합을 극도로 싫어했다.[42]

포드는 확실히 유별난 인물이었다. 그는 공장 노동자들을 위해 1914년에 모든 생필품을 파는 마트를 열었는데 놀랍게도 시중 가격보다 훨씬 싸게 팔았음에도 이익을 남겼다. 포드주의의 '대량주의'가 여기서도 빛을 발한 것이다. 그래서 훗날(1960년) 미시간주립대Michigan State University의 두 경영학자 스탠리 홀랜더Stanley C. Hollander와 개리 마플Gary A. Marple은 『헨리 포드: 슈퍼마켓의 발명가?Henry Ford: Inventor of the Supermarket?』라는 책을 낸다. 포드가 월마트에 앞서 월마트 정신을 구현한 선구자가 아니냐는 것이다.

1909년 포드 자동차 공장의 조립 라인을 보고 큰 충격을 받은 독일 건축가 발터 그로피우스Walter Gropius는 "혁명이다. 20세기 노동과 소비문화는 송두리째 바뀌고 있다. 포드의 이런 생산 시스템을 주택 건축에 도입할 수는 없을까?"라고 고민했다. 그는 시행착오 끝에 1923년 조립식 실험 주택을 만드는 데 성공한다.

당시 그로피우스는 현대 디자인의 산실로 불리는 독일 바우하우스의 초대 교장으로 재직하고 있었다. 1919년에 창립되었다가 휴머니즘을 내세운다는 이유로 1933년 나치 정권에 의해 폐교된 이 학교는 '바우하우스 혁명'으로 불릴 정도로 디자인계에 혁명적 변화를 몰고 왔다. 그로피우스는 1926년부터 1928년까지 독일 바사우 교외에 대형 조립 주택 타운을 건설했으며, 1934년 영국으로 망명했다가 1937년 하버드대 건축학과 학과장으로 있으면서 조립 주택의 대중화에 힘썼다.[43]

2

1920년대

포드냐
마르크스냐

자동차는
섹스 도구

미국에서 1920년대는 광란의 20년대Roaring Twenties 또는 재즈 시대Jazz Age라고도 할 만큼 번영과 즐거움이 솟구친 시대였다. 경제와 사업은 번성했고, 주식시장은 급등했다. 실업률은 감소했고, 생활 수준은 높아졌다. 실제로 1920년대의 번영은 눈부신 것이었다. 1919년 제1차 세계대전이 끝나자 미국은 돈 버는 데 관심을 쏟아 제조업 생산량은 10년간 64퍼센트나 늘어났다. 디트로이트 자동차 공장에서는 승용차가 17초마다 1대씩 굴러나왔고, 미국인 5명당 1대꼴로 자동차를 가지면서 교외 거주자들이 늘어나 건설업이 엄청난 호황을 맞았다.[1]

그런 상황에서 자동차가 가져다준 이동성은 전통적인 마을의 성역과 금기를 깨는 혁명을 몰고 왔다. 19세기적 도덕의 강제력은 불법 행위를 저지른 사람이 그 장소로부터 달아나지 못하고 반드시 보복을 당하게끔 돼 있는 데에서 비롯되었는데, 자동차는 그 강제력을 크게 약화시켰다. 도덕적으로 켕기는 일도 자동차를 타고 다른 지역에 가면 얼마든지 할 수 있었다. 부부가 아닌 남녀가 성행위 장소를 구하는 건 어려운 일이었는데, 자동차는 일시에 문제를 해결해주었다. 아니 부부도 자동차를 택하곤 했다. 늘 질리도록 보아온 침대를 떠나 뭔가 더 자극적인 분위기를 즐기고 싶다는 이유에서였다.[2]

1920년대부터 고정된 외장 차체를 갖춘 차가 양산되었다. 그전까지는 대부분 천이나 비닐로 지붕을 삼는 컨버터블convertible이었다. 1919년 미국에서 생산된 차 가운데 고정된 외장 차체를 갖춘 차의 비율은 10퍼센트도 되지 않았지만, 1924년에는 43퍼센트로 증가했고, 1927년에는 82.7퍼센트, 1929년에는 90퍼센트에 달했다.[3]

단단하게 밀폐된 방이 제공된 셈이다. 그러나 당시의 소문이지만, 헨리 포드는 자동차에서 섹스를 하는 걸 못마땅하게 여겨 일부러 좌석을 섹스에 매우 불편하게끔 다시 만들라고 지시했다는데, 몸이 단 남녀들은 좌석을 떼어내고 일을 벌이는 방식으로 대응했다. 한 자동차 해설가는 "T형 모델은 실내 공간이 커서 아무리 키가 큰 사람도 선 채로 자신들의 원하는 욕구를 충족할 수 있었다"라고 주장했다.[4]

고정된 외장 차체를 갖춘 차를 가리켜 세단이라고 부르기 시작했다. 세단은 원래 프랑스의 스당Sedan 지역에서 귀족들이 타고 다니던 가마에서 따온 말인데, 밖에서 보이지 않게끔 벽으로 둘러싸인 형태라는 점이 비슷해서 그런 상자 형식을 갖춘 승용차를 부르는 데에 사용되었다. 세단은 기본적으로 엔진, 탑승 공간, 짐을 실을 수 있는 공간의 세 부분으로 나뉜다.[5]

세단과 자주 혼동되는 게 쿠페다. 쿠페는 자동차 제조업체마다 각기 다른 의미로 쓰기 때문에 정확한 정의를 내리는 게 어렵다. 쿠페는 원래 외형 차체를 갖춘 2인승의 세단을 가리켰으며, 어원적으로는 마부석이 외부에 있는 2인승인 사륜마차라는 뜻이다. 문이 두 개인 세단을 가리켜 쿠페라고 부르는데, 문이 네 개인데도 쿠페라고 부르는 업체도 있다. 급기야 자동차엔지니어협회가 나서서 실내 공간을 기준으로 작으면 쿠페, 크면 세단이라는 구분법을 정했지만, 받아들여지지 않았다. 이미지 중심으로 구분하는 게 더 효과적이다. 쿠페는 스포티한 고급스러움을 강조한다. 현대 자동차의 티뷰론이 대표적인 쿠페 모델이다.[6]

포드와는 달리 고객의 섹스를 돕기 위해 애를 쓴 자동차 업체들도 있었다. 페이지–디트로이트자동차 회사Paige-Detroit Motor Car Company가 1922년부터 1926년까지 생산한 주잇Jewett은 앞좌석을 접어 침대를 만들 수 있게 배려했다. 이게 인기를 끌자 자동차 업체들은 '침대 만들기' 경쟁에 들어갔고, 이어 노골적으로 자기들의 차는 '침대차'라고 광고했다. 소비자들은 차를 살 때에 어떤 회사의 차가 신속하게 좌석을 접어 침대를 만들 수 있는지, 또 침대가 불편하거나 삐걱거리는 소리가 나지는 않는지 등을 꼼꼼하게 따져보곤 했다. '침대차'의 인기 덕분인지는 몰라도

● 고객의 편의를 위해 앞좌석을 접어 침대를 만들 수 있게 한 주잇 자동차.

이미 1923년 말 자동차가 욕조 수를 앞서고 있었다. 노동자 계층 123가구를 표본조사한 결과, 60가구가 차를 소유하고 있었지만 이 60가구 가운데 낡은 집에 살고 있는 26명에게 욕조가 있느냐고 물었을 때 21명이 욕조가 없다고 대답했다.[7]

이처럼 대중화된 자동차는 남녀평등에도 기여했다. 여성 운전자에 대한 차별은 1910년대까지도 극심해 심지어 여성의 자동차 운전을 법으로 금지시키려는 시도마저 곳곳에서 이루어졌다. 여성은 생물학적으로 운전을 하기엔 능력이 부족하다는 이유에서였다. 그런 시도를 좌절시킨 건 자동차 회사들의 로비였다. 그런 법안이나 조례의 통과는 자동차 판매에 좋지 않은 영향을 미칠 것이라고 봤기 때문이지만, 어찌됐건 여성에겐 든든한 우군인 셈이었다. 운전 능력과 무관하게 여성 운전자들을 모욕하거나 박대하는 남자들도 많았는데, 이는 주로 계급적인 이유에서였다. 이미 돈 많은 부자들의 자동차 과시에 주눅이 들어 있던 남자들은 여자들까지 설쳐대는 꼴을 보기 어려웠던 것이다.

앞서 언급했듯이, 찰스 케터링Charles Kettering이 1912년 크랭크를 힘들게 돌려서 시동을 거는 방식을 자동시동장치로 바꾸는 발명을 하면서 여성이 자동차를 운전하는 게 한결 수월해졌다. 특히 1917년 제1차 세계대전에 미국이 참전한 후 많은 남성들이 군대에 가면서 여성의 사회 참여가 자연스럽게 활발해지면서 여성의 자동차 운전도 크게 늘었다. 1920년 여성에게 투표권이 주어지기까지 여성 참정권 운동가들은 자동차를 타고 움직이면서 치열한 홍보전을 전개했다. 여성이 자동차를 운전하는 건 매우 드물던 때라서 여성이 자동차를 직접 운전하면서 투표권을 달라고 호소하는 것이 뉴스 가치가 있었기에 좀 더 많은 언론 홍보

● 여성 운전자가 모는 모델 T. 제1차 세계대전 이후 여성의 사회참여가 활발해지면서 여성 운전자의 비율이 높아졌다.

를 얻어낼 수 있었다.[8]

주州마다 다르긴 했지만, 1920년대 여성 운전자의 비율이 전체 운전자의 5~20퍼센트에 이르렀다. 여성은 이전에 비해 외출의 기회가 더 많아졌으며, 아이들에 대한 아버지의 권위도 어머니가 나누어 갖는 방식으로 변화되기 시작했다. 전시 체제에 남자들이 빠진 일자리를 여성들이 메우면서 획득하게 된 전투성이 드라마틱하게 발휘될 수 있는 기회를 만났다고나 할까. 잘 노는 여자라 할 수 있는 플래퍼flapper들은 쫓아다니는 남자한테 운전대를 맡기지 않고 직접 핸들을 잡았으며, 섹스에 대해서도 능동적인 자세를 취했다.[9]

자동차 열광은 거의 전염병처럼 미국 사회를 덮쳤다. 자동차라고 해서 다 똑같은 자동차가 아니었다. 1920년대에 미국인의 물질 만능주의와 순응주의를 집중적으로 다룬 작가 싱클레어 루이스Harry Sinclair Lewis는

1922년에 발표한 소설 『배빗Babbitt』에서 "귀족 계급의 여러 등급들이 영국에서 가족의 지위를 결정했던 것과 똑같이 자동차는 가족의 사회적 지위를 나타낸다"라고 썼다. 소설의 주인공은 자신이 속한 골프 클럽이 첫째가 아니고 두 번째라는 점에 언짢아한다. 이후 속물적이면서 거만을 떠는 사람은 누구든지 '배빗'이라고 불렸지만, 배빗이 되지 않고서 자동차를 사랑하긴 어려웠다.[10]

아니 미국인들은 배빗을 긍정했다. 노골적으로 특정 자동차를 찬양하는 노래가 히트송이 되곤 했으니 말이다. 〈포드 자동차를 사주지 않으면 결혼하지 않을래요You Can't Afford to Marry Me If You Can't Afford a Ford〉나 〈뷰익을 타고 신혼여행 가요Take Me on a Buick Honeymoon〉는 CM송이 아니라 1920년대 중반의 인기 가요였다.[11]

재즈 시대의 모습을 묘사한 대표작으로 꼽히는 스콧 피츠제럴드Francis Scott Fitzgerald의 『위대한 개츠비The Great Gatsby』(1925)는 사실상 위와 같은 노래들을 은근하고 세련되게 표현한 자동차 소설이기도 했다. 여주인공 데이지는 고급 자동차라면 사족을 못 쓰는 전형적인 1920년 여인이었던바, 개츠비의 노란 롤스로이스Rolls-Royce는 이 소설에서 상징 이상의 핵심적인 메시지를 던져주는 장치였다.[12]

1921년 텍사스주 댈러스에 최초의 드라이브인 레스토랑인 로이스 헤일리스 피그 스탠드Royce Hailey's Pig Stand가 생긴 이후, 1920년대 중반 자동차를 탄 채로 이용할 수 있는 드라이브인 업소들이 우후죽순 나타났다. 고객의 차까지 음식을 갖다 주는 '트레이 걸(tray girl: 쟁반 소녀)'도 새로운 직업군으로 부상했으며, 이들을 보고 업소를 찾는 고객들도 많아졌다. 1930년대 초 뉴욕과 뉴헤이븐 사이의 고속도로를 조사한 결과 평균 180

● 영화 〈위대한 개츠비〉(2001)의 한 장면. 뒤에 있는 차가 개츠비의 노란 롤스로이스다.

미터마다 주유소가 있고 560미터마다 식당이나 간이식당이 있는 것으로 나타났다. 이에 따라 패스트패드 체인점도 등장한다. 젊은이들은 이런 곳을 섹스 파트너를 찾는 곳으로 이용하곤 했다.

포주와 매춘부들도 신바람이 났다. 새로운 영업 수단이 생겼기 때문이다. 자동차를 타고서 손님을 유인해 자동차 안에서 모든 걸 해결하는 신종 매춘 행위가 유행하기 시작했다. 어떤 자동차, 즉 얼마짜리 자동차를 타고 손님을 유인하느냐에 따라 매춘부의 등급이 결정됐다. 1924년 청소년 법정에서 '성범죄'로 기소된 30명의 소녀 가운데 19명은 자동차 안의 행위로 기소되었다.[13]

모텔motel이란 용어를 최초로 쓴 업소는 1925년 캘리포니아의 샌 루이

●섹스 어필을 강조하는 밴 광고 사진(위)과 침대처럼 꾸며진 밴의 내부
모습(아래).

스 오비스포에 문을 연 제임스 베일James Vail의 모텔 인Motel Inn이었지만,
이때는 이미 사실상 모텔 역할을 하는 수천 개의 업소가 등장해 있었다.
1935년 서던메소디스트대Southern Methodist University의 사회학과 학생들은
주말 동안 댈러스에 있는 모텔들의 출입자를 은밀히 조사했다. 어떻게
조사했는지는 의문이지만, 38개 모텔을 이용한 2000명의 고객 대부분
이 가짜 이름을 남겼고 그들 가운데 적어도 4분의 3이 불륜 관계라는 걸
밝혀냈다. 댈러스의 한 모텔은 24시간에 16번, 즉 90분에 한 번씩 특별
실을 빌려준 것으로 드러났다. 시간을 지체하면 방으로 찾아와 노크를
하는 방식으로 손님을 쫓아내곤 했다. 1940년 FBI 국장 에드거 후버J.

Edgar Hoover는 모텔을 가리켜 공개적으로 '위장된 매춘굴'이요 '범죄의 온상'이라고 비난했다.[14)]

1970년대엔 밴van이 섹스용 자동차로 각광을 받는다. 밴은 덮개가 있는 차량이라는 뜻의 캐러밴caravan에서 비롯된 말이다. 밴 소유자들은 대부분 21세에서 35세에 이르는 독신남이었다. 밴은 매춘부들의 꿈이기도 했다. 침대는 말할 것도 없고 샤워 시설, TV, 냉장고까지 갖춘 데다 경찰의 단속도 피할 수 있었으니(영장이 있어야만 내부를 볼 수 있었다), 밴 이상 영업하기 좋은 게 없었다.[15)]

포드냐
마르크스냐

포드 자동차의 번영은 1920년대에도 지속되었다. 포드는 1918년 공화당이 주도권을 잡고 있던 미시간주에서 민주당 후보로 상원위원 선거에 출마했다가 5000표도 안 되는 표차로 낙선한 바 있었지만, 전국적으론 큰 인기를 누려 1920년 대선 출마를 요청하는 지지자들의 압력에 시달리기도 했다. 1924년 포드 모델 T의 생산이 200만 대를 돌파하는 전무후무한 기록을 세웠는데, 1920년에 이어 이해에도 헨리 포드를 대통령으로 추대하려는 운동이 광범위하게 일어났다. 그는 여론조사에서 현직 대통령을 능가하는 인기를 누리고 있었다. 그러나 포드는 금주법을 강화하는 것을 조건으로 캘빈 쿨리지Calvin Coolidge 대통령의 재선을 지지함으로써 대선엔 출마하지 않았다.[16]

자동차가 미국 제조업 통계에 처음으로 포함된 건 1899년이었는데, 당시 제품 가치 기준으로 150개 산업 가운데 꼴등이었다. 그로부터 사반세기가 지난 1925년 자동차 산업은 고용자 수 면에서는 3등이었지만 다른 분야에서는 모두 1등을 차지함으로써 미국 최대의 산업으로 떠오른다.[17] 1925년 포드 T는 전 세계 승용차의 절반을 차지하는 표준 자동차가 되었다.[18]

이런 놀라운 변화와 관련, 야코프 발허Jakob Walcher는 『포드냐 마르크스냐』(1925)라는 책을 썼다. 사회주의자들에게 미국의 자동차 문화는 점점 더 열악해지는 노동 조건과 그것에 입각해서 이루어지는 무자비한 자본주의의 고도 발전이었는데, 이는 매력적인 것이면서도 그만큼 위험한 것이라는 내용이었다. 실제로 포드 자동차는 노동운동에 결정적인 타격을 입혔다. 노동자들은 중고차라도 몹시 갖고 싶어 했으며 일단 차를 갖게 되면 노조 모임에는 나타나지도 않았다.[19]

포드주의는 유럽으로 수출됐다. 1920년대에 포드의 회사는 19개국에 공장을 설립했다. 1925년 베를린에서 번역 출간된 포드의 자서전 『나의 삶과 일My Life and Work』이 베스트셀러가 되면서 포드는 독일인들에게도 영웅이 되었다.[20] 권력자들도 포드를 존경했다. 쿠르트 뫼저Kurt Mser에 따르면, "포드의 권위적인 성격은 전체주의 권력자로부터 호감을 사기도 했다. 스탈린이나 히틀러는 포드에게 경탄했을 뿐 아니라 그에게 배우기도 했다. 그들은 직접 포드에 협력하여 사업을 벌이거나 그의 자동차 이념을 자국민들을 위해 적용하기도 했다."[21]

1924년 듀폰사가 '듀코'라는 도장 도료를 내놓자 거무칙칙했던 자동차의 색깔이 밝아지고 다양해졌다. 성능뿐만 아니라 스타일과 아름다움을 추구하는 시대가 열린 것이다. 1926년 여름 모델 T가 시장에서 밀리자 헨리 포드는 공장의 문을 닫고 새로운 차를 시장에 내놓겠다고 발

● 모델 T가 시장에서 밀리자 헨리 포드가 새롭게 내놓은 모델 A. 포드는 이 차를 알리기 위해 엄청난 광고 공세를 했는데, 그래서인지 이후 자동차 광고 물량이 엄청나게 늘어났다.

표했다.

1927년 12월 드디어 포드 모델 A가 선을 보였다. 순서대로 가자면 새로운 모델의 이름은 T 다음인 UVWXYZ 중 하나여야 했지만 포드 마음대로 A로 붙인 것이다. 신문의 제1면은 온통 모델 A에 관한 뉴스로 가득 찼다. 이에 보답하겠다는 듯, 포드사는 2000종의 일간지에 5일 연속 전면 광고를 때렸다. 이런 극단적 마케팅 덕분이었는지 A형 포드에 대한 사람들의 관심은 광적이었다. 100만 명이 이 차를 보기 위해 뉴욕에 있는 포드 본사로 몰려들었다. 거리에 이 차가 나타나기만 해도 사람들이 차를 보러 몰렸다. 주문이 폭주했다. 포드의 광고 공세 덕분이었는지 자동차 광고 물량도 갈수록 커졌다. 잡지 광고만 하더라도 1921년 350만 달러였던 광고비는 1923년 620만 달러, 1927년 920만 달러로 뛰었다.[22]

그러나 영원한 승자는 없는 법이다. 다음 해인 1928년 지엠이 6기통 쉐보레로 반격을 해왔기 때문이다. 포드는 1923년 미국 자동차의 절반을 생산하는 절정기 이후 1920년대 말에는 지엠에 추격당한다. 왜 이런 일이 벌어진 걸까?

앨프리드 슬론의 '분권화된 관리'의 위력이었다. MIT를 나온 슬론은 듀런트보다는 14살, 포드보다는 11살 연하였지만, 그 이상으로 세대를 달리하는 새로운 유형의 경영자였다. 그는 포드와 듀런트의 전제적이되 비체계적이고 화려하되 변덕스러운 리더십 스타일을 혐오했고 앞에 나서기보다는 뒤에 머무르는 걸 선호했다. 그는 1920년에 작성한 「조직계획Organizational Plan」이라는 문서에서 분권decentralization과 조정co-ordination을 두 축으로 삼아 재정통제financial control와 부문 간 커뮤니케이션interdivisional communication만큼은 예외로 하되 전 부문을 분권 관리 체제로 바꿀 계획을 세웠으며, 나중에 실행에 옮겼다. 1918년부터 1920년까지의 조직 팽창으로 인해 나타난 조직 관리 문제를 절감해서 취한 조치였다.[23]

이런 관리 혁신에 따라 지엠은 의사결정을 철도 시대의 매우 집중화된 수준에서 생산 부문과 거대한 조립라인과 지원 서비스 부문과 같은 기능적인 수준으로 이동시키고, R&D 부문에서 생산 부문, 마케팅 부문, 판매 부문, 서비스 부문으로 계속 이동시킴으로써, 의사결정 과정을 단순화시킬 수 있었다.[24] 슬론의 소비자관이 포드의 소비자관을 눌렀다는 점도 간과할 수 없다. 슬론은 고객의 다양한 기호에 부응하는 다품종 정책을 쓴 반면, 포드는 시종일관 가격 중시 전략을 쓰느라 변화된 사회상을 따라잡지 못한 것이다.[25]

자동차 회사의
전차 죽이기

미국인들의 자동차 신앙은 저절로 생겨난 것은 아니었다. 그건 집요한 로비의 산물이기도 했다. 지엠을 비롯한 자동차 회사들은 정유 회사·타이어 회사와 손잡고 대규모 로비군단을 조직해 연방정부와 주정부에 도로를 건설하도록 압력을 가했다. 1920년대 도로 건설비는 미국 정부의 공적 지출에서 두 번째로 큰 항목이었다.[26]

1923년 세계 최초의 대륙 횡단 도로 링컨 하이웨이(나중에 US 루트 30으로 이름이 바뀐다)가 개통되었다. 칼 그레이엄 피셔Carl Graham Fisher가 뛰어난 수완으로 기부금을 걷어 착공 8년 만에 완공한 것이다. 돈을 모으기 위한 표어가 "먼저 미국을 보라See America First"였다.[27] 이후 연방정부가 각 주를 연결하는 고속도로 건설 비용을 대기로 결정했다.

최초의 다차선 고속도로는 1920년대에 개통된 24킬로미터 길이의 브롱크스 리버 파크웨이Bronx River Parkway다. '파크웨이'는 의미심장한 말이

●지도상의 검은 선이 대서양에서 태평양까지 미국 대륙을 관통하는 링컨 하이웨이이다.

다. 그것은 중산층이 여가를 즐길 목적으로 만든 도로이기 때문이다. 상
업용 차량은 운행할 수 없었고 트럭과 버스의 통행을 막기 위해 엄격하
게 통행 제한을 했다. 넉넉한 숲, 부드러운 곡선, 나무를 심은 중앙분리대
등 도로 미학의 완성체라 할 만했다. 도로변의 광고판도 배제되었다.

이후 많은 파크웨이가 건설되었지만, 1950년 이후 미국인들이 더 이
상 운전을 재미있는 활동으로 보지 않게 되면서 그저 목적지에 빨리 갈
수 있는 고속도로 건설에 심혈을 기울였다. 1940년 10월 1일에 개통된
펜실베이니아 턴파이크Pennsylvania Turnpike는 그 선구자다. 해리스버그 서
쪽에서 피츠버그 동쪽을 연결하는 260킬로미터 길이의 도로인데, 처음
6개월간은 속도제한이 없었다. 운전자들은 1.5달러의 요금을 내고 2시
간 반 만에 주파했다.

1930년 도시계획가 에드워드 바셋Edward Bassett은 최초로 '프리웨이
(freeway: 고속도로)' 라는 말을 만들어냈다. 그가 말한 '프리'는 오직 자동차를
위한 것이었다. "모든 교차로, 신호등으로부터의 자유, 보도도 없고 따
라서 보행자도 없는 보행자로부터의 자유"를 구현하자는 것이었다. 독
일의 히틀러가 최초의 아우토반을 완성시키기 7개월 전인 1934년 뉴욕
의 도로 건설인 로버트 모제스Robert Moses는 롱아일랜드에 최초의 프리

웨이를 선보였다.[28]

1940년 12월 로스앤젤레스에서 최초의 본격적인 프리웨이가 개통되었다. 주 상원의원 랜돌프 콜리어Randolph Collier는 프리웨이 건설을 장려하는 건 물론 철도 교통에 대한 지원을 막음으로써 1950년대 중반까지 캘리포니아 대부분의 지역에 프리웨이가 깔리게 만들었다. 얼마 지나지 않아 모든 도시에 프리웨이가 생겼다. 오늘날 로스앤젤레스 전체 부지의 3분의 1은 자동차를 위한 부지로 넘어갔고 로스앤젤레스 카운티 교통위원회는 시 당국보다 더 많은 예산을 가져가고 있다.[29]

도로 건설은 국립공원을 잠식해 들어갔다. 1908년 레이니어산Mount Rainier에 최초로 개방된 데 이어, 1913년 요세미티Yosemite and Sequoia, 1915년 옐로스톤Yellowstone이 자동차에 개방되었다. 1922년에는 옐로스톤 관광객의 3분의 2가 자동차를 이용했다. 국립공원에 들어간 차는 1920년 12만 8000대에서 1940년 200만 대, 1947년 700만 대로 폭발했다. 갈수록 도로 면적만 넓어졌다. 1994년 옐로스톤 주차 공간은 1만 2000대분, 요세미티는 도로가 350마일에 주차 공간은 7000대분에 이르렀다.[30]

자동차 회사들은 도로 건설만으론 모자라다는 판단을 내렸다. 전차 때문이었다. 1902년 뉴욕에서 전차는 연간 10억 명의 승객을 나르고 있었다. 1922년 2만 킬로미터 이상의 전차 노선이 운영되었으며, 전국에 걸쳐 전차가 대중 교통수단으로 총아로 자리 잡고 있었다. 전차를 그대로 두고서 자동차가 늘 수 있을까? 자동차 회사들은 자동차 판매를 가로막는 최대의 적이 전차라는 판단을 내리고 '전차 죽이기' 작전에 돌입했다.[31]

1922년 지엠 사장 앨프리드 슬론은 회사 내에 그 일을 전담할 특별

● 옐로스톤 국립공원의 한 주차장(위)과 옐로스톤을 여행하고 있는 자동차(아래).

조직을 설치했다. 이렇듯 대장 노릇을 한 지엠의 지도하에 자동차 회사들은 전차 시스템(회사)을 사들여 전차를 폐기처분하고 선로와 전선을 제거함으로써 일반 시민들이 자동차를 타지 않고선 움직일 수 없게끔 만들고자 한 것이다.[32]

　　1932년 지엠은 이 작전을 좀더 체계적으로 실행하기 위해 '도시자동차대중교통연합UCMT: United Cities Motor Transport' 이라는 회사를 설립했다.

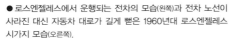
● 로스엔젤레스에서 운행되는 전차의 모습(왼쪽)과 전차 노선이 사라진 대신 자동차 대로가 길게 뻗은 1960년대 로스엔젤레스 시가지 모습(오른쪽).

이 회사의 목적은 각 지방자치단체가 전차들을 사들여 설비를 해체하고 대신 버스를 투입케 하는 것이었다. 이런 시도 끝에 1935년 뉴욕시의 전차 시스템이 자동차로 대체되었다.

여기서 한걸음 더 나아가 1936년 지엠과 석유 회사, 고무 회사들로 구성된 연합 회사인 전국도시교통-NCL: National City Lines은 직접 전차 노선을 사들여 버스 노선으로 바꾸기 시작했다. 이 회사는 1950년 로스앤젤레스, 필라델피아, 볼티모어, 세인트루이스를 포함한 100여 개 도시의 전차 운행을 중단시켰다. 이는 중대 범죄 행위였지만, 지엠은 버스 한 대 값도 안 되는 5000달러 벌금으로 끝나고, 지엠 회계 담당자이자 음모의 주요 획책자였던 H. C. 그로스맨은 벌금 1달러를 냈다. 이렇게 해서 1955년 전국 전차망의 88퍼센트가 사라졌다.[33]

당시 지엠이 만든 홍보 영화는 거의 예술 수준이다. 한 홍보 영화는 차량으로 꽉 막힌 도로에서 운전자들이 경적을 울려대는 것을 보여준 뒤 이런 내레이션을 내보낸다. "시민은 무엇을 해야 하겠습니까? 경적을 울려대지 마십시오. 목소리를 높이십시오. 더 나은 도로와 더 많은 주차 공간을 요구하십시오. 이 나라의 주인은 당신입니다. 녹색 신호를 찾으십시오."[34]

게다가 자동차 회사들은 이해관계를 같이하는 석유 회사라는 든든한 우군을 갖고 있었다. 워런 하딩Warren G. Harding 대통령 시절에 일어난 엄청난 부패 사건인 '티포트돔 스캔들Teapot Dome Scandal'이 말해주듯이, 미국 정부와 석유 회사들은 상호의존을 넘어서 구린내 나는 유착을 하고 있었으니 정책 방향이 어디로 갈지는 뻔한 일이었다.[35]

그간 석유 회사들은 주체할 수 없을 정도로 엄청난 거물이 돼 있었다. 석유 회사들이 본격적으로 미국 밖에서 공급원을 구하기 시작한 것은 제1차 세계대전 무렵부터였다. 유럽도 마찬가지여서, 두 대륙의 석유 회사들은 중동에 눈독을 들이기 시작했다.

제1차 세계대전은 석유의 중요성을 실감케 했다. 프랑스의 수상 클레망소는 "석유 한 방울은 피 한 방울에 못지않게 중요하다"라고 주장했다. 연합군 총사령관이었던 프랑스의 포쉬 원수 또한 "우리는 어떠한 희생을 무릅쓰고서라도 석유를 확보해야만 한다. 그렇지 못하면 오직 패배가 있을 뿐이다"라고 단언했다. 영국의 평론가 다벤포트와 쿡크는 1923년 미국에서 석유의 위력을 다음과 같이 묘사했다.

"미국을 잠깐이나마 여행해본 사람은 누구나 그 근대 문명의 원천이 석유에 있다는 인상을 받을 것이다. 미국에서 석유는 영국의 석탄과도 같은 지위를 점하고 있다. 유전 탑은 영국 탄광의 노동자를 위한 채광 장치와 마찬가지로 미국인에게 정다운 풍경이 됐다. 철도의 석유 수송

● 영국 평론가 다벤포트와 쿡크가 미국을 여행하면서 본 유전 탑은 미국인에겐 이미 정다운 풍경이었다.

화차는 영국의 석탄 화차처럼 어디서나 볼 수 있다. 가솔린관은 쓰레기 장에 흩어져 있다. 도로 주변에는 주유소가 듬성듬성 박혀 있고 밤이 되면 네온사인이 거리를 아름답게 수놓는다. 석유 수송용 파이프라인이 지하에 펼쳐 있고 그것은 영국의 철도망보다 광범하다. 미국인은 말하자면 석유 속에 묻혀 생활하고 있다. 사실 미국인은 석유가 없으면 움직일 수도 없다." [36]

미국계 5사, 영국계 1사, 영국-네덜란드 합작 1사 등 모두 7개 석유 회사는 1920년대에 거대 세력으로 성장했다. 엑슨, 모빌 오일, 셰브런, 걸프, 텍사코, 브리티시 석유, 로열-더치쉘 등이 바로 그들이다. 이 7대 메이저는 종합 석유 회사로 생산 수송 유통 판매를 모두 장악했다. 전능의 신 제우스에 의해 7개의 별로 변신한 그리스 신화의 일곱 자매 플레이아데스처럼 이들도 불사신의 생명을 가진 것처럼 보인다고 해서 '세븐 시스터스'라는 별명을 얻었다. 이 별명은 1950년대에 엔리코 맛티라

● 세븐 시스터스라 불리며 막강한 권력을 행사하던 7대 석유 회사의 로고.

는 이탈리아 기자가 처음 사용하긴 했지만, 이들은 적어도 1928년 이후 세븐 시스터스로서 손색이 없는 거대 권력이었다.[37]

자동차 회사와 석유 회사들의 로비와 음모가 먹혀든 데엔 철도 재벌들에 대한 미국인들의 뿌리 깊은 반감도 적잖은 역할을 했다. 신문들은 철도 재벌의 부패와 오만과 사치를 고발했다. 철도 재벌 윌리엄 밴더빌트William H. Vanderbilt는 이런 기사에 분노했다. 『뉴욕타임스』의 기자가 뉴욕과 뉴헤이븐을 오가는 철도를 대중의 이익을 위해 그대로 유지할 것인지 물었을 때 그는 이렇게 대답했다. "그놈의 대중들, 지옥에나 가라지!" 그러면서 그는 기자에게 자본주의에 대해 강의하기 시작했다. "나는 누구를 위해 일한다는 이 웃기는 이야기에 관심이 없소. 우리는 우리를 위해서 일할 뿐이오. 철도는 낭만으로 운행되는 것이 아니라 사업을 위해서, 돈을 벌기 위해서 운행되는 것이오."[38]

이런 말을 당당하게 했으니, 반反철도 정서가 매우 강해진 건 철도 재벌들의 자업자득인 셈이었다. 많은 사람들이 철도를 악덕 자본가가 운영하는 악당의 도구로 본 반면, 자동차는 그 반대 이미지를 풍겼다. 자동차 업계는 이 이미지를 부각하는 데에 필사적인 노력을 기울였다. 이는 정부 정책에도 반영돼 '철도엔 규제, 자동차는 지원' 이라는 원칙이 자리 잡았다.[39]

이는 다른 나라들의 철도 정책과는 정반대의 길을 걸은 것이었다. 영국과 캐나다는 공영, 다른 유럽 국가들은 국영으로 간 반면, 미국은 모든 걸 민영화했다가 그 부작용에 된통 당한 뒤 그걸 바로잡을 생각을 하기보다는 자동차라는 대안으로 복수한 꼴이었다.[40]

자동차 회사의 '전차 죽이기'에 대해 UCLA에서 미국사로 박사 학위를 받은 스콧 바틀스Scott L. Bottles의 생각은 좀 다르다. 그는 LA를 대상으로 한 사례연구를 통해 당시 대중교통 시스템의 부실에 대한 원성이 높았으며, 자동차는 대중교통 개혁 실패에 대한 개인적 자구책이었다고 주장한다. 미국인들은 자동차를 해방적이고 민주적인 테크놀로지로 인식했으며, 따라서 자동차가 대중교통 시스템을 대체한 것은 음모가 아니라 대중의 선택으로 봐야 한다는 것이다.[41] 과연 어떤 게 진실일까? 둘 다 타당한 면이 있다고 봐야 하지 않을까?

전 세계 자동차의
85퍼센트를 생산한
자동차 왕국

포드 자동차의 가격은 1920년대 후반엔 290달러까지 떨어지지만, 여전히 일반 대중엔 부담되는 가격이었다. 그래서 결재 방식에 관한 새로운 용어들이 등장한다. installment plan(할부판매), time payment(분할 지불), one-third down(3분의 1 계약금), down payment(계약금), buy now, pay later(신용거래) 등이 바로 그것이다.[42]

1888년 소설가 에드워드 벨러미Edward Bellamy는 돈이 카드로 대체되는 세상을 예언했다. 그로부터 채 10년이 걸리지 않은 1894년 미국에서 세계 최초의 신용카드가 등장했다. 이는 오늘날과 같은 의미의 신용카드는 아니었고 호텔 크레디트 레터 컴퍼니라는 곳에서 개발한 여행자 신용장이었다. 이후 신용카드는 발전을 거듭해 1920년대부터 본격 사용되기 시작한다.

외상 구매에 광고 공세까지 가세했다. 1915년 미국 전체 잡지 광고 가운데 7분의 1이 자동차와 자동차 용품 광고였으며, 1917년 미국 자동차 산업은 전국 잡지 광고의 4분의 1을 샀다. 1923년 미국 최대 잡지 『새터데이 이브닝 포스트』의 경우, 전체 광고의 3분의 1이 자동차 광고였다.[43)]

1923년 렌터카 회사인 헤르츠Hertz가 탄생했다. 1918년 월터 제이콥스Walter L. Jacobs가 시카고에서 12대의 모델 T로 시작한 사업을 존 헤르츠John D. Hertz가 인수해 규모를 키웠다. 훗날(1962~65년) 2위임을 스스로 고백하며 더욱 열심히 하겠다고 선언하는 "우리는 더 노력합니다We Try Harder" 광고 캠페인으로 유명해진 에이비스는 1946년 워런 에이비스Warren Avis에 의해 설립된다.

자동차는 1910년 50만 대, 1915년 200만 대, 1917년에는 거의 500만 대로 늘었다. 1914년을 기준으로 자동차 보유 대수는 미국이 130만 대 이상이던 반면 영국은 24만 5000대, 프랑스는 10만 대, 독일은 6만 4000대에 불과했다.[44)] 시간이 흐를수록 격차는 더욱 벌어졌다. 미국의 자동차는 1920년에는 1000만 대로 늘었는데, 이는 미국을 제외한 전 세계의 자동차를 모두 합친 것보다 많은 수였다. 그로부터 5년도 채 되지 않아 미국은 전 세계 자동차의 85퍼센트를 생산하게 된다.[45)]

1919년 미국에는 677만 대의 승용차가 운행되고 있었으나, 1929년에는 2312만 대로 늘었다.[46)] 1929년 자동차 산업은 1900년에 존재하지 않던 400만 개가 넘는 일자리를 만들어냈으며, 이는 1929년 평균 고용의 10분의 1이나 차지했다.[47)]

1929년 사회학자 로버트 린드Robert S. Lynd와 헬렌 린드Helen M. Lynd는 인디애나주에 있는 인구 3만 명의 먼시Muncie라는 작은 도시의 주민들을 수년간 관찰한 끝에 『미들타운: 현대 미국 문화 연구Middletown: A Study in Modern American Culture』라는 제목의 책을 출간했다. '미들타운' 이라는 제목은 '전형적인 소도시의 평균적인 미국인' 이라는 점을 강조하기 위해 붙여졌다. 이 책은 미국인들의 지극한 자동차 사랑을 잘 보여주었다. 자동차 때문에 사람들이 교회에 잘 안 나가고, 가족 유대가 약화되고, 범죄도 는다고 불평하는 목소리도 있었지만, 상당수 주민은 의식주 비용을 줄일망정 자동차는 포기할 수 없다고 했다.[48]

미국인의 자동차에 대한 애정이 깊어지면서 집의 구조도 달라지기 시작했다. 자동차 대중화 이전엔 집에서 중요한 역할을 하던 응접실과 현관은 있으나 마나 해졌다. 차고가 집의 중심으로 이동하면서 차고를 통해 집에 드나들었고, 자동차를 타고 오다가다 집에 들르는 사람들이 많아지면서 격식이 사라지는 라이프스타일이 유행했기 때문이다.[49]

부의 순위도 변했다. 헨리 포드는 존 D. 록펠러의 뒤를 이어 미국에서 두 번째로 십억 달러대 부호가 되었으며, 연방정부가 처음이자 마지막으로 고액 소득세 납세자를 발표했을 때 포드와 그의 아들 에젤Edsel은 2위와 3위로 랭크되었다. 1920년대 초 포드에 이어 두 번째로 인기가 높았던 닷지 차를 생산한 호레이스 닷지Horace Dodge의 부인은 9위를 기록했다. 이 리스트의 상층부는 석유와 자동차 왕국의 소유자들로 구성되었다.[50]

닷지는 호레이스 닷지와 존 닷지John Dodge 형제에 의해 설립된 회사이자 자동차 브랜드 이름이다. 두 형제는 1900년 닷지 형제 회사Dodge Brothers Company를 설립해 포드 자동차에 부품을 공급하다가 1914년부터 자동차 생산에 들어갔는데, 호레이스는 기술, 존은 세일즈를 담당했다.

● 자동차의 대중화로 사람들이 차고를 통해 집에 드나들면서 집의 구조가 차고를 중심으로 바뀌었다.

이들은 큰 성공을 거두어 1916년 매출액 기준으로 미국 내 자동차 회사들 가운데 2위를 차지하였다. 그러나 1920년 두 형제가 스페인독감에 걸려 사망하자 형제의 미망인들에 의해 운영되다가 1925년 5위로 처졌고, 결국 1928년 크라이슬러에 팔려 브랜드 가운데 하나로 편입되었다. 크라이슬러의 닷지 인수 금액은 1억 4600만 달러로 당시로서는 최대 거래액을 기록했다.[51]

크라이슬러는 1925년 월터 크라이슬러 Walter P. Chrysler에 의해 설립된 회사다. 1911년에서 1919년까지 지엠에서 일했던 월터 크라이슬러는 1916년부터 지엠의 전 제조 부문을 맡아서 일하는 등의 활약으로 60만 달러의 연봉을 받아 당시 업계에선 최고를 기록한 자동차 전문가였다. 1928년 닷지를 인

ⓒ David Shankbone

● 뉴욕에 있는 크라이슬러 빌딩.

수하고 그해에 뉴욕시에 크라이슬러 빌딩을 기공하는 등의 활약으로 그는 1929년 『타임Time』의 '올해의 인물' 로 뽑혔다.

크라이슬러는 뉴욕에 크라이슬러 빌딩을 1928년에 기공해 1930년 5월에 완공했다. 77층에 319미터 높이로 당시 세계 최고의 건물이었다. 그러나 크라이슬러 빌딩이 최고의 지위를 누린 기간은 매우 짧았다. 불과 11개월이었다. 바로 다음 해인 1931년에 뉴욕 맨해튼 34번가에 102층 381미터의 엠파이어스테이트 빌딩이 세워졌기 때문이다.

크라이슬러 빌딩엔 1950년대 중반까지 크라이슬러 본사가 입주했지만 이 빌딩은 크라이슬러사와는 무관하게 크라이슬러 개인이 자기 자식들을 위해 지은 건물이었다. 이 빌딩은 2008년 아부다비투자위원회 소유로 넘어갔다.[52]

3

1930~1940년대
고의적 진부화와
자동차 파시즘

대공황과
고의적 진부화

1928년 10월 22일 공화당 대통령 후보 허버트 후버[Herbert Hoover]는 대선 유세에서 "우리는 평화 시인데도 불구하고 한편으로는 거친 개인주의[rugged individualism]라는 미국적인 체제와 다른 한편으로는 그와 정반대되는 온정주의[paternalism] 내지는 국가사회주의[state socialism]라는 유럽적인 이론 가운데서 어느 하나를 선택해야만 하는 도전에 직면해 있다"라고 말했다.[1] 유권자들이 그런 어려운 말에 신경을 썼겠는가? 그가 외친 "미국인들의 모든 차고에는 자동차를, 미국인들 식탁에는 닭고기를"이라는 슬로건이 훨씬 더 먹혀들었을 것이다.[2] 후버는 2139만 1000표를 얻어 1501만 6000표에 그친 민주당 후보 앨 스미스[Al Smith]에게 압승을 거두었다.

후버의 결정적인 승인은 전반적인 번영이었다. 자동차와 건설을 비롯하여 전 분야에 걸쳐 생산이 폭발적으로 증가했다. 1921년 이후 8년 동안 주가는 계속 올라갔다. 지엠의 주가는 치솟았고 골드만삭스와 같은 투자신탁회사가 월스트리트에 앞다퉈 등장했다. 멈출 줄 모르는 주가 상승은 사람들을 주식시장으로 모여들게 했고 돈 좀 가진 미국인들은 재산의 대부분을 주저 없이 주식에 투자했다. 상당수 미국인은 주식을 사기 위해 은행과 증권회사에서 돈을 빌렸다.[3]

1929년 10월 24일 목요일 오전 11시 뉴욕 월스트리트의 '뉴욕 주식거래소'에서 이상한 징후가 감지됐다. 매도 주문이 갑자기 늘어나더니, 이는 곧 눈덩이 사태로 변해 너나 할 것 없이 "팔아. 빨리 팔아. 얼마라도 좋다. 팔기만 하면 된다"라고 외쳐대기 시작했다. 다우존스 지수는 이날 20퍼센트 이상 하락해 299.47까지 떨어졌다. 이날 하루 동안 거래된 주식은 종전 하루 최대 거래량인 400만 주의 3배가 넘는 1290만 주였다. 시카고와 버펄로 주식거래소는 낮 12시 반에 아예 문을 닫아버렸다. 연예전문지 『버라이어티Variety』의 1929년 10월 30일자 헤드라인은 미국 언론사상 가장 유명한 헤드라인으로 손꼽힌다. 가장 희극적으로 비극을 묘사했다는 이유 덕분이다. 헤드라인은 "월스트리트 흥행에 실패하다Wall St. Lays an Egg"였다.[4]

1929년의 대공황은 인류 문명사에도 한 가지 큰 변화를 몰고 왔으니, 그건 바로 '소비consumption'라는 개념의 재탄생이었다. 소비는 14세기 초에 만들어진 단어로 consume이라는 동사의 뜻은 파괴하고, 약탈하고, 정복하고, 소진시킨다는 의미였다. 이렇듯 1900년대 초반까지만 해도 소비라는 단어는 낭비, 약탈, 탕진, 고갈 등과 같은 부정적인 뜻으로 쓰였으며, 심지어 폐병을 뜻하는 말이기도 했다. 그러나 소비에 대한 이런 부정적인 이미지는 대공황 이후 대중 광고와 마케팅이 본격적으로 도

● 미국 언론사상 가장 유명한 헤드라인으로 꼽히는 1929년 10월 30일자 『버라이어티』
의 헤드라인 "월스트리트 흥행에 실패하다"(위)와 무료배급소에서 음식을 얻기 위해 순서
를 기다리는 뉴욕 시민들(아래).

입되면서 긍정적인 이미지로 돌아서기 시작했다. 소비라는 단어는 '선택' 과 동일시되면서 '축복' 으로 다시 태어난다.

제러미 리프킨에 따르면, "아메리칸 드림을 가지고 미국 땅으로 몰려든 이민자들이 못내 부러워한 것은 교실과 공식석상에서 찬양하던 시민적 참여의 이상이 아니라 탐나는 물건들이 잔뜩 쌓여 있는 궁전처럼 으리으리한 백화점에 가서 원하는 물건을 마음껏 사는 것이었다. '참여' 는 정치적 영역의 고매한 횃대에서 굴러 떨어져 상업적 영역에서 소비자로서 마음껏 선택할 수 있는 기회로 격하되었다."[5]

장 보드리야르Jean Baudrillard는 "자동차를 만드는 일보다 파는 일이 더 어렵게 되었을 때야 비로소 인간 자체가 인간에게 과학의 대상이 되었다"라고 말했는데,[6] 이는 대공황을 기점으로 소비의 시대가 열린 것과 맥을 같이한다. 소비에 대한 이미지와 더불어 영웅도 바뀌었다. 1929년 대공황 이전엔 대중잡지에서 대부분 '생산의 우상' 이 다뤄졌으나 이후엔 주로 '소비의 우상' 이 다뤄졌다. 어떻게 상품을 생산할 것인가에서 어떻게 상품을 소비할 것인가 하는 문제가 제기되었기 때문이다. 이 시기에 '소비자 문화' 라는 말이 처음으로 등장한 것도 우연이 아니다.[7]

왜 대공황이 발생했는가? 제임스 플링크James J. Flink는 "역사학자들은 외면하고 있지만 대공황 발생의 가장 중요한 조건의 형성에 자동차가 핵심적인 역할을 했다"라고 주장한다. 자동차의 보급으로 인한 이동성automobility은 상품의 유통 집중화 및 대형화라는 혁명적인 변화를 가져왔고, 이는 최초로 겪는 일이었기에 대량생산이 아무런 통제 없이 걷잡을 수 없는 수준으로까지 치달아 대공황을 유발하는 주요 이유가 되었다는 것이다.[8]

그 이유가 무엇이었건 자동차도 대공황의 타격을 받았다. 1928년 지엠은 2억 7646만 8000달러의 이익을 내는 최고의 호황을 누렸지만, 1929년 11월 13일 지엠 주가는 2개월 전의 반 토막으로 떨어졌다. 그래도 대공황이 재앙만은 아니었다. 실업자 구제책의 일환으로 도로가 광범위하게 건설되었기 때문이다.[9] 그러나 자동차 회사들은 우선 발등에 떨어진 불을 끄기 위해 어떻게 해서든 차를 팔아야 했다.

이른바 고의적 진부화planned obsolescence 전략을 적극 도입하기 시작했다. 기업이 특정 제품의 시장 포화 상태를 미리 타개하기 위해 기능이나 스타일 등 제품의 일부만을 변형시켜 공격적인 마케팅 정책을 전개하면서 시장에 내놓음으로써 이전의 제품을 일부러 진부하게 만드는 전략을 말한다.

자동차 회사들은 고의적 진부화의 선구자일 뿐만 아니라 가장 열성적인 실천자였다. 고의적 진부화라는 용어만 쓰지 않았을 뿐, 1927년 지엠 사장 앨프리드 슬론이 사실상 그 개념을 제시했고, 바로 이해에 지엠에 그 유명한 아트 앤드 컬러Art and Color 부서가 생겨났다(나중에 Styling Division으로 개칭). 지엠 연구소General Motors Research Corporation 소장 찰스 케터링도 새로운 모델을 끊임없이 내놓아 소비자들을 계속 불만족스럽게 만들어야 한다고 주장했다.

고의적 진부화는 1928년부터 스타일 진부화style obsolescence, 진보적 진부화progressive obsolescence, 역동적 진부화dynamic obsolescence, 인위적 진부화artificial obsolescence 등 다양한 이름으로 불린 가운데, 지엠에 이어 다른 자동차 회사들 그리고 다른 산업으로까지 파급되었다.[10]

지엠은 1935년 10편의 워너브라더스 영화와 자동차 뷰익을 묶은 대대적인 PPL(Product Placement: 상품 간접 광고) 캠페인을 전개했는데, PPL 캠페인이야말로 소비자들로 하여금 고의적 진부화를 받아들이게 하는 최상의 방법이었다. 이미지와 느낌만으로 차를 바꾸게 만드는 데에 영화 이상 좋은 게 어디 있으랴.[11]

1941년 슬론은 "자동차가 달릴 것이라는 건 모두가 다 알기 때문에 오늘날엔 자동차의 외관이 가장 중요한 요소가 되었다"라고 말했다.[12] 그는 고의적 진부화에 더하여 자동차의 등급화로 상향 이동을 꿈꾸는 소비자들을 자극하는 전략을 구사했다. 쉐보레 소유자는 폰티액을, 폰티액 소유자는 올스모빌을, 올스모빌 소유자는 캐딜락를 갖고 싶어 하는 욕망을 만드는 것이었다.[13] 이를 가리켜 버라이어티 마케팅variety marketing 또는 슬로니즘Sloanism이라는 이름이 붙기도 했다.[14]

사실 지엠이 포드 자동차를 누른 데엔 고의적 진부화 전략이 가장 큰 역할을 했다. 포드는 오랫동안 미련할 정도로 가격과 기능에만 집착했으니 말이다. 포드도 자신의 그런 생각이 시류에 맞지 않는다는 걸 알았지만, 그건 그의 신념이었다. 1926년 포드는 이렇게 불평했다. "변화는 진보가 아니다. 도처에서 새것에 대한 열광이 진보의 정신과 혼동되고 있다."[15] 그러나 새것을 진보로 여기는 미국인들의 습속을 어찌 바꿀 수 있으랴. 고의적 진부화 전략의 성공 덕분에 1934년 미국인의 평균 자동차 보유 기간은 5년이었지만, 1950년대 후반 2년으로 짧아졌다.[16] 이름을 달리 붙인 자동차의 종수도 1950년경 약 2000종에 이르렀다.[17]

1959년 독일의 폭스바겐Volkswagen은 미국 자동차 회사들의 그런 전략을 겨냥해 "우리는 고의적 진부화를 믿지 않습니다. 우리는 변화 자체를 위해 자동차를 바꾸지 않습니다"라는 광고 캠페인을 전개하기도 했다.[18]

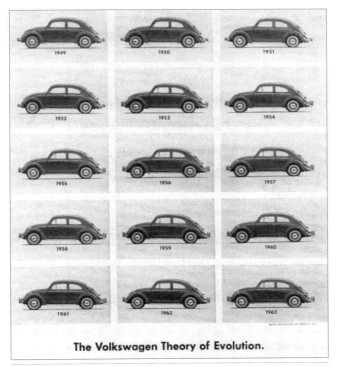

The Volkswagen Theory of Evolution.

● 한결같은 모습을 하고 있는 비틀 자동차. 폭스바겐은 미국 자동차 회사들의 고의적 진부화 전략을 비판하는 광고 캠페인을 전개했다.

폭스바겐은 더 나아가 자본주의 체제라고 하는 기계의 톱니바퀴가 되지 않으려면 우리 차를 타라고 선전했다. 이게 히피족들에게 먹혀들어가, 이들이 폭스바겐의 주요 고객이 되었다. 히피들이 폭스바겐 비틀Beetle을 산 이유는 오직 하나였는데, 그건 폭스바겐이 대중사회mass society를 거부한다는 것이었다. 이는 이른바 '반反문화counterculture'가 시작부터 자본주의 친화적이었다는 말이 나오는 이유이기도 하다.[19]

1960년 문화비평가 밴스 패커드Vance Packard는 『쓰레기 생산자들The

Waste Makers』이라는 책에서 고의적 진부화를 강하게 비판했지만, 소비자들이 매년 지엠이 어떤 새로운 모델을 내놓을까 하고 기다린 데다 전년도 모델을 타는 걸 부끄럽게 여기는 지경이 되었으니 어찌할 것인가. 언론까지 가세해 매년 신모델 발표회는 중요한 이벤트가 되었다. 1955년에 나온 자동차 모델은 272개였지만, 1963년엔 429개로 늘었다. 지엠이 단연 선두였다. 지엠은 1955년 85개의 모델을 내놓았는데 1963년엔 138개를 내놓았으니 말이다.[20]

이후에도 비판이 끊임없이 제기되었지만, 고의적 진부화는 굳이 전략이라고 할 것도 없이 오늘날 모든 기업이 실천하는 소비자본주의의 금과옥조가 되었다고 해도 과언이 아니다. 1970년대에도 독일과 일본은 이 고의적 진부화 전략을 쓰지 않았지만, 미국 자동차는 이를 철저히 준수했다.[21] 물론 미국의 자동차 업계에서도 1970년대 말부터 비용의 마지노선에 도달한 관계로 새로운 모델을 쏟아내는 속도가 느려지긴 하지만 말이다.

그러나 고의적 진부화 전략엔 한 가지 심각한 문제가 있었으니, 이는 앨프리드 슬론이 이미 1927년에 자탄하듯이 지적한 것이었다. "우리 미래의 가장 큰 문제는 우리 자동차들을 각기 다르게 만들어내야 하고, 또 매년 다르게 만들어야 한다는 것이다."[22] 바로 이게 미국 자동차의 성능 경쟁력을 좀먹어 미국 자동차가 일본과 독일 자동차에 밀리게 된 가장 큰 이유였다.

유럽의
자동차 파시즘

1930년대 유럽에선 이른바 '자동차 파시즘'이 기승을 부리고 있었다. 아돌프 히틀러Adolf Hitler는 1933년 "이제 국력은 철도의 길이가 아닌 고속도로의 길이에 의해 평가받는다"라며, 전 국토에 대규모 고속도로를 건설하는 '아우토반 건설 계획'을 발표한 데 이어, 1934년엔 자동차가 특권 계급의 독점물인 현실을 지적하면서 국민이라면 누구나 소유할 수 있는 '국민차(폭스바겐)' 생산을 선언했다. 1938년 최초의 국민차인 폭스바겐 38(비틀)이 출시되자, 히틀러는 '강함과 기쁨의 차' 저축 운동을 통해 모든 노동자가 자동차를 소유할 수 있게끔 하겠다고 장담했다. 이 운동은 제2차 세계대전으로 중단되고 말았지만, 당시 독일 대중의 마음을 사로잡았다.[23]

히틀러가 아우토반으로 재미를 보았다면, 이탈리아의 베니토 무솔리니Benito Mussolini는 자동차 경주 대회를 선전에 이용했다. 무솔리니의 선전은 큰 성공을 거둬 이후 이탈리아는 자동차 경주 대회에서 세계의 정상권으로 군림하게 되었다.[24] 그런가 하면 스페인을 40년 동안 통치한 프란시스코 프랑코Francisco Franco는 중산층에게 자동차를 제공함으로써 '소형차 파시즘'이라는 말까지 나오게 만들었다.[25]

파시즘까지는 아니었지만, 유럽의 파시즘과 비슷한 일들이 미국에서도 일어나고 있었다. 헨리 포드는 1930년대 말 보수주의, 고립주의, 반유대주의를 외치는 전사로 맹활약했다. 이미 1920년부터 반유대주의 운동을 펼친 포드는 디트로이트에서 발간한 주간지 『디어본 인디펜던트Dearborn Independent』를 통해 유대인을 사회악의 근원으로 몰고 유대계 금융인을 흡혈귀에 비유하는 등 유대인을 비난하는 특집을 100여 회 연재했다. 그는 이 기사들을 묶어 『따로 노는 유대인』이란 단행본을 출간해 대량 유포시켰다. 반유대주의의 바이블이라고 할 수 있는 『시온 장로의 의정서The Protocols of the Learned Elders of Zion』가 제정 러시아 장교에 의해 미국으로 반입된 시기는 1920년대였다. 이 책은 제정 러시아의 비밀경찰이 20세기 초에 날조한 가짜였지만, 포드는 이를 진짜로 받아들여 널리 퍼뜨렸다.

왜 포드는 반유대주의를 갖게 되었을까? 유대인들이 '생산'을 하는 직종에 종사하지 않는다는 게 그의 불만 가운데 하나였다. 포드가 혐오하는 과격 좌익 노조 간부의 대부분이 유대인이라는 점도 반유대 성향을 부추긴 주요 원인이었다. 역사학자 리처드 호프스태터Richard Hofstadter는 포드의 반유대주의는 집안에서 물려받은 게 아니라 젊은 시절 경험을 통해 얻어진 '포퓰리스트 반유대주의Populist anti-Semitism'라고 분석했다.[26]

포드는 히틀러의 『나의 투쟁Mein Kampf』에서 격찬받은 유일한 미국인이었는데, 히틀러는 포드에게 존경을 표하기 위해 1938년 7월 그의 75세 생일 때 감사의 말과 함께 제3제국 최고의 훈장인 독일독수리최고대십자장을 보냈고, 포드는 두 가지 모두를 흔쾌히 받아들였다.[27]

유대인 저널리스트로 유대인 문제를 집중적으로 파헤치는 에드윈 블랙Edwin Black은 「히틀러의 자동차 생산자Hitler's Carmaker: The Inside Story of How General Motors Helped Mobilize the Third Reich」라는 글에서 제2차 세계대전 발발 전 지엠의 앨프리드 슬론은 히틀러의 협력자였다고 주장했다. 지엠의 이익을 위해서뿐만 아니라 루스벨트를 마땅치 않게 여기고 히틀러를 높게 평가한 정치적 동기도 있었다는 것이다. 지엠사는 나치 독일 투자, 자동차 안전 무시, 트러스트 등이 담긴 슬론 관련 파일을 파괴해 진실을 알 길은 없지만, 그런 파일 파괴는 의혹을 증폭시켰다.[28]

자동차 파시즘은 단지 파시스트 국가들에서만 일어난 일일까? 그렇게 보긴 어려웠다. 미국인의 '자동차 종교'를 비판한 루이스 멈퍼드는 『기술과 문명Technics and Civilization』(1934), 『도시의 문화The Culture of Cities』(1938), 『도시의 역사The City in History』(1961) 등의 저서를 통해 자동차 중심의 미국 도시 문제를 심층적으로 다루었다.[29] 그러나 그의 주장이 여론의 지지를 받은 것 같지는 않다. 1938년 잡지 『포춘』이 미국인들은 어떤 산업이 대중적인 욕구에 가장 잘 부합한다고 생각하고 있는지를 조사한 결과, 4위는 영화 산업으로 9.5퍼센트, 3위는 항공 산업으로 9.8퍼센트, 2위는 라디오로 29.2퍼센트였다. 1위는 물론 자동차로 43.1퍼센트였다.

1950년대 뉴욕에서 로버트 모제스의 진두지휘 아래 고속도로가 대대적으로 건설되자, 멈퍼드는 여성 도시학자 제인 제이콥스Jane Jacobs와 더

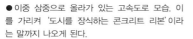

● 이중 삼중으로 올라가 있는 고속도로 모습. 이를 가리켜 '도시를 장식하는 콘크리트 리본'이라는 말까지 나오게 된다.

불어 이를 강하게 비판하고 나섰지만 별 호응을 얻지 못했다. 히틀러와 무솔리니도 고속도로를 건설할 땐 도시 외곽으로 길을 냈지만, 모제스는 대담하게도 도시 한복판을 파고들었다. 고속도로 건설을 위해 땅을 수용하면서 제 된 집에 살던 25만 명의 주민들이 내쫓겨났다.[30]

이런 일은 비단 뉴욕에서만 일어난 건 아니었지만, 그런 일이 있을 때마다 이미 자동차를 신앙으로 삼은 대중은, 환호하진 못하더라도, 암묵적인 지지를 보냈다. 그리하여 1960년대에 이르면, 대도시엔 땅이 모자라 고속도로가 이중 삼중으로 하늘로 치솟아 이를 가리켜 '도시를 장식하는 콘크리트 리본' 이라는 말까지 나오게 된다.[31]

　좀 더 빨리 달리고 싶어 하는 대중적인 욕구에 대한 비용은 만만치 않았다. 우선 자동차로 인한 사망자가 급증했다. 이미 1924년 미국에서만 2만 명 이상이 사망하고 70만 명이 부상을 당했는데, 사망자의 거의 절반이 아동이었다.[32] 1930년 자동차 사고로 인한 사망자 수는 3만 2000명 이상이었으며, 이 수치는 1940년대 후반까지 지속되었다. 그러나 미국인들에게 그건 통계 수치일 뿐 별 의미는 없는 것처럼 보였다.[33]

트랙터는
오르가즘을 느끼며
땅을 강간한다

1936년 찰리 채플린의 〈모던 타임스〉가 개봉되었다. 이미 〈황금광시대The Gold Rush〉 등의 작품으로 명성을 떨친 채플린이 스크린에 모습을 나타낸 마지막 영화이자 할리우드에서 제작된 마지막 무성영화이기도 하다. 영국계 유대인인 채플린은 이 영화에서 디트로이트 포드 공장의 어셈블리 라인을 모델로 한 공장을 배경으로 포드주의의 매우 엄격하고 꼼꼼한 관리 시스템을 풍자하는 동시에 빈부격차 문제를 적나라하게 드러냈다. 권력이 미디어를 이용해 여론을 조작하는 것도 풍자했다. 이런 이유들로 인해 이 영화는 독일과 이탈리아에서는 상영이 금지되었으며, 나중에 채플린이 미국에서 추방당하는 한 이유가 된다.[34]

미국 자동차 산업의 메카인 디트로이트는 어떤 곳이었던가? 1936년 영화 〈욕망Desire〉에서 주인공 역을 맡은 게리 쿠퍼Gary Cooper가 마를레네 디트리히Marlene Dietrich에게 한 대사에 그 핵심이 들어 있다. "디트로이트

● 찰리 채플린은 영화 〈모던 타임스〉를 통해 인간성을 말살하는 포
드주의를 비판했다.

는 신나는 곳은 아니에요. 큰 굴뚝과 검은 연기가 인상적일 뿐이죠." [35]
디트로이트의 그런 풍경은 자동차를 타는 사람과 자동차를 만드는 사
람 사이에 존재하는 괴리를 말해주는 것이기도 했다.

한 노동자가 미시간주 플린트에 있는 지엠 공장으로 헐레벌떡 뛰어
들어왔다. "회사가 설비기기를 다른 공장으로 빼돌리려 한다!" 그의 외
침에 공장은 일순 크게 술렁였다. 잠시 후 노동자들 사이에서 구호가 터
져 나왔다. "공장 점거, 공장 점거……."

1936년 12월 30일 미국 최초의 연좌 파업이 시작되는 순간이었다. 노

●지엠 공장에서 연좌 파업에 들어간 노동자들이 파업에 관한 기사가 실린 신문을 읽고 있다.

동자들은 곧 공장 출입문을 차단하고 공장을 점거한 채 파업에 돌입했다. 공장 밖에 모여 피켓을 들고 구호를 외치던 이전까지의 파업 양태와는 전혀 다른 것이었다. 미국 노동 운동사에 기념비로 남은 이 파업은 전미자동차노동조합United Auto Workers에 의해 사전에 치밀하게 준비됐다.

1935년 결성된 전미자동차노조는 1936년 첫 회의를 열고 가장 크고 강력한 노동자 집단을 조합으로 이끌어야만 한다는 결론을 내렸다. 목표는 플린트에 있는 지엠 생산 공장에 맞춰졌다. 조합은 윈덤 모티머Wyndham Mortimer를 플린트로 파견했다. 지엠도 호락호락 당하지는 않았다. 경찰과 정치권을 통해 조합의 움직임을 예의 주시하며 외부인의 공장 출입을 철저히 통제했다. 모티머는 호텔에서 짐을 풀자마자 익명의 남자로부터 "나무 관에 실려 나가지 않으려면 즉시 돌아가라"라는 협박성 전화를 받기도 했다.

그러나 플린트에 있는 공장의 설비 시설을 노조가 없거나 조합의 힘이 약한 다른 공장으로 옮기려는 지엠의 계획이 사전에 누설되어 결국 조합의 계획대로 파업이 시작됐다. 연좌 파업이 10일을 넘기자 경찰은 1937년 1월 11일 공장 진입을 시도했다. 경찰은 피켓을 향해 총을 쏘고 최루탄을 퍼부었지만 볼트와 너트를 던지며 격렬하게 저항하는 노동자들에게 밀려 6시간 만에 아무 소득 없이 철수했다. 연좌 파업은 40일을 넘겼고 결국 지엠은 두 손을 들었다. 1937년 2월 11일 지엠과 조합은 '전미자동차노조를 지엠 노동자의 포괄적인 협상 대표로 인정한다'는 한 장짜리 합의서에 서명했다.[36]

농업도 포드주의 혁명의 영향권에 놓였다. 트랙터의 대량 생산 때문이다. 최초의 가솔린 트랙터가 1892년 아이오와에서 존 프로이리히John Froelich에 의해 만들어진 이후 1910년경에는 2만 5000대의 트랙터가 미국에서 사용되었다. 헨리 포드는 1917년부터 포드슨 트랙터Fordson Tractor라는 이름을 붙인 트랙터의 대량생산 체제에 들어갔다. 포드는 1920~1927년 러시아에 2만 5000대의 트랙터를 수출했는데, 그 덕분에 포드라는 이름은 러시아인 사이에서 경외의 대상이 되었다.

미국의 트랙터 대수는 1920년 24만 6000대에서 1940년 160만 대, 1960년 470만 대로 폭증해, 1950년대 초엔 일하는 말이 미국의 농촌에서 자취를 감추었다. 트랙터는 농업의 기업화를 촉진해 영세 농민들을 땅에서 몰아냄으로써 이미 1930년대에 "트랙터는 오르가즘을 느끼며 땅을 강간한다"라는 말이 나오게 된다.[37]

1930년대 중반 가뭄과 바람 때문에 중서부 평원의 주들이 황진 지대Dust Bowl로 변함에 따라 수천 명의 농부들이 담보 잡힌 농장에서 쫓겨나 길거리로 내몰렸다. 그것이 바로 존 스타인벡John Ernst Steinbeck의 『분노의 포도The Grapes of Wrath』 속에 영원히 살아남은 처절한 엑소더스 행렬이었다. 소설의 제목은 우리에겐 "영광 영광 할렐루야" 라는 곡조로 익숙한 찬송가 〈마귀들과 싸울지라〉의 원곡인 〈공화국 전승가The Battle Hymn of the Republic〉에 나오는 구절에서 따온 것이다.[38)]

황진 지대는 텍사스, 콜로라도, 뉴멕시코, 오클라호마, 캔자스 등이 포함되는 곳으로서 엄청난 먼지 폭풍과 한파로 인해 토양이 황폐된 지역을 말한다. 은행에서 비싼 이자로 농자금을 빌려 농사를 지었지만 가뭄과 흉작으로 빌린 돈을 갚지 못하자, 농지는 트랙터로 재빨리 정리되었다. 농민들은 토지를 빼앗기고 이주의 길을 떠나야만 했다. 앞서 지적했듯이, "은행은 땅을 사랑하지 않는다. …… 트랙터는 오르가즘을 느끼며 땅을 강간한다" 라는 말이 나온 이유다. 100만 명이 넘는 농민들이 오클라호마 땅에서 강제 이주당해 캘리포니아로 향했다. 오클라호마에서 온 사람들이라는 이유로 오키Okie로 불린 이들은 그 어느 곳에서도 환영받지 못했다. 캘리포니아 주민들은 "오클라호마 놈들은 기생충보다 못한 놈들이야" 라는 말까지 했다.[39)]

캘리포니아주 샐리너스Salinas에서 출생한 스타인벡은 고교 시절 근처에 있는 대목장에서 날품팔이로 일하면서 그곳에서 일하는 이주 노동자들의 참상을 목격하고 이주 노동자에 대한 비인간적인 취급에 분노했다. 『분노의 포도』는 그런 분노를 소설로 표현한 것으로 오클라호마의 소작농 조드 일가의 이야기다. 그는 이 책이 사회적 기록으로 남기를 바라는 의미에서 반년간에 걸친 조드 일가의 이동 궤적을 추적했다. 오클라호마의 동부 지역에서 캘리포니아의 중부 지역에 이르는 2000마일의 거리였다. 스타인벡은 "고속도로가 그들의 집이 되었다" 라고 했다.[40)]

●『분노의 포도』 책 표지(왼쪽)와 영화의 한 장면(오른쪽). 존 스타인벡은 이주 노동자의 참상을 기록했지만 외국인들은 가난한 사람들도 차를 몰고 다니는 것에 더 놀랐다.

스타인벡은 소설에서 당시로서는 금기시되었던 욕설을 사용하며 농장주들을 비롯한 이주 노동자의 가난에 책임이 있는 사람들을 비난했다. 공산주의자로 낙인 찍힐 우려도 있어 출판사는 손을 좀 보자고 했으나 스타인벡은 그대로 밀어붙였다. 이 책은 발간 즉시 50만 부나 나가는 베스트셀러가 되면서 퓰리처상을 받았고 세계 각국에서 번역되었다. 그럼에도 미국 내 일부 도서관과 학교에서는 구입을 금지했고, 오클라호마주를 비롯한 여러 주에서 금서 판정을 받았다. 분서焚書 소동이 벌어지기도 했다.

『분노의 포도』는 1940년 존 포드John Ford 감독에 의해 영화화되어 그해의 아카데미상을 수상했지만, 외국인들이 이 영화를 보고 충격을 받은 건 이주 노동자의 참상이 아니었다. "저렇게 가난한 사람들도 차를 몰고 다니다니!"[41)]

3. 고의적 진부화와 자동차 파시즘

아니 가난하기 때문에 차 속에서만 살아야 하는 사람들도 많이 생겨났다. 사실상 작은 집을 아예 차에 싣고 다니는 트레일러는 휴가용으로 인기를 끌어 이미 1936년 16만여 대의 트레일러가 미국 도로를 누비고 다녔다. 집이 없는 저소득층은 트레일러를 다른 관점에서 바라보았다. "그래, 저걸 내 집으로 하면 되지!" 곧 가난한 트레일러족이 양산되었지만, 이들은 도시 지역에선 주차 제한을 받는 등의 눈총을 받아야 했다. 1950년대부터는 레저용 차량Recreational Vehicle 산업과 이동주택산업mobile home industry이 분리되면서 전혀 다른 양상을 띠게 되지만 말이다.[42]

교외와 드라이브인
영화관의 번성

누가 작은 것이 아름답다고 했던가? '큰 것이 아름답다'는 미국
인의 오랜 신앙이었다. 사이즈에 대한 미국인들의 자긍심은 전 분야로
퍼져나갔다. 인구도 많았지만, 전 세계와 비교할 때엔 "비교적 작은 인
구 사이즈에도 불구하고"라는 말이 따라 붙었다. 정치인이자 외교관인
체스터 바울스Chester Bowles는 "우리 미국 인구는 전 세계 인구의 7퍼센트
에 지나지 않지만"이라고 전제한 뒤 1940년을 기준으로 미국이 각 분야
에서 누리는 사이즈를 다음과 같이 과시했다. "우리는 전 세계 자동차
와 트럭의 70퍼센트, 전화의 50퍼센트, 라디오의 45퍼센트, 철도의 35퍼
센트를 갖고 있으며, 석유의 59퍼센트, 비단의 56퍼센트, 커피의 53퍼센
트, 고무의 50퍼센트, 설탕의 25퍼센트를 소비하고 있다."[43]

제2차 세계대전 동안 디트로이트는 '민주주의의 병기고Arsenal of
Democracy'로 불릴 정도로 미군의 전쟁 수행에 큰 역할을 했다. 특히 지엠

● 캐딜락(위)이 전투기 록히드 D-38(아래)의 테일핀을 흉내 낸 후 테일핀은 1950
년대 모든 차들의 필수 디자인 요소가 되었다.

의 부문조직division인 지엠씨GMC: General Motors Company의 활약이 컸다. 지엠
씨는 1901년 맥스 그라보스키Max Grabowsky가 세운 래피드 자동차 회사Rapid
Motor Vehicle Company를 1909년 지엠이 인수해 만든 것인데, 여기서 1912년
부터 지엠씨 트럭이 생산되었다. 한국에선 '제무시 트럭'으로 불린 지
엠씨 트럭은 제2차 세계대전 동안 60만 대가 생산돼 미군의 중요한 전

쟁 장비로 사용되었다.[44]

제2차 세계대전은 승용차의 디자인에도 큰 변화를 가져왔는데, 그건 바로 테일핀tailfin의 유행이었다. 전투기 록히드 P-38의 수직안정판, 즉 테일핀을 흉내 낸 승용차의 테일핀은 1948년 캐딜락에 처음 나타나 1950년대에 대유행하면서 모든 차의 필수 디자인 요소가 되었다. 자동차의 사이즈를 과시하는 장식이었다. 미국은 1946년 연간 350만 대의 자동차를 팔아 치우고, 1949년 최초로 500만 대를 넘어서는 자동차 생산량을 기록한다.[45]

주택이 자동차를 따라서 하면 안 되는가? 제2차 세계대전 후 심각한 주택난이 올 것으로 예상한 부동산업자 윌리엄 레빗William Levitt은 1947년 조립식 주택 대량 건설 방안을 내놓았다. 전후 대략 500만 채의 주택이 당장 필요할 것으로 추정한 연방정부가 이 방안을 받아들이면서 자동화된 일괄공정체계에 따라 조립식 주택이 초스피드로 대량 건설되었다. 주택 업계의 '모델 T' 가 출현한 셈이었다.[46]

이런 주택 단지엔 '레빗타운Levittown' 이란 이름이 붙여졌다. 레빗타운은 "친구나 이웃 사람에게 뒤지지 않는 생활을 한다Keeping up with the Joneses" 라는 말과 철학을 유행시켰다. 1950년대에 꽃피우게 될 '표준화 경쟁' 이 시작된 것이다.[47]

때는 바야흐로 '베이비 붐' 의 시대였다. 1940년에 250만 명이었던 신생아 수는 1950년에는 350만 명에 달했고, 1946년에서 1961년 사이에 출생한 신생아는 6350만 명이었다. 그 결과 미국 인구도 1950년 1억 5000만 명에서 1960년에는 1억 8000만 명으로 10년 사이에 거의 20퍼센트나 증가한다. 레빗타운은 이렇게 급격히 증가한 주택 수요를 맞추는

● 똑같은 모습의 조립식 주택이 나란히 들어서 있는 레빗타운.

데 제격이었다. 1940년대 후반 레빗타운이 등장한 지 10년 만에 지난 150년간 세워진 집보다 더 많은 집이 생겨났다. 그래서 미국 조사국은 1951년 레빗타운 주민들을 '평균 미국인'이라고 불렀다.[48]

레빗타운은 그 획일성 때문에 경멸의 대상으로 비판을 받았지만, "너희들이 집 없는 사람의 설움을 아느냐?"라는 반론이 맞서곤 했다. 레빗타운 건설 당시엔 냉전 분위기에 걸맞게 이념적 명분도 동원되었다. 레빗은 "자기 집을 가진 사람은 공산주의자가 될 수 없다"라고 주장했다. 이는 프랭클린 루스벨트가 남긴 "자기 집을 가진 사람들로 구성된 나라는 정복될 수 없다"라는 명언(?)의 냉전 시대 버전이라 할 만했다.[49]

1959년 소련 공산당 서기장 니키타 흐루시초프Nikita Khrushchev의 미국 방문이 발표되자, 백악관 기자들은 드와이트 아이젠하워Dwight D. Eisenhower 대통령에게 흐루시초프에게 미국의 무엇을 가장 보여주고 싶으냐는 질문을 던진다. 아이젠하워는 레빗타운이라고 답한다. 미국 노동자들이 어떻게 사는지 보여주고 싶다는 것이었다. 레빗타운을 미국의 풍요를 과시할 수 있는 대표적인 상징으로 여긴 것이다.[50]

레빗타운에 빠지지 않고 등장하는 건 잔디밭이었다. 훗날 작가 마이클 폴란Michael Pollan에 따르면, "오늘날 미국에는 12만 제곱킬로미터 이상의 잔디밭이 가꾸어져 있다. 고속도로망이나 패스트푸드 체인점, 또는 텔레비전만큼이나 잔디밭은 미국적 풍경의 전형을 만들어냈다. 잔디밭은 미국의 모든 교외 지역을 엇비슷한 풍경으로 만들어놓았다."[51]

그런 표준화를 촉진한 건 미국의 풍요 덕분에 가능했던, 제2차 세계대전 참전용사에 대한 연방정부의 지원을 규정한 이른바 '지아이 빌GI Bill'이었다. 부동산 거래의 50퍼센트 이상이 재향군인국과 연방주택관리국의 담보로 이루어질 만큼 참전 용사들에 대한 배려는 극진했다. 그래서 "퇴역 군인에게는 계약금을 받지 않습니다"라는 광고 문구 또한 주택업자 사이에 표준화된 방침이었다.[52] 그 덕분에 1950년 최초로 교외에 사는 사람이 미국 인구의 절반을 넘어섰고, 도시에 대한 투자는 상대적으로 줄어들어 도심의 슬럼화가 가속화됐다.

1940년대엔 모텔 가는 것도 귀찮다는 듯, 자동차 안에서 모든 걸 해결하는 드라이브인 영화관이 생겨난다. 물론 드라이브인 영화관은 '가족 관람'을 강조하긴 했지만 말이다. 미국 최초의 드라이브인 영화관이 1933년 6월 뉴저지주 캠던에 생겨난 이후 서서히 전국으로 퍼져나갔는데, 초기의 가장 큰 문제는 소음 공해였다. 이 문제는 1941년 RCA가 각 자동차 안에 설치하는 스피커를 개발함으로써 해결되었다. 나중엔 기술 발전으로 자동차 안에 있는 라디오로 소리를 듣게 된다.

"전후에 누리게 된 만족스러운 삶에서 즐기는 것은 의무가 되었고,

● 차 안에서 영화를 보는 드라이브인 영화관이 미국 전역으로 퍼져나갔다. 토요일 밤을 즐기기 위한 필수품은 자동차였으며, 특히 드라이브인 영화관이 젊은이들 사이에서 폭발적인 인기를 누렸기 때문이다.

토요일 밤은 그중 핵심이었다." 저널리스트 수전 올린Susan Orlean은 저녁 시간의 역사에 관한 『토요일 밤Saturday Night』이란 책에서 그렇게 말했다. 토요일 밤을 즐기기 위한 필수품은 자동차였으며, 특히 드라이브인 영화관이 젊은이들 사이에서 폭발적인 인기를 누렸다.[53]

여기저기서 바지 지퍼를 여는 소리 때문에 시끄러워서 영화를 제대로 볼 수 없다고 불평하는 개그마저 등장했다. 너무나 일에 몰두한 나머지 영화가 끝난 것도 모르는 사람도 많아 영화관 직원들이 직접 찾아가서 영화가 끝났다고 알려줘야 했다. 일부 드라이브인 영화관은 아예 이

른바 '카콜car call'에 응하는 뚜쟁이와 매춘부를 고용해 영업을 했다.[54]

1950년대에 드라이브인 영화관은 부도덕하다는 지탄을 받으면서 '정욕의 구덩이passion pits'라는 별명까지 얻었다. 그러나 오히려 그렇기 때문에 더욱 젊은 관객을 끌어들일 수 있었다. 1947년 554개에서 1958년 4700개로 늘어날 정도로 드라이브인 영화관이 호황을 누리는 동안 시내의 영화관은 하루에 두 개 정도의 비율로 문을 닫았는데, 1946년에서 1953년 사이에 5000개 이상의 영화관이 망했다.[55]

육체적이든 정신적이든 자동차가 청춘 남녀의 주요 사랑의 공간으로 기능하는 건 1960년대까지도 지속된다. 1967년 자동차 전문 잡지 『모터 트렌드』가 1100쌍의 부부를 대상으로 조사한 결과, 거의 40퍼센트가 자동차 안에서 프러포즈를 받은 것으로 나타났다. 이 조사 결과에는 썩 내 켜하지 않는 남자가 구혼을 하게끔 유도되었다는 주석이 따라붙는데,[56] 도대체 자동차가 남녀를 막론하고 어떤 심리적 무드를 조성하길래 그리된 걸까?

1950년대

자동차와
문화 혁명

지엠에 좋은 것은
미국에도 좋은 것이야

'자동차를 혼자 타면 히틀러 좋은 일만 시킨다!' 제2차 세계대전 기간 중 기름 절약 캠페인의 일환으로 나온 카풀 운동을 장려하기 위한 포스터의 슬로건이다. 훗날(2002년) 코미디언이자 작가인 빌 마Bill Maher는 이 슬로건을 패러디해 『자동차를 혼자 타면 빈 라덴 좋은 일만 시킨다: 테러와의 전쟁에 대한 국민적 지지를 위해 정부가 말해야 할 것When you ride ALONE you ride with bin Laden: What the Government SHOULD Be Telling Us to Help Fight the War on Terrorism』이라는 책을 출간해 화제가 된다.

제2차 세계대전은 정부가 나서서 카풀을 적극 장려할 정도로 자동차 문화에 영향을 미친 동시에 자동차 회사들의 운명도 바꿔놓았다. 가장 큰 타격을 받은 건 포드였다. 이미 1936년 크라이슬러에까지 뒤져 3위로 떨어진 포드는 제2차 세계대전 발발 시 시장점유율이 60퍼센트에서 20퍼센트로 떨어진 반면 경쟁사인 지엠은 12퍼센트에서 50퍼센트로 상승했다. 포드 자동차가 전쟁 중 매월 1000만 달러의 적자를 보자, 실행에 옮기진 않았지만 루스벨트 행정부는 전쟁 물자 조달을 위해 포드의 국유화까지 검토하기도 했다.

창업주인 헨리 포드에 이어 1919년부터 포드 사장직을 맡은 에젤 포드는 차의 디자인과 스타일을 중요시했는데 그걸 무시하는 아버지와 뜻이 맞질 않아 아버지로부터 늘 면박을 당하곤 했다. 심지어는 다른 사람들 앞에서 아들에게 모욕을 주기도 했다. 에젤이 1943년 위암으로 사망하자, 포드가 다시 경영 일선에 나섰다가 1945년부터 에젤의 아들인 헨리 포드 2세Henry Ford II가 사장을 맡아 포드를 이끌었다.[1] 헨리 포드는 1947년 4월 7일 사망했다.[2]

1950년대 들어 지엠의 전성시대는 "지엠에 좋은 것은 미국에도 좋은 것What is good for General Motors is good for the country." 이라는 말로 설명된다. 이 말의 주인공은 1952년 대선에 승리한 드와이트 아이젠하워의 내각에 국방장관으로 발탁된 지엠 사장 출신 찰스 윌슨Charles E. Wilson이었다. 상원의 인준 청문회에서 "지엠의 이익에는 반하지만 미국의 이익에는 부합하는 결정을 과연 내릴 수 있는가?"라는 질문을 받았을 때, 윌슨은 그렇게 할 수 있다고 대답하면서도 그와 같은 이해의 충돌은 일어나지 않을 것이라고 주장했다.

"내가 그런 것을 생각할 수 없는 이유는, 여러 해 동안 나는 미국에 좋은 것은 지엠에도 좋고 그 역도 성립한다고 믿었기 때문입니다. 둘 사이의 차이는 존재하지 않습니다. 우리 회사는 아주 큰 회사입니다. 그래서 미국이 잘돼야 잘되는 회사입니다."[3]

"미국에 좋은 것은 지엠에도 좋은 것이며, 지엠에 좋은 것은 미국에도 좋은 것"이라는 말은 이 시대를 말해주는 명언으로 인구에 널리 회자되었다. 당시 대중은 거대 기업의 경제력에 대해 특별한 관심을 두지 않았다. 이걸 잘 보여주는 사례가 바로 윌슨의 위 발언이다.

'큰 것이 아름답다'는 시대 분위기에 따라 1954년 내쉬캘비네이터사Nash-Kelvinator Corporation 와 허드슨 자동차사Hudson Motor Car Company가 합병해 AMCAmerican

● 1949년 1월 24일자 『타임』 표지 인물로 실린 찰스 윌슨. 당시 지엠의 여러 브랜드가 배경에 그려져 있다.

Motors Corporation를 탄생시켰는데, 이는 당시까진 최대의 기업 합병이었다. 다음 해인 1955년 지엠은 세계 최대의 기업으로 우뚝 섰다. 지엠의 경제력은 미국 GNP의 3퍼센트를 차지했는데, 이는 이탈리아 전체의 GNP 규모에 해당되는 것이었다.[4]

1950년대는 지엠의 시대였고, 지엠은 명실상부한 미국의 '국민 기업'이었다. 1945년 헨리 포드의 손자 포드 2세가 사장에 취임하면서 새로운 경영 전략을 펼친 결과 포드 자동차는 옛 영화를 되찾기 시작하지만,[5] 그마저 지엠의 지원 덕분이었다. 포드가 망할 경우 정부가 인수할 가능성을 우려했기 때문이다.[6] 그런 상황에서 윌슨이 장관 인준을 받지 못할 이유는 없었다. 그러나 상원의 인준 청문회 이전에 일어난 '터커 사건'과 '스모그 사건'은 "미국에 좋은 것은 지엠에도 좋은 것이며, 지엠에 좋은 것은 미국에도 좋은 것"이라는 주장을 무색케 하기에 족했다.

프랜시스 포드 코폴라Francis Ford Coppola 감독의 영화 〈터커〉(1988)로 조명된 바 있는 프레스턴 토머스 터커Preston Thomas Tucker는 완벽한 자동차를 만들겠다는 야망을 품고 1946년 시제試製 차를 선보였는데, 이 차는 각종 운전자 보호 장치를 비롯하여 기능이 탁월했다. 최고 시속은 196킬로미터였으며, 시속 130킬로미터까지 올리는 데 걸리는 시간은 15초에 불과했다. 당시 가장 우수한 차종인 캐딜락이 1분이나 걸린 것과 비교하면, 언론이 "20년을 앞선 터커 차"라고 보도한 건 결코 과장이 아니었다.

그래서 지엠을 비롯한 빅3 자동차 회사들이 거물 정치인, 언론, 법조계, 자본가, 은행 등을 총동원해 '터커 죽이기'에 돌입한 게 터키 사건이다. 터커가 공장을 담보로 신청한 융자는 취소됐고 은행은 등을 돌렸다. 처음에 호의적이던 언론도 등을 돌려 흠집 내기로 일관했다. 고립무원 상태에 빠진 터커는 차도 없이 계약을 맺는 등 비정상적인 방법으로 난국을 타개하려 했지만, 이는 사기죄로 기소될 수 있는 문제점을 안고 있었다. 아니나 다를까 1950년 여름 터커는 법정에서 15만 달러 벌금에 징역 115년이라는 기소장을 보고 그 자리에서 졸도하고 말았다. 나중에 무죄 판결을 받기는 했지만 터커는 그 충격에서 헤어나오지 못한 채 파국을 맞았다. 터커 차는 1947년 51대가 생산된 후 단종되었지만, 아직까지 40여 대가 남아 있다. 자동차 수집가들 사이에선 알아주는 명품이다.[7]

스모그 사건이란 무엇인가. 1940년대 로스앤젤레스는 사람의 목을 얼얼하게 자극하고 몇 마일 거리의 산들까지 뿌옇게 가리는 갈색 안개 때문에 골머리를 앓고 있었다. 1950년 화학자 A. J. 하겐스 미트는 스모

●터커 자동차 모습. 앞선 성능을 자랑하던 터커 차는 빅3의 방해로 망하고 말았다.

그의 화학 성분을 분석하여 자동차 배기가스가 그 주범이라는 것을 밝혀냈다. 지엠을 비롯한 자동차 빅3와 석유업계가 들고 일어나 강력 반박했다.

1952년 12월 4월 영국 런던에서는 굴뚝 수십만 개가 내뿜는 연기와 아황산가스가 대기로 빠져나가지 못한 채 안개와 뒤섞인 스모그로 인해 5일간 915명이 사망하고, 12월말까지 4000여 명, 이듬해에는 8000여 명이 추가로 사망하는 참사가 벌어졌다.[8] 자동차 배기가스로 인한 스모그도 그런 비극을 낳을 수 있다는 쪽으로 경계해야 마땅한 일이었건만, 미국의 자동차 회사들은 '배째라'는 식으로 요지부동이었다.

1954년 자동차제조업협회는 이 문제를 다루기 위해 조사단을 서부로 파견했지만, 그들은 캘리포니아에 온 것을 환영하는 만찬에서 적반하장이라고 할 수 있는 엉뚱한 짓을 했다. 조사단 단장은 소각로랍시고 과일통조림 깡통 속에 종이를 채워놓고 거기에 불을 붙였다. 연기가 피어올라 천장에 닿자 그는 로스앤젤레스 관리들에게 이렇게 외쳤다. "당신네 스모그는 바로 저기서 나오는 거요!" 자동차 회사들은 계속 오리발을 내밀었지만 자동차 배기가스가 주범임을 밝히는 연구 결과가 계속 나옴으로써 나중엔 결국 그 사실을 인정하지 않을 수 없게 된다.[9]

백인의
도시 탈출

1954년 5월 17일 연방대법원은 브라운 사건Brown v. Board of Education of Topeka에서 흑인에 대한 그간의 '분리 평등separate but equal' 원칙을 뒤집고 교육 시설의 분리에 위헌 판결을 내렸다. 이 판결이 나오기까지 어떤 일이 있었던가?

1951년 캔자스주 주도인 토피카에 사는 흑인 올리버 브라운Oliver L. Brown은 8살짜리 딸 린다Linda가 몬로초등학교에 가기 위해 버스를 타고 위험한 철길을 건너 1.6킬로미터를 가야 하는 게 영 불만이었다. 집에서 더 가까운 곳에 섬너초등학교가 있었지만 그곳은 백인 학교라 보낼 수가 없었다. 그는 교육위원회에 시정을 요구했지만 거절당하자 법정으로 갔다.

유색인지위향상협회NAACP의 지원을 받은 소송엔 브라운과 비슷한 처지의 다른 흑인 12명도 동참했다. 1951년 2월 지방 재판소는 기존의 분리 평등 원칙을 지지했지만, 3년 3개월 후에서야 연방대법원은 "우리는 공공교육 분야에서 분리 평등 원칙은 논리가 설 자리가 없다는 결론을 내렸다. 분리한 교육 시설은 본래부터 불평등하다"라는 판결을 내린 것이다.

이 역사적인 판결은 흑인을 피해 도심에서 벗어나는 현상인 백인 탈출White Flight을 가속화했다. 그런 와중에서 이른바 블록버스팅blockbusting도 기승을 부렸다. 이웃에 흑인이 이사 온다는 소문을 퍼뜨려 백인 거주자에게 집이나 땅을 싸게 팔게 하는 수법이었다.[10]

백인을 대상으로 한 1942년의 여론조사에서 흑백 거주 분리를 지지한 사람은 전체의 80퍼센트에 이르렀으며, 1962년의 여론조사에서 "백인 거주 지역에 흑인이 들어오는 걸 막을 권리가 백인들에게 있는가?"라는 질문에 60퍼센트가 동의했다. 이 두 번째 질문에 조금이나마 반대가 많아진 건 1970년부터였다.[11] 백인들의 교외suburb로의 탈출은 바로 그런 심리에서 비롯된 것이었다.

교외가 비대해지면서 교외에서 더 떨어진 지역을 가리키는 단어 exurb도 나타났다. extra-urban의 줄임말로, 준교외準郊外라고 할 수 있겠다. 준교외는 A. C. 스펙토스키A. C. Spectorsky가 1955년에 출간한 『준교외 거주자들The Exurbanites』에서 소개한 신조어다. 교외보다는 자연을 즐기고자 하는 적극성이 있으며 소득 수준과 교육 수준이 높은 사람들이 사는 지역이다. 도심에서 멀리 떨어져 살다보니 집과 관련된 웬만한 일은 스스로 해야 했기에, 준교외의 발달은 이때부터 시작되었던 DIYDo-It-Yourself 운동에 큰 기여를 했다.[12]

1969년 노벨경제학상 수상자(2005년 수상) 토머스 셸링Thomas Schelling은

「분리의 모델Models of Segregation」이라는 논문에서 백인들이 교외로 탈주하는 현상을 기술하기 위해 티핑 포인트tipping point라는 개념을 제시했다. 티핑 포인트는 '갑자기 뒤집히는 점'이란 뜻으로 때로는 엄청난 변화가 작은 일들에서 시작될 수 있고 대단히 급속하게 발생할 수 있다는 의미로 사용되는 개념이다. 사회학자들은 특정한 지역에 이주해오는 흑인의 숫자가 어느 특정한 지점 즉, 20퍼센트에 이르게 되면 그 지역 사회가 한계점, 다시 말해 남아 있던 거의 모든 백인이 한순간에 떠나버리는 한계점에 도달한다는 점을 관찰했다.[13]

동시에 부분적으로나마 슬럼가의 고급 주택화를 뜻하는 젠트리피케이션gentrification 현상도 나타났다. 동사형인 gentrify는 '슬럼화한 주택가를 고급 주택화하다'는 뜻이다. 상류 계급 또는 신사 계급을 말하는 gentry에서 파생된 것으로, 1964년 독일 출신의 영국 사회학자 루스 글래스Ruth Glass가 런던에서 일어난 그런 현상을 묘사하기 위해 만든 말이다. 슬럼가에 중산층이 들어와 살기 시작하면 집값, 임대료, 재산세, 기타 서비스 요금 등이 올라 빈민은 점점 밀려나게 된다. 지방정부나 기업이 특정 지역을 살리기 위해 재개발 형식으로 주도하는 경우도 있고, 백인 탈출과는 정반대로 직장과 가까운 곳에서 살고 싶어 하는 젊은 중산층 백인들에 의해 발생하기도 한다.

미국에선 1956년 고속도로법 제정 이후 많은 도시에서 일부러 고속도로가 흑인 빈민촌을 지나가게 만들거나 도심을 재개발하는 등의 방법을 통한 젠트리피케이션이 일어났다. 1967년까지 도심 재개발로 인해 쫓겨난 빈민의 수는 40만 가구, 고속도로 건설을 위해 도심에서 쫓겨난 빈민은 33만 가구에 이르렀다.[14]

●뉴욕의 오래된 할렘가였던 베드퍼드-스타이버선트 지역이 젠트리피케이션돼 고급 주택이 들어서 있다.

1970년대부터 '여피yuppie', 즉 '도시에 사는 젊은 전문직 종사자Young Urban Professional' 들이 출현하면서 젠트리피케이션이 본격적으로 일어났다. 1979년 초 『하퍼스Harper's』, 『뉴스위크Newsweek』, 『뉴욕타임스매거진New York Times Magazine』 등은 이를 보도하면서 "이제 도시 위기는 끝났다"라며 환호했다.[15] 그렇다고 해서 교외로의 탈출 흐름에 변화가 생긴 건 아니었다. 1970년대에 도심지 이출과 이입의 인구 비율은 10대 1이었다. 도심지 재개발은 '흑인 제거Negro removal' 라는 비판이 나오는 가운데에도 젠트리피케이션은 2000년대에까지 지속된다.[16]

큰 도시 외곽의 교외이면서도 급속한 인구 성장으로 인구 규모가 10만~40만 명에 이르는 지역을 가리키는 붐버브boomburb라는 신조어도 등장했다.[17] 이런 지역에 비즈니스, 쇼핑, 엔터테인먼트까지 집중돼 있으면 그건 에지 시티라 부를 수 있겠다. 에지 시티는 조엘 개로우Joel Garreau가 1991년에 출간한 『에지시티: 뉴프런티어의 삶Edge City: Life on the New Frontier』에서 제시한 개념이다. 이 책에 소개된, 한 대중교통기관 관리의 말이 인상적이다. "나이 30이 넘어서도 정기적으로 버스를 타는 사람은 인생의 '루저'다."[18] 이런 인식 때문에 대중교통을 이용하고 싶어도 이용할 수 없는 일까지 벌어지고 있었다.

물론 이 모든 변화는 자동차 중심의 생활로 인해 빚어진 것이며, 그 결과는 미국 사회의 전 분야에 걸쳐 큰 영향을 미치고 있다. 2004년 대선에서 조지 W. 부시의 승인 가운데 하나는 준교외 지역 거주자들의 표를 많이 얻었기 때문이라는 분석이 나오는 것이나, 오늘날 디트로이트가 흑인 인구가 80퍼센트를 점하는 흑인 도시로 변한 것도 바로 그런 이유 때문이다.

맥도날드와
홀리데이 인의
탄생

자동차는 식료품 값을 크게 **떨어뜨렸다**. 자동차는 말의 수요를 감소시켰고, 이에 따라 말의 사료를 줄일 수 있었으며, 그만큼 경작지가 증가했기 때문이다.[19] 자동차의 이런 의도하지 않은 결과가 더욱 드라마틱하게 나타난 현상이 있었으니, 그건 바로 패스트푸드의 대중화였다.

자동차는 도시를 벗어난 교외 생활을 가능케 했으며, 역으로 교외 생활은 자동차 산업을 비롯한 여러 산업의 호황을 가져와 전후 미국 경제를 이끄는 원동력이 되었다.[20] 자동차를 기반으로 삼은 교외 생활양식은 식품 준비와 소비에서 편리, 효용성, 예측 가능성을 필요로 했다. 1950년대에 햄버거를 앞세운 패스트푸드 체인의 탄생은 바로 그런 요청에 부응한 것이었다.

디즈니랜드와 맥도날드는 쌍둥이라고 해도 좋을 정도로 서로 닮은 게 많다. 디즈니랜드가 탄생한 1955년에 맥도날드도 탄생했다는 건 결코 우연이 아니다. 햄버거는 1940년 세인트루이스에서 개최된 박람회에 나온 어느 가게 주인이 최초로 선을 보인 걸로 알려져 있지만, 맥도널드의 탄생과 발전은 자동차·도로의 발전과 맥을 같이한다.[21]

딕 맥도널드Dick McDonald와 모리스 맥도널드Maurice McDonald 형제가 1940년 캘리포니아에 문을 연 햄버거 가게의 가맹점 사업권을 사들인 레이 크록Ray A. Kroc은 1955년 4월 15일 일리노이주 시카고 교외의 드플레인에 자신의 가게를 연 뒤 전국 체인화를 추진했다. 그는 쇠고기의 크기에서부터 화장실 청소에 이르기까지 5만여 개의 업무 표준화 기준을 만들었다. 3년 만에 가맹점이 97개로 늘어나고,[22] 가맹점이 매년 100개씩 증가하자 크록은 자신감을 갖고 빚을 내어 맥도널드 형제의 모든 사업을 인수했다. 그는 1960년대 초 회사 비행기로 미국 전역을 샅샅이 돌아다니면서 맥도날드 매장을 세울 곳을 물색했다. 제러미 리프킨은 교회 뾰족탑이 크록의 전략적인 계획에서 긴요한 역할을 했다며 다음과 같이 말한다.

"그는 의도적으로 교회 근처에 레스토랑의 위치를 정했다. 맥도날드 레스토랑과 근처 교회의 순수하고 건전한 이미지가 서로 상승효과를 일으킨다고 계산한 것이다. 일찌감치 교회에 다니는 교외 가족들을 목표로 삼았음은 말할 것도 없다. 심지어 몇몇 사회 논평가들은 맥도날드의 황금빛 아치와 천국의 문의 생생한 이미지가 놀라울 만치 닮았다는 점을 지적한다. 크록은 배고픈 대중들이 혼란하고 예측 불가능한 세상의 떠들썩함에서 벗어나 편히 쉴 수 있는 그런 신성한 장소의 이미지를 창조하고 싶어 했다. …… 크록은 고도의 기술과 기계적 효율의 풍토에서 성장한 이들에게 '마음의 평화'를 제공했다. 그는 맥도날드에서 '선

● 맥도날드 드라이브인.

행'을 '효율성'으로, '영원한 구원'을 '하루 동안의 휴식'으로 대체시
켰다."[23]

데이비드 핼버스탬David Halberstam은 맥도날드의 놀라운 사회적 통찰은
햄버거에 대한 미국인의 엄청난 식욕을 간파한 게 아니라, 고속도로와
자동차에 의해 초래된 이동성의 확산과 먼 거리를 통근하는 노동자들,

도중에 신속하게 식사를 마쳐야 할 필요성을 이해했다는 데에 있다고 말한다.[24]

1977년 6월 다트머스대는 레이 크록에게 명예 인문학 박사학위를 주면서 수여 이유를 밝힌 글을 통해 다음과 같이 말했다. "오늘날 학생들이 대학을 택할 때 보는 세 가지 필수 사항이 있다. 첫째, 탁월한 교수진, 둘째, 좋은 도서관, 셋째, 근처에 맥도날드가 있는가 하는 것이다."[25]

미국 메릴랜드대 사회학 교수 조지 리처George Ritzer가 쓴 『맥도날드 그리고 맥도날드화: 유토피아인가, 디스토피아인가』는 미국의 200여 대학에서 교재로 쓸 정도로 맥도날드는 학문적 연구의 대상이 되고 있다.[26] 이 책은 맥도날드를 다루고 있지만 어떤 의미에선 맥도날드에 관한 책이 아니다. 막스 베버의 합리화 이론을 근거로 이 세상의 작동 방식을 탐구한 책이다.

리처는 맥도날드로 대표되는 패스트푸드점의 원리가 미국 사회와 그밖의 세계의 더욱더 많은 부문들을 지배하게 되는 과정과 그것이 초래하는 비인간화를 '맥도날드화McDonaldization'라고 부른다. 맥도날드 모델은 전 세계로 수출되고 있으며 세계 각지에서 큰 성공을 거두고 있다. 왜 그럴까? 리처는 맥도날드가 효율성, 계산 가능성, 예측 가능성 그리고 통제를 제공하기 때문이라고 말한다.

맥도날드로 식사를 대신하는 게 효율적이라는 건 굳이 설명을 필요로 하지 않을 것이다. 업주의 입장에선 고객들에게 무보수 노동까지 시키니 얼마나 효율적이겠는가! 판매되는 제품과 제공되는 서비스의 양적인 측면은 물론 고객의 이용 시간까지 모두 계산 가능하다는 것도 큰 매력이다. 또 맥도날드의 제품과 서비스는 언제 어디서나 동일할 것이라는 예측 가능성을 제공하며, 이는 고객들을 편안하게 만들어준다. 또한 고객이 가능한 한 빨리 먹고 나가게끔 모든 게 고안돼 있으며(그 불편한 의자를 보라!) 종업원에 대한 통제는 이윽고 인력을 무인기술로 대체하고자 하는 경지에까지 이르렀다. 이 또한 업소의 이윤률을 높여주고 고객에게 제품과 서비스가 한결같다는 편안함을 제공해주는 데에 기여한다. 무슨 빵 하나 사기 위해 한 시간 넘게 기다리곤 했던 경험이 있는 과거 사회주의 국가 사람들이 맥도날드의 출현을 '신의 축복'으로까지 찬양하는 건 결코 놀라운 일은 아닐 것이다.

자동차와 도로가 급팽창하면서 바캉스 바람도 일어났다. 1951년 여름 바캉스 바람이 불자 테네시주 멤피스에서 성공한 건축업자 케먼스 윌슨Kemmons Wilson은 가족과 함께 워싱턴 D.C.로 여행을 떠났다. 그는 모든 모텔들이 아이들에 대해 추가 요금을 받고, 식사할 만한 곳도 없는 것에 분노해 직접 모텔 사업에 뛰어들기로 결심했다.

윌슨은 1년 만인 1952년 8월 멤피스에서 내슈빌로 이어지는 간선도로 변에 120개의 방을 가진 '홀리데이 인Holiday Inn'을 개장했다. 식당, 선물의 집, 수영장 등을 갖추고, 각 방에는 에어컨을 달았다. 다른 모텔에서는 1달러의 추가 비용을 받는 텔레비전 시청도 무료로 했다. 당시 모텔 요금은 8달러에서 10달러였고 애들이 있으면 20달러를 받았는데, 그는 수에 관계없이 싱글룸은 4달러, 더블룸은 6달러를 받았다.

윌슨의 사업은 성공을 거둬 2년 안에 멤피스로 이어지는 3개의 다른 간선 도로변에 3개의 모텔을 더 신축할 수 있었다. 도로 양방향에서 볼 수 있게끔 50피트 높이의 대형 간판도 설치했다. 그는 다른 건축업자들에게 체인 사업에 동참하라고 제안했지만, 겨우 3명이 참여하는 데 그

● 고속도로가 늘어나면서 자동차 여행이 증가 추세에 있다는 걸 간파한 케먼스 윌슨은 홀리데이 인을 개장해 큰 성공을 거두었다.

쳤다. 고속도로가 늘어나면서 자동차 여행이 증가 추세에 있다는 걸 깨닫지 못한 탓이었다.

윌슨은 의사, 변호사 등 전문직종을 대상으로 소유권 분양 방식을 택해, 방 하나에 3500달러에 분양하는 방식을 택했다. 호응이 좋아 1954년 홀리데이 인이 11개 더 생겨났다. 1956년엔 26개에 객실이 2107개가 되었다. 1956년 의회가 760억 달러에 달하는 예산을 세우고 전국 고속도로망 설립안을 통과시키자, 윌슨은 1957년 기업을 공개해 무한 성장의 길로 나아갔다.

윌슨의 강점은 좋은 입지를 골라내는 능력이었다. 그는 가시성이 높고 도심으로 통하는 도로변에 있으면서 증축하고 싶을 경우에 대비하여 여분의 땅이 넓은 곳을 택했다. 비행기를 타고 전국 입지 선정을 다니는 게 그의 주요 일과였다. 그것도 교통의 흐름을 정확히 파악하기 위해 이른 아침과 초저녁에 다니면서 입지를 선정했다.

그 결과 한때는 이틀 반나절마다 한 채의 모텔이 세워지고 매 15분마다 새로운 객실이 생겨나더니, 급기야 홀리데이 인은 1500개 모텔 체인으로 성장했다. 나중에 하워드 존슨, 쉐라톤, 라마다 등의 경쟁자들이 생겨났지만, 1970년대 초기 홀리데이 인은 다른 주요 경쟁사보다 세 배가 넘는 20만 8939개의 객실을 보유하게 되었다.[27]

자동차가 맥도날드와 홀리데이 인을 낳고, 다시 맥도날드와 홀리데이 인이 자동차의 필요성을 증대시키는 순환관계는 미국을 명실상부한 '자동차 공화국' 으로 만들게 된다.

제임스 딘의
이유 없는 반항

1950년대 중반 '속도가 진보'라는 믿음이 미국 사회를 휩쓸었는데, 이를 상품의 형태로 가장 잘 구현한 주체도 자동차 회사들이었다. 이즈음의 자동차 광고는 자동차를 로켓에 비유하면서 빠른 속도를 과시하는 데에 초점이 맞춰졌다. 자동차 섹스를 용이할 수 있게끔 하는 공간적 배려도 아끼지 않았다. 젊은이들은 섹스와 더불어 자동차 속도 경쟁에 매료되었고, 이는 곧잘 '죽음의 질주'로 치닫곤 했다.[28] 그런 '속도광' 젊은이 가운데 하나가 바로 영화배우 제임스 딘James Byron Dean이다.

　1955년 9월 30일 이제 겨우 24살 먹은 제임스 딘이 새로 장만한 스포츠카 포르쉐Porsche를 타고 고속도로를 달리던 중 맞은편 차와 충돌해 사망했다. 일반 대중은 딘의 출연작을 〈에덴의 동쪽East of Eden〉 한 편밖에 보지 못한 시점이었음에도 엄청난 충격을 받았다. 『런던타임스』의 부고 기사는 "단 한 편의 영화에 출연하고도 위대한 영화배우라는 격찬을 받은 미스터 제임스 딘은"이라고 썼다. 말런 브랜도Marlon Brando를 우상으로 섬겼던 딘은 순진성과 약탈성이라는 두 얼굴을 동시에 갖고 있었으며, 곧 브랜도의 명성을 훨씬 뛰어 넘었다.[29]

딘이 사망한 지 나흘째 되던 1955년 10월 3일 딘이 출연한 〈이유 없는 반항Rebel Without a Cause〉이 개봉되었다. 격찬의 홍수 사태가 벌어졌다. 동시에 새로운 폭력적 신화가 창조되었다. 십대 간의 싸움이라는 새로운 형태의 의식이 창출된 것이다. 칼싸움과 더불어 두 명의 경쟁자가 도로 양쪽에서 자동차를 정면으로 몰아 돌진해 누가 더 먼저 피하는지를 겨루는 치킨 게임은 십대의 공식적인 통과의례가 되었다.

이 영화의 개봉 이후 미국에서는 이웃 간의 칼부림 사건이 급격히 증가했다. 일본에선 젊은이들이 도쿄 한복판에서 〈이유 없는 반항〉의 의식을 살벌하게 치르는 바람에 영화는 추후 상영이 금지되기까지 했다. 몇몇 국가에서는 1950년대 내내 상영 금지 조치를 취했다. 1960년에야 영화가 상영된 멕시코에서는 난동 발생으로 결국 상영 금지 처분이 내려졌다. 스페인 검열 당국은 1964년에서야 상영을 허가했다.

뒤이어 1956년에 상영된 딘의 〈자이언트Giant〉는 워너브라더스 최고의 흥행작이 되었다. 저널리스트 딕 윌리엄스는 "고 제임스 딘에 대한 숭앙과 사실상의 성인聖人 추대식이 우후죽순처럼 번지고 있다"라고 썼다. 딘이 살아 있을 거라는 음모론이 난무했다.

에드가 모랭Edgar Morin이 묘사한 전설에 의하면, "그가 그 사고 후에 기적적으로 살아남았으며, 죽은 것은 무료 편승을 하고 있던 소년이고, 제임스 딘은 알아볼 수 없을 정도로 얼굴이 바뀌었으며, 어쩌면 의식을

● 속도광이었던 제임스 딘은 새로 장만한 **스포츠카** 포르쉐 스파이더를 몰다 교통사고를 당해 유명을 달리했다. 생전에 포르쉐를 몰던 제임스 딘(위)과 사고 현장(아래) 사진.

잃고서 정신병원이나 일반 병원에 갇혀 있을 것이라고 한다. 그래서, 매주 2000통의 편지가 '살아 있는' 제임스 딘 앞으로 배달된다."[30]

딘은 1956년 〈에덴의 동쪽〉으로 아카데미 남우주연상을 수상했는데, 죽은 사람에게 상을 준 건 아카데미 역사상 처음이었다. 이후에도 딘은 여러 상을 수상했다. 영화사 워너브라더스엔 딘의 1주기를 맞기까지 5만 통 이상의 팬레터가 쏟아졌다.

딘이 몰다가 사고 난 포르셰 스파이더의 잔해는 안전한 운전을 하라는 경고의 의미로 로스앤젤레스의 여러 고등학교를 돌며 전시되었다. 이후 잔해를 구입한 사람은 그걸 전시하며 관람료로 25센트, 운전석에 앉아보는 데 50센트를 받아 짭짤한 수입을 올렸다. 일부 파편은 기념품으로 팔려나갔고, 각종 기념품 목록이 끝도 없이 쏟아져 나왔다. 모조 석재로 만든 높이 8센티미터의 흉상은 30달러, 청동 흉상은 150달러에 팔려나갔다. 딘이 영화에서 입은 빨간 재킷도 대유행이었다. 『지미 딘 돌아오다 Jimmy Dean Returns』라는 제목의 잡지까지 나왔다. 당시 대부분의 영화 전문지보다 15~20센트가량 비싼 35센트였는데도 50만 부나 팔렸다.

딘이 세상을 떠난 후 1년 동안 그를 추종하는 '제임스 딘 추모연맹'과 다른 팬클럽에 가입한 유효회원은 미국에서만 400만 명에 달했다. 중복 가입도 있었겠지만, 참으로 놀라운 수치다. 1956년 연말까지 쏟아진 팬레터는 20만 통에 이르렀고 그 편지에 답장을 보내는 자원봉사자들의 수도 만만치 않았다. 이렇듯 딘은 종교가 되었다.[31]

이미 1955년 가을 젊은 여자들 몇 명이 딘의 죽음을 듣자마자 자살했는데, 1958년에는 '제임스 딘 죽음 클럽'이 결성되어, 결국 캘리포니아에서 두 명의 우등생이 자동차 사고로 죽음을 맞았다. 〈이유 없는 반항〉의 자동차 경주를 흉내 낸 것이다. 1965년에는 3500명으로 이루어진 프랑크푸르트 딘 클럽의 회원인 두 십대 소녀가 제임스 딘의 기일에 자살을 기도했다.[32] 이유 없는 반항인지, 이유 있는 반항인지, 도무지 알 길이 없었다.

엘비스 프레슬리와 척 베리

우상은 끊임없이 생산되는 법이다. 제임스 딘의 공백을 메우겠다는 듯, 그보다 네 살 아래인 엘비스 프레슬리Elvis Aron Presley가 딘의 사망 직후 로큰롤 가수로서 서서히 명성을 날리기 시작했다. 1956년은 '엘비스의 해'라고 해도 무방하다. 그만큼 그의 활약은 두드러졌고 스타로 급부상했다. 1956년 1월 28일 CBS의 〈도지 브라더스 쇼〉에 출연했는데 그는 이 프로에서 특유의 선정적인 엉덩이춤을 선보여 미국 사회에 큰 반향을 불러일으켰다. TV와 콘서트장에서 선정적인 춤을 춘다는 이유로 곳곳에서 항의전화가 방송국에 빗발치기도 했다.[33]

엘비스는 1956년 2월 〈Heartbreak Hotel〉로 로큰롤 사상 처음으로 팝 차트 1위에 오르는 영광을 안았다. 이 노래는 8주간 빌보드 싱글 차트 1위에 머물렀고 동명 앨범은 150만 장의 판매고를 올렸다. 그리고 〈Don't Be Cruel〉, 〈Love Me Tender〉 등의 노래가 연달아 차트 1위를 기록했다. 이 외에도 〈I Want You I Need You I Love You〉, 〈Hound Dog〉 등의 노래가 각각 차트 2위와 3위를 기록하는 등 1956년 말까지 무려 17곡을 차트에 올려놓는 기록을 세운다.

1950년대 중반 미국 최고 버라이어티쇼인 CBS의 〈에드 설리번 쇼The Ed Sullivan Show〉 진행자로서 프로그램에 전권을 행사하던 에드 설리번은 문화적으로 보수적이라 프레슬리의 출연을 결사반대했다. 당시 앨라배마주의 한 백인 단체는 "로큰롤은 백인을 흑인의 지위로 끌어내리려는 수단이다"라고까지 비난했으니, 그런 비난도 고려하지 않을 수 없었다.[34] 그래서 엘비스는 1956년 7월 1일 경쟁 프로그램인 NBC의 〈스티브 앨런 쇼The Steve Allen Show〉에 출연했는데 최초로 시청률에서 에드 설리번 쇼를 누르는 결과를 얻었다. 결국 설리번도 굴복하고 말았다. 엘비스가 3번 출연하는 데 5만 달러의 출연료를 주기로 계약했는데, 당시로선 상상할 수도 없는 거액이었다.

1956년 9월 9일 〈에드 설리번 쇼〉에서 엘비스는 특유의 건들거리는 모습으로, 한쪽 입꼬리가 살짝 올라간 웃음을 지으며 기타를 메고 〈Hound Dog〉와 〈Love Me Tender〉를 불렀으나 정작 엘비스의 모습은 화면에 절반밖에 나오지 못했다. 방송사가 엘비스의 '허리 윗부분'만을 보여줬기 때문이다. 연출자인 말로 루이스는 "그가 춤을 출 때에 여성팬들의 눈길을 끌려고 바지 속에 콜라병을 넣는다는 소문이 있었기 때문"이라고 말했다.

『뉴욕타임스』는 "저속한 스트립쇼"라고 비난했으며, 『뮤직저널』은 나중에 "그의 불결한 노래는 간접적인 성 경험을 제공하는 애처로운 신음과 유혹적인 가사들로 가득하다"라고 비난했다.[35] 그러나 이런 비난은 시대에 뒤떨어진, 어리석은 푸념에 지나지 않았다. 엘비스의 텔레비전 쇼에 대한 반응은 그야말로 폭발적이었기 때문이다. 〈에드 설리번 쇼〉의 명성에 한창 떠오르던 엘비스의 이름값이 합쳐져, 무려 5500만 ~6000만 명이 이날 브라운관 앞에 모여들었다. 엘비스는 이 쇼를 통해 가수들의 무대가 레코드에서 TV로 바뀌었음을 보여줬다.[36]

1957년엔 〈All Shook Up〉, 〈Teddy Bear〉, 〈Jailhouse Rock〉 등의 곡이 연속으로 차트 1위를 기록했다. 이로써 엘비스는 1956년에서 1957년 자신의 히트곡들이 한해의 절반인 25주간 각종 차트 정상을 차지하는 대기록을 세웠다. 그는 이때까지 2200만 달러를 혼자 벌어들였다. 엘비스는 이 시기 영화에도 출연했다. 자신의 히트곡과 똑같은 이름인 〈Love Me Tender〉(1956)와 〈Loving You〉(1957) 등이 그것이다.

가수로 데뷔하기 전 트럭 운전사로 일하기도 한 엘비스는 못 말리는 자동차광이었다. 아직 유명해지기 전 중고 캐딜락을 산 그는 그날 밤 호텔 방에서 몇 시간 동안 자기 차를 바라보고만 있었다. 그러나 이 차가 곧 불에 타는 아픔을 겪은 엘비스는 다시 중고 캐딜락을 사서 자신의 무대복과 비슷하게 분홍색과 검은색으로 칠했다. 그는 점차 유명해지면서 새 캐딜락을 살 수 있게 되자 그 차를 온통 분홍색으로 칠해 어머니에게 선물했다.

누구든 자신보다 더 좋은 차를 갖는 걸 못 견뎌한 엘비스는 튜닝을 통해 자신의 차를 차별화했다. 그는 자신의 차를 온통 황금빛으로 장식했는데, 팬들은 이 차에 열광했다. 음반 회사 RCA는 그 차와 함께 엘비스 프로모션 투어에 나섰는데, 휴스턴의 쇼핑몰에선 4만 관중이 몰려들어 대혼잡을 빚기도 했다.[37] 엘비스는 기분 내키면 오다가다 만난 사람

● 엘비스 프레슬리의 1955년산 분홍색 캐딜락(왼쪽 위)과 1965년산 황금색 캐딜락(왼쪽 아래). 그리고 자신의 캐딜락을 애지중지 닦는 앨비스의 모습(오른쪽).

들에게도 자동차를 선물하는 걸로 유명했다. 언젠간 캐딜락 판매소에 들러 한꺼번에 14대를 구입했는데, 때마침 그곳을 지나가던 흑인 할머니에게도 캐딜락을 선물했다나.

그토록 자동차광인 엘비스의 노래와 영화가 어찌 자동차를 외면할 수 있었으랴. 그가 출연한 모든 영화는 사실상 다 자동차 영화였으며, 그의 노래에 자동차가 나오지 않는 게 드물 정도로 엘비스는 미국인의 유별난 자동차 사랑을 집착 수준으로까지 끌어올리는 문화 전도사의 역할을 해냈다.

이렇듯 백인 가수의 자동차 사랑은 예찬의 대상이 되었지만, 흑인 가수의 자동차 사랑은 그렇질 못했다. 로큰롤의 선구자인 척 베리Chuck Berry는 지엠에서 일하던 노동자 출신으로 그 어떤 가수 이상으로 자동차를 소재로 한 노래를 많이 불렀다. 1955년 100만 장 넘게 팔려 대성공을 거둔 앨범의 동명곡〈Maybellene〉도 자동차를 주제로 한 노래였다. 그는 성공 후 프레슬리처럼 캐딜락 등 고급 자동차 수집에 열을 올렸는데, 이게 그만 백인들을 분노케 만들었다.

당시 캐딜락 같은 고급 자동차는 흑인에겐 차를 팔지 않음으로써 고급 이미지를 관리하는 못된 짓을 저지르고 있었다는 것을 상기할 필요가 있겠다. 고급 자동차가 아닌 차들도 행여 흑인이 많이 사면 '니그로 차'라는 이미지가 풍길까 봐 노골적으로 차를 못 판다고 하진 않았을망정 가격을 높게 부르거나 이런저런 핑계를 대고 흑인들의 구매를 방해하는 전략을 쓰기도 했다.[38]

베리는 1959년 14세 멕시코 소녀와 섹스를 하고 그녀를 주州의 경계를 넘어 이동시켰다는 혐의로 기소되었다. 1910년에 제정된 맨법Mann Act은 인신매매를 막기 위해 '부도덕한 목적'으로 여성을 주의 경계를 넘어 이동시키는 것을 불법화했는데, 이게 베리의 발목을 잡은 것이다. 베리는 오랜 법정 투쟁 끝에 1962년 2월에서 1963년 10월까지 1년 반 동안 감옥살이를 하게 된다. 그 사건 이후 인기는 내리막길을 걷는데 그는 악의적인 함정에 빠졌다며 억울해했고, 여러 논평가들은 그의 불운이 과도한 캐딜락 사랑과 무관치 않을 것이라고 했다.[39]

사실 척 베리 이전에도 자동차를 너무 사랑한 나머지 백인들에게 해코지를 당했던 흑인으로 1908년 최초의 흑인 헤비급 권투 챔피언인 잭 존슨Jack Johnson이 있었다. 당시 권투는 사실상 흑백의 인종 전쟁이었다.

● 잭 존슨(왼쪽)과 척 배리(오른쪽)의 과도한 고급 자동차 사랑은 백인들의 분노를 불러일으켰다.

백인 선수들이 존슨의 주먹에 줄줄이 쓰러지자 백인들은 '위대한 백인의 희망Great White Hope'이 나타나 존슨을 쓰러뜨려주길 간절히 바랐다. 그런 염원을 업고 6년 전 패배 없이 은퇴한 전 헤비급 챔피언 제임스 제프리스James J. Jeffries가 1910년 백인종의 우월성을 보여주겠다며 존슨에 도전하고 나섰다. '세기의 대결Fight of the Century'로 불린 이 시합에서 제프리스가 패하자 전국적으로 분노한 백인들과 열광한 흑인들 사이에 충돌과 폭동이 일어나 모두 25명(흑인 123명, 백인 2명)이 사망하고 수백 명이 부상당했다. 사정이 그러했던 만큼 1915년까지 챔피언 자리를 지킨 존슨은 백인에게 증오의 대상이었다.

그런데 존슨은 자동차 경주에까지 출전할 정도로 자동차라면 사족을 못 쓰는 자동차광인데다 자동차에 늘 백인 여자들을 태우고 다녀 백인들의 분노를 더 키웠다. 존슨에 대한 백인들의 해코지 수단은 똑같이 척 베리가 당했던 맨법이었다. 그는 이 법의 악용으로 여러 차례 부당하게 체포되었다가 1913년 결국 백인들로만 구성된 배심원들에 의해 유죄 판단을 거쳐 1년의 실형을 선고받자 7년간 외국을 떠도는 망명생활을 하다가 자수해 1920년 9월부터 1921년 7월까지 감옥살이를 해야 했다.

그는 자동차광답게 결국 자동차 사고로 숨졌다. 생전에 존슨이 자동차를 타고 나타날 때마다, 특히 백인 여자를 태웠을 때, 교통경찰들은 어떻게 해서건 건수를 잡아 그를 괴롭히려고 안달했으며 심지어 살해 위협까지 뒤따랐다. 흑인이 고급 자동차를 운전하는 것에 대한 백인들의 강한 반발은 『뉴욕타임스』까지 눈멀게 했다. 1913년 아무 근거도 없이 흑인들의 운전 습관이 고약하다고 주장하는 기사를 싣기도 한 것이다.[40]

당시 흑인들은 자동차로 장거리 여행을 하기가 어려웠다. 주유소, 숙박업소 등이 흑인의 이용을 거절하곤 했기 때문이다. 자동차 여행에 필요한 『블루북』이라는 책자를 발행하던 미국자동차협회마저 흑인들의 회원 가입을 꺼려했다. 흑인들은 흑인이 이용할 수 있는 주유소나 숙박업소 등의 정보를 담은 『흑인 운전자 그린북』The Negro Motorist Green Book』을 이용했는데, 1936년에 발

● 1936년부터 1960년까지 발간된 『흑인 운전자 그린북』의 1938년판 표지.

간되기 시작된 이 책자는 1966년까지 나왔다.[41)

척 베리와 엘비스 프레슬리뿐만 아니라 1950~1960년대 가수들이 부른 노래들의 대부분이 가사에 반드시 자동차를 끌어들이곤 했다. 자동차는 대중의 가장 큰 관심사였기에 노래를 히트시키는 데에도 그게 훨씬 유리했기 때문이다. 예컨대, 버디 할리Buddy Holly는 "자신의 사랑이 캐딜락보다 크다"라고 노래했다.[42)

자동차 사랑엔 좌-우, 진보-보수의 구분이 없었다. 1957년에 나온 잭 케루악Jack Kerouac의 『길 위에서On the Road』는 '비트 세대beat generation' 문화의 관점에서만 다뤄지지만 실은 자동차 이야기다. 비트 세대는 두 차례 세계대전을 통해 경제 성장의 과실을 맛본 1950년대에 풍요로운 미국의 물질중심적 가치관, 체제순응적인 가치관에 반기를 든 일군의 '랭보적 젊은이들'을 가리킨다. 이들은 도시 문명에 반감을 품고 있었으며, 개인적인 각성을 통해 새로운 자유와 진리를 찾겠다는 구도적인 삶의 태도를 지향했다. 이들은 마약, 섹스, 무모한 여행 등을 서슴지 않으며 동양의 선불교에서 깊은 진리를 찾으려고 했다. 비트 세대는 그런 식으로 당대의 사회적 제약을 무너뜨리며 안정과 평상normality을 최고의 가치로 여기는 나라에서 스스로 추방자가 되었다.[43) 사회에서 패배한beaten 것처럼 느낀다고 해서, 또 재즈 리듬의 강한 박자beat를 좋아한다고 해서 비트족이라 불렀다.[44)

케루악의 『길 위에서』는 기존 규범과 관습에 도전하는 보헤미안적인 라이프스타일을 그려 인기를 얻었다. 이 작품은 주인공이 정신의 자유를 찾아 정신을 구속하는 도시를 떠나는 것을 모티프로 했고, 청교도의 영국에서의 도피, 서부로의 도피 등과 같이 미국 역사의 특징 중 하나인

'도피'를 껴안았다.[45] 기존 체제에 저항하건 순응하건 자동차에 의존하는 건 같았다. 도피를 하기 위해서라도 자동차는 필요했으니까 말이다. 1960년부터 나온 존 업다이크John Updike의 '토끼 시리즈' 소설도 실은 자동차 이야기다. 가출, 탈출, 방황마저 자동차 없인 불가능한 세상이 된 것이다.[46]

그리고 『길 위에서』는 히치하이킹으로 미국 대륙을 여행하는 모습을 그려 당시 유행하던 히치하이킹 문화를 낭만화했다. 거기에다 1934년 영화 〈어느 날 밤에 생긴 일It Happened One Night〉에서 여배우 클로데트 콜베르Claudette Colbert가 히치하이킹을 위해 자신의 다리를 노출해 운전자를 유혹하는 불멸의 장면을 선보인 이후 히치하이킹은 대중문화의 주요 소재가 되었다. 사회학적 연구의 대상이 되기도 했다.[47] 그러나 히치하이킹으로 인한 몇 차례 끔찍한 살인사건이 일어나 여론이 악화되자 안

● 영화 〈어느 날 밤에 생긴 일〉에서 클로데트 콜베르가 히치하이킹을 하기 위해 자신의 다리를 노출하는 장면.

전을 이유로 1970년대부터 퇴조하기 시작해 이젠 아예 히치하이킹을 하지 못하도록 금지하는 주州들도 있다. 반면 유럽에선 여전히 히치하이킹이 많이 이루어지고 있으며, 네덜란드의 경우엔 히치하이킹을 하기에 좋은 장소에 표지판을 세우는 등 장려책을 실시하고 있다. 미국에서 히치하이킹 문화가 사실상 사라진 것을 개탄하는 사람들도 있다.[48]

쇼핑몰에서
길을 잃다

"국고로부터 90억 달러를 돌려받은 소비자들은 풍요를 누리기 위해 200만 개의 소매점으로 쇄도했다. …… 그들은 선풍기를 에어컨으로 바꾸는 것이 자신들의 힘으로 경제를 성장시키는 것임을 이해했다. 500만 대의 소형 텔레비전과 150만 대의 전기육절기電氣肉切機 등을 구입함으로써 그들은 1954년의 호황을 보증했다."

1954년에 나온 『타임』의 기사다. 1950년대 중반은 "절약은 반反미국적이다"라는 말이 나올 정도로 풍요가 만끽되고 소비가 권장되던 이때에 쇼핑몰이 탄생하였다는 것은 우연이 아니다.[49] 몰mall은 원래 품위 있는 산책에 좋은 장소라는 뜻이다. 이걸 쇼핑과 연결한 사람이 빅토르 그루엔Victor Gruen이다. 오스트리아 빈 출신인 그는 1938년의 독일-오스트리아 합병을 피해 단돈 8달러를 들고 미국에 도착했다. 그는 1954년 디트로이트에서 노스랜드 몰Northland Mall을 성공시킨 뒤, 1956년 미네소타주

●빅토르 그루엔이 세운 사우스데일 몰의 내부(왼쪽)와 외부 모습(오른쪽).

미니어폴리스 교외의 에디나에 사우스데일 몰Southdale Mall을 개장했다.

사우스데일 몰은 당시 세계 최대의 쇼핑센터로 거의 모든 언론이 총출동한 경이로운 사건이었다. 10에이커(약 4헥타르, 7만 4000평방미터)에 달하는 실내 쇼핑 구역과 5200대를 수용할 수 있는 주차장은 사우스데일 몰이 소비의 신전神殿이 아닌가 하는 생각을 갖게 하기에 족했다. 어디 그뿐인가. 사우스데일 몰은 계절에 관계없이 실내 온도를 조절함으로써 밀폐된 공간 안에 마법의 세계를 방불케 하는 환상적인 환경을 재현하는 데성공함으로써, 소비자들은 이곳에서 바깥 세계의 소음, 산만함, 사고, 긴장으로부터 해방될 수 있었다. 이후 미국의 거의 모든 쇼핑몰이 이걸모방함으로써 사우스데일 몰은 쇼핑몰의 원형이 되었다. 1946년 쇼핑센터는 8개에 불과했지만, 1950년대 말 4000여 개로 늘어났다.

그루엔은 그 후에도 1965년 펜실베이니아주 그린스버그에 그린게이트 몰Greengate Mall, 1971년 일리노이주 워키건에 레이크허스트 몰Lakehurst Mall 등을 건설했다. 사회주의자로서 쇼핑센터를 이웃들을 위한 모임장소로 구상한 그루엔은 자신이 교외의 확장과 자동차의 확산을 억제할 제도를 설계하고 있다고 확신했다. 그는 "왜 담배엔 위험 경고문을 붙이면서 자동차엔 그런 걸 붙이지 않는가?"라고 항변할 정도로 자동차에 적대적이었다.

그러나 그루엔의 확신은 엄청난 오판이었다. 쇼핑몰로 인해 교외로의 이전과 도심 공동화의 속도가 훨씬 빨라졌기 때문이다. 1960년에는 전 인구의 3분의 1이 교외 지역에서 살게 되며, 그 비율은 점점 더 늘어난다. 그는 자신이 만들어놓은 결과에 질겁해서 서둘러 빈으로 돌아갔고 1980년에 좌절한 채 사망했다. 죽기 전 그는 다른 쇼핑몰들이 자신의 아이디어를 완전히 망쳐놓았다고 개탄했으며, 자동차의 해악을 비판했다.[50] 맬컴 글래드웰은 2004년 3월 15일 『뉴요커The New Yorker』에 쓴 글에서 빅토르 그루엔을 20세기의 가장 영향력 있는 건축가로 볼 수도 있다고 평가했는데,[51] 하긴 대중의 관점에서 보자면 쇼핑몰 이상으로 중요한 게 어디에 있겠는가.

"우리는 여러분이 길을 잃기 바랍니다."[52] 1992년 미니애폴리스 근교에 개장한 세계 최대 규모의 쇼핑몰 몰 오브 아메리카Mall of America를 설계한 디자이너가 개막식장에서 한 말이다.(몰 오브 아메리카의 연면적은 39만 평방미터로 사우스데일 몰의 5배가 넘었다.) 이는 오늘날 모든 대형 쇼핑센터의 불문율이 되었다. 모든 설계와 환경 조성은 고객들이 길을 잃게끔 해야만 한다. 아니 정신까지 잃게 만들어야 한다. 바로 여기서 '그루엔 전이Gruen transfer'라는 병이 생겨났다. 그루엔의 이름을 따서 붙인 이 병은 분명 살 물건을 정하고 쇼핑하러 간 사람이라도 물건을 보고 돌아다니는 동안 계획에도 없던 것을 충동적으로 사고 돈을 낭비해버리는 현상을 가리킨다. 사회학자들은 현대식 쇼핑몰이 생기고 나서 얼마 되지 않아 이런 현상이 나타나는 것을 목격하고 그와 같은 이름을 붙였다. 바로 이 그루엔 전이 덕분에 쇼핑몰이 계속 늘어나게 되었다고 해도 과언이 아니다.[53] 그루엔 전이에 대해 더글러스 러시코프Douglas Rushkoff는 다음과 같이 말한다.

"그루엔의 원래 의도가 그렇지 않았음에도 불구하고 쇼핑 환경의 모든 것을 갖춘 쇼핑몰의 발명은 소매업자들로 하여금 방향 감각을 상실한 고객들을 마음대로 조작할 수 있는 전례 없는 능력을 가지도록 했던 것이다. 일대일 강요 설득에서 혼란에 빠진 고객이 영업 사원에게 결정권을 떠넘기는 유도 퇴행과 권위 양도 현상이 벌어지는 것처럼 그루엔 전이는 쇼핑몰을 찾는 고객을 건물 내에서 방향을 잃고 길을 헤매는 어린아이처럼 만들어버린다."[54]

"우리는 여러분이 길을 잃기 바랍니다"라는 판매자의 꿈을 실현하기 위해선 매장의 '입구' 못지않게 중요한 게 바로 '출구' 다. 일단 고객을 쉽게 끌어들이되 빨리 나가게끔 만들어선 안 된다.[55]

쇼핑몰과 광고는 서로 상승 효과를 냈다. 1949년 텔레비전 광고 비용은 1230만 달러, 1950년엔 4080만 달러, 1951년엔 1억 2800만 달러에 이르렀다. 광고업자들의 고민은 소비자들의 '쾌락과 죄의식 사이의 갈등' 을 어떻게 하면 해결해줄까 하는 것이었다. 그 결과, 구매자의 죄의식을 누그러뜨려주는 광고가 필요하다는 결론에 도달했다. 예컨대, 캐딜락 자동차는 열심히 일한 삶에 대한 보상이라는 점을 강조했다. 이 광고는 "이 운전대 앞에 앉을 권리를 획득한 분이 바로 여기 있습니다"라면서 다음과 같은 신파조 해설을 내보냈다.

"31년 전 화창한 6월 어느 날이었지요. 한 소년이 분주한 거리에 있는 신문 판매대 옆에 서서 캐딜락의 친근한 경적 소리를 들었어요. '거스름돈은 그만둬라' 운전하는 남자는 신문을 받아들면서 미소를 짓고는 미끄러지듯 거리로 사라졌어요. 소년은 동전을 손에 꼭 움켜쥐고서 '저것이 바로 나를 위한 자동차구나!' 라고 생각했지요. 그런데 이곳 미국은 소년이 가슴 속에 새긴 꿈을 이룰 수 있는 곳이기에 그는 이제 실업가가 되었지요. 그는 가족에게 안겨주고 싶은 세계를 얻기 위해 부단히 싸운 거예요. 이 시대에 타협이란 결코 있을 수 없으니까요."

이 광고는 이후 나온 수많은 광고들의 분위기를 결정했다. 심지어 10센트짜리 맥도날드마저 "엄마에게 휴식을!"로 시작해서 "당신은 오늘의 휴식을 얻을 자격이 있어요"로 끝맺었다.[56] 1955년 10월 25일 선보인 전자레인지를 비롯하여 각종 전자제품도 주부의 휴식을 돕겠다며 시장에 쏟아져 나왔다.[57]

도로는
자유의 상징

1956년 7월 네루_{Jawaharlal Nehru}, 나세르_{Garmal Abdul Nasser}, 티토_{Josip Broz Tito} 등 제3세계의 세 거두는 유고슬라비아에서 만나 비동맹주의를 재천명했다. 바로 그 7월에 이집트의 나세르는 수에즈 운하를 국유화하고 영국과 프랑스군의 침공을 물리침으로써 제3세계 민족주의의 영웅이 되었으며, 나세르의 아랍민족주의, 비동맹주의, 사회주의 노선은 나세르이즘이라 불리게 되었다.

나세르의 수에즈 운하 국영화 조치에 맞선 영국과 프랑스는 운하를 되찾기 위해 미국과 아무런 상의 없이 비밀리에 군사행동을 계획하고 이 계획에 이스라엘을 끌어들였다. 1956년 10월 말 이스라엘군이 이집트를 공격하고 영국과 프랑스도 군대를 파견했다. 이 군사 행동에 아이젠하워는 분노했다. 이 사건을 구실로 소련이 중동에 개입할까 봐 우려했기 때문이다. 즉각 미국은 런던에 대한 IMF 차관을 봉쇄함으로써 파운드화 가치를 떨어뜨렸다. 아이젠하워는 영국에 유엔의 정전결의안을 받아들이라는 압력을 가하며 전쟁을 멈추지 않으면 석유 공급도 중단하겠다고 위협했다. 게다가 11월 5일에는 소련의 흐루시초프가 영국과 프랑스의 이집트 철수가 이루어지지 않으면 서유럽에 미사일을 사용할 것이라고 위협했다. 결국 11월 중순 영국, 프랑스, 이스라엘 군대는 후퇴했다. 이 사건을 통해 '서방세계에 도전한 첫 아랍인'이 된 나세르는 아랍 세계의 영웅으로 떠올랐다.[58]

영국이 미국의 경제 압력에 굴복한 초유의 사건이 벌어진 셈이다. 이 사건의 여파로 수상이 사임하는 등 영국 정계가 요동쳤다. 저널리스트 윌리엄 그리더William Greider는 "영국의 힘은 1914년부터 이미 기울기 시작했는데도 미국은 제2차 세계대전 뒤까지 계속 영국에 금융 지원을 하면서 영국으로 하여금 어리석은 지도자가 되게끔 했다"라며 수에즈 운하 사건을 계기로 "영국인들은 오랜 환상에서 깨어난 것"이라고 말했다.[59] 1931년 그동안 국제 결제 수단으로 통용되던 파운드화의 지위가 파운드화 사용권 내로 제한되면서 팍스 브리타니카의 1차 종언이 있었다면, 이 사건은 팍스 브리타니카의 2차 종언이자 최종 종언을 의미했다. 명실상부한 '팍스 아메리카나'의 시대를 확인한 셈이다.

반면 영국은 이 사건으로 심각한 석유 부족에 직면했다. 당연히 자동차에도 큰 영향을 미쳐, 기름을 적게 먹는 작은 차에 대한 관심이 높아졌다. 그런 상황에서 나온 게 바로 BMCBritish Motor Corporation의 미니Mini다. 1959년에 출시된 미니는 1960년대 영국의 상징으로 큰 인기를 누렸지만, 동시에 그만큼 작아진 영국을 상징한 건 아니었을까? 1999년 미국 내 한 조사에서 21세기에 가장 영향력 있던 차로는 1위 포드 모델 T에

● 늘어서 있는 미니 자동차들. 팍스 아메리카나의 시대에 작아진 영국을 상징하는 차였다. ⓒ SteveBaker

이어 2위를 차지한 게 바로 미니였다.[60]

　그러나 미국은 계속 '미니'가 아닌 '맥시'의 길로 내달리고 있었다. 특히 새로운 도로의 건설이 붐을 맞고 있었다. 연방정부의 도로 건설 실무 총책은 토머스 맥도널드Thomas H. MacDonald였다. 1919년에서 1953년까지 활동한 그는 노련한 행정가이자 유능한 도로 선전가였다. 그는 라디오 연설 등을 통해 "라디오 전파가 무료이듯이 모두에게 공개된 도로는 자유의 상징"이며, 고속도로가 촉진하는 '브로드 아메리카니즘brad Americanism'이 일찍 이루어졌더라면 남북전쟁도 일어나지 않았을 것이라고 주장했다.[61]

　때마침 제2차 세계대전 동안 유럽에 있으면서 히틀러가 만든 세계 최초의 고속도로 시스템인 아우토반에 깊은 감명을 받은 아이젠하워 대통령은 미국 각 주를 연결하는 도로를 만드는 주간州間 고속도로 법안 Interstate Highway Act을 강하게 밀어붙여 통과시켰다. 그게 1956년이었으니 유능한 도로 선전가로 맥도널드에 이어 아이젠하워가 나타난 것이다.[62]

다른 설도 있다. 아이젠하워가 아우토반을 흉내 낸 게 아니라, 히틀러의 도로 담당관 프리츠 토트Fritz Todt 박사가 1930년대에 미국으로 건너와서 미국 고속도로를 연구한 뒤 독일에 돌아가서 만든 게 아우토반이라는 것이다.[63] 무엇이 먼저였건 서로 영향을 주고받았다고 보면 될 것 같다.

'지엠에 좋은 것은 미국에도 좋은 것'이라는 명언과 함께 국방장관에 임명된 지엠 사장 찰스 윌슨이 "고속도로는 국가 안보에 결정적으로 중요"하다고 끈질기게 역설했기 때문일까?[64] 아이젠하워는 고속도로가 미국의 국방력을 향상시킬 수 있는 잠재력이라고 믿었다. 미국이 공격을 받을 때 미국 내 도로를 이용해 군대를 신속하게 이동시킬 수 있다는 논리였다.

아이젠하워 행정부는 1956년부터 주간 고속도로 4만 1000마일을 건설하는 데에 320억 달러를 쏟아부었다. 사업 이름도 거창한 '국가방위 고속도로 시스템National Defense Highway System'이었다. 각 주정부는 이 사업의 수행에 아무런 이의를 제기할 수 없었고, 연방정부 관리와 실무자들은 도로 공사를 오직 효율 하나로만 밀어붙였다. 이로써 미국 교통 예산의 75퍼센트를 고속도로에, 1퍼센트에 못 미치는 돈을 대도시 대량 수송 수단에 쓰는 시대가 시작되었다.[65]

자동차와 도로를 국방의 문제로 보는 게 흥미롭다. 윌슨이 국방장관이 된 것에도 그런 깊은 뜻이 있었던 걸까? 이 전통은 얼마 후 로버트 맥나마라Robert McNamara에 의해 재현된다. 1960년대 초 포드 자동차의 회장이 된 맥나마라는 케네디 행정부의 국방장관이 되기 때문이다.[66]

1961년 도시학자 제인 제이콥스는 『미국 대도시의 죽음과 삶The Death and Life of Great American Cities』이라는 책을 출간해 고속도로가 교외화를 촉진함으로써 미국 도시의 쇠락을 초래했다고 주장했다.[67] 사실 아이젠하워도 훗날 주간 고속도로법을 만든 것을 후회했다. 고속도로가 도시를 망친다고 보았기 때문이다. 토머스 맥도널드도 자신이 추진한 도로 건설을 후회했다. 그는 도로 담당 관리들에게 도시에서 "자가용 자동차의 우선적 사용을 중단하고 대중교통 이용을 장려할 것"을 권했지만, 이미 때늦은 시점이었다.[68]

세 차례(1944년, 1956년, 1968년)에 걸쳐 '연방 지원 고속도로법'이 제정됐는데, 법안의 골격은 지엠의 앨프리드 슬론 회장의 머리에서 나온 것이었다. 대중 교통시설인 철도 건설에 투입된 예산은 도로 건설 예산의 1퍼센트에 불과했다.[69] 그러나 대중은 도로 건설에 호의적이었다. 1956년 뉴욕–시카고 간 840마일 길이의 고속도로가 개통됐을 때, 이전과 비교해 브레이크 밟는 게 890번에서 194번으로 줄고, 기어 변속은 3116번에서 777번으로 줄었으니 운전자들이 어찌 고속도로를 반기지 않을 수 있었으랴.[70]

과연 도로는 자유의 상징이었던가? 그랬는지는 몰라도 그 도로 위를 달리는 자동차엔 엄격한 계급 구분이 존재했다. 1950년대 후반 대기업들은 사원들의 직급에 따른 6단계의 차량 운용 지침을 갖고 있었다. 1957년 어느 대기업에서 실시한 지침에 따르면, ①세일즈맨: 차 값이 싼 포드, 쉐보레, 플리머스(2200달러 선), ②세일즈 수퍼바이저: 비교적 비싼 포드, 쉐보레, 플리머스(2500달러 선), ③부劃세일즈 매니저: 머큐리Mercury, 폰티액, 닷지(2800달러 선), ④세일즈 매니저: 올스모빌, 디소토DeSoto, 뷰익(3600달러 선), ⑤부장급: 크라이슬러, 링컨, 캐딜락(5100달러 선), ⑥부사장급 이상: 어떤 종류의 캐딜락이든 선택 가능.[71]

당시 캐딜락이 어느 정도로 지위와 품격을 나타내고 있었던지를 말해주는 일화를 보자. 어느 골프장 주인이 회원 가입을 권유하면서 한 말이다. "우리 골프장에는 캐딜락을 가진 회원이 8명이나 되지만, 저쪽 골프장엔 캐딜락 가진 회원이 2명밖에 안 되고 그마저 비교적 새것이라는 게 3년 묵은 캐딜락이지요."[72]

캐딜락 등쌀에 못 견딘 다른 차종들은 캐딜락을 흉내 내느라 차 덩치를 자꾸 키워갔다. 이로 인해 주차 문제가 심각해지자 급기야 여러 주지사들과 시장들이 자동차 회사에 제발 차를 작게 만들어달라고 하소연하기도 했다. 1950년대 후반 뉴욕시에선 49명의 간부들이 운전수가 있는 캐딜락을 이용했는데, 뉴욕시장 로버트 와그너Robert F. Wagner, Jr.는 "앞으로 더 이상 캐딜락을 주문하지 않겠다"라고 선언했다. 그럼에도 뉴욕시 감사관 로렌스 제로사Lawrence Gerosa가 뉴욕시 비용으로 6392달러를 들려 새 캐딜락을 장만해 논란이 되었다. 이에 제로사는 "시의 고위 공직자는 자기 직위의 위엄을 위해 캐딜락이 꼭 필요하다"라고 항변했다.[73]

반면 프랭크 시내트라Frank Sinatra와 딘 마틴Dean Martin 등 할리우드 스타들은 당시 8000달러나 나가는 듀얼기아Dual-Ghia를 탔다. 듀얼기아는 디트로이트의 듀얼 자동차Dual Motors가 1956년과 1958년 사이에 딱 117대만 생산한 고급차로, 이와 관련된 수많은 일화가 있다. 리처드 닉슨Richard M. Nixon 대통령도 듀얼기아를 갖고 있었지만, 훗날 린든 존슨Lyndon

●듀얼 자동차가 만든 고급 자동차인 듀얼기아.

B. Johnson 대통령과 포커 도박을 하다 잃어 존슨에게 넘겨주고 말았다. 존슨은 그 차를 이후 수년간 애지중지 아꼈다는 일화가 전해져 내려온다. 지금까지도 자동차 마니아들이 소장하고 있는 듀얼기아는 32대가 남은 것으로 알려졌다.[74)]

　1950년대에 가장 인기가 높은 캐딜락 브랜드는 엘도라도였다. 아마존 강변에 있다고 상상한 황금의 나라 엘도라도엔 자유가 철철 흘러 넘쳤겠지만, 아무나 엘도라도에 들어갈 수 있는 건 아니었다.

1960년대

자동차의
꿈과 현실

아메리칸 드림에
무슨 일이
일어났는가

1960년 하버드 경영대학원 교수 시어도어 레빗Theodore Levitt은
『하버드 비즈니스 리뷰Harvard Business Review』에 「근시안적 마케팅
Marketing Myopia」이란 글을 발표했다. 근시안적 마케팅은 '고객보다는
제품에 초점을 맞추는' 인식하에 시장을 좁게 보고 그것에만 치중하는
마케팅을 말하는 것으로, 레빗은 그 대안으로 철저한 소비자 지향적 마
케팅 모델을 제시했다. 그는 철도 산업 쇠퇴의 예를 들며 기업은 지속적
성장을 위해 시장을 광범위하게 설정해야 한다고 주장했다. 철도를 운
영하던 기업은 자신을 항공, 자동차 등을 염두에 두고 운송 기업이라 생
각하지 않고 오직 철도만을 생각하는 바람에 쇠퇴했다는 것이다. 그러
면서 미국의 자동차 산업도 철도의 전철을 밟고 있다고 경고했다.[1]

1960년대엔 아직 실감을 느끼긴 어려웠지만, 아닌 게 아니라 미국 자
동차 산업은 사실 '오만'이라는 불길한 조짐을 보이고 있었다. 오랫동

● 1957년 미국에 최초로 수입된 일본차인 토요타 자동차의 토요펫.

안 자동차 왕국인 미국에 외국차가 발을 붙이긴 어려웠다. 1949년 폭스바겐 두 대가 수입된 이후 1950년대부터 외국차가 들어오긴 했지만 미국 자동차 회사들은 외국차를 비웃기 바빴다. 1952년에 팔린 외국차가 2만 7000대에 이르러도 미국 업체들은 이에 관심을 두지 않았다. 1955년 수입차 판매는 5만 4000대로 늘었지만, 미국 업체들은 여전히 총판매량(600만 대)의 1퍼센트도 되지 않는다며 가볍게 넘겼다. 1956년 수입차 판매량이 10만 7675대, 1957년엔 22만 5000대로 늘자, 그제야 관심을 보이기 시작했다.[2]

그러나 미국 업체들의 수입차에 대한 경계심은 아직 일본차에까지 이르지 못하고 있었다. 1958년 일본차(닛산의 전신인 닷산Datsun과 토요타)가 1151대(경트럭 40대 포함) 수입되었을 때, 이 차들은 고속도로를 달릴 힘이 약해 비웃음을 사기에 족했다. 그러나 이게 웬일인가. 상황은 곧 달라지기 시작했다. 1960년 미국의 자동차 수출은 11만 7126대에 머무른 반면 수입차는 44만 4474대에 이르렀다. 이때까지는 수입차의 4분의 3이 독일차였지만, 서서히 일본이 기지개를 켜기 시작하면서 일본차의 미국 공습이 시작된다.[3]

자동차 회사들은 방심하고 있었지만, 자동차 문화에 관한 한 새로운 개척자들의 정열은 여전히 식을 줄을 몰랐다. 1961년 세계 최초의 드라이브인 교회가 등장한 게 그걸 잘 말해준다. 로버트 슐러Robert H. Schuller 목사는 1955년 캘리포니아주 가든 그로브의 오렌지 드라이브인 극장 주차장에서 수십 명을 대상으로 첫 번째 목회를 한 후 자동차를 전도의 초점으로 삼아 맹렬한 목회 활동을 전개했다. 그리하여 1961년 가든 그로브 드라이브인 교회Garden Grove Community Drive-In Church를 완공했다.

종교는 기업이며 서비스 산업이라고 역설한 슐러는 교회를 '하나님을 찾는 쇼핑센터'라고 했다. 또한 "꿈꾸면 못할 일이 없다!If you can dream it, you can to it!" 등과 같은 메시지로 사실상 오늘날 유행하는 긍정 심리학의 원조와 같은 역할을 했다. 그런 노력의 결과, 그는 1970년대 중반 2600만 달러를 들여 1만 개의 유리판으로 만든 크리스털 교회Crystal Cathedral를 건축했는데 2736명을 수용하고 교회 밖에선 라디오 주파수를 맞춰 설교를 들을 수 있는 세계 최대의 드라이브인 교회였다. 그뿐만 아니라 이 교회는 전 세계를 상대로 하는 '파워의 시간Hour of Power' 방송의 본부가 됨으로써 매주 180개 국의 2000만 명에게 복음을 전파했다.

1997년 2월 빌 클린턴 대통령의 국정연설 시 퍼스트레이디의 옆에 앉을 정도로 권력과도 친분이 돈독한 슐러 목사는 자신의 뿌리가 자동차임을 잊지 않는 발언을 자주 하곤 했다. 예컨대, 미국인들은 주차할 수

● 로버트 슐러 목사가 가든 그로브 드라이브인 교회에서 설교를 하는 모습(위)과 교인들이 주차장의 자동차 안에서 라디오 주파수를 맞춰놓고 설교를 듣는 모습(아래). ⓒ Robert J. Boser

없으면 하나님도 찾지 않을 것인바, 교회는 큰 주차장을 마련해야 한다고도 말했다.[4]

대중이 원하는 걸 주자는 이런 '문화적 민주주의' 원리는 유통업에도 적용되기 시작했다. 1945년 잡화점을 시작해 박리다매로 성공을 거둔 샘 월튼Sam M. Walton은 1962년 7월 2일 아칸소주 로저스에 월마트 1호점을 개설했다. 미국 유통업의 판도를 바꿔놓을 혁명의 출발이었지만, 이는 동시에 자동차 혁명의 또 다른 면이기도 했다.

1962년 역사학자 대니얼 부어스틴은 『이미지: 아메리칸 드림에 무슨 일이 일어났는가』를 출간해 미국 사회에 일어난 '인식론의 혁명'을 주장했다. 즉, 세상을 바라보는 인식 틀의 변화로 인해 아메리칸 드림의 성격이나 이해 방식도 변화되었다는 것이다. 이 책은 1964년 페이퍼백으로 재출간되면서 부제를 '미국에서의 의사 사건에 관한 지침'으로 바꾸었는데, 이는 부어스틴의 독보적 개념이라 할 '의사 사건pseudo-event'을 강조하기 위한 것이었다.

의사 사건이란 무엇인가? 부어스틴은 이 개념을 설명하기 위해 한 가지 재미있는 PR 사례를 소개한다. 한 호텔 경영자가 어느 PR 전문가를 찾아갔다. 호텔이 오래돼 장사가 잘 안되는데 어떻게 하면 좋겠느냐는 상담을 하기 위해서였다. PR 전문가는 호텔 개관 30주년 행사를 거창하게 벌이라고 조언해준다. 그 조언에 따라 각 계의 지역 유지들을 참여시킨 축하위원회를 구성한다. 축하 행사장엔 기자들이 초청되고 여기저기서 카메라 플래시가 번쩍인다. 유명 인사들이 참가한다는 이유 하나만으로 그 축하 행사는 뉴스가 되고 새삼스럽게 그 호텔이 지역사회에 기여한 공로가 예찬된다.[5]

부어스틴에 따르면 바로 그런 축하 행사가 전형적인 의사 사건이다. 그건 매스미디어에 의해 보도되기 위해 꾸며진 사건이지만 그렇다고 완전히 '가짜'는 아니다. 그러니 '의사'(擬似: 실제와 비슷함)라는 표현이 적합할 것이다. 그리스어에서 비롯된 접두어 pseudo도 그런 의미에 가깝다.

부어스틴은 인쇄술에서 컬러텔레비전에 이르기까지 모든 커뮤니케이션 테크놀로지의 발전을 '그래픽 혁명'이라고 부르면서, 그래픽 혁명은 모든 경험을 상품으로 만든다고 주장하는데, 의사 사건은 바로 그런 상품화 과정의 일부인 셈이다. 부어스틴은 의사 사건이 '사실의 세계'에 관한 것이라면, 이미지는 '가치의 세계'에 관한 것이라고 말한다. 그런 의미에서 이미지는 '의사 이상pseudo-ideal'이다. 그는 이미지가 이상을 대체하고 있다고 말한다. 그래픽 혁명 이전의 사고방식은 '이상 사고ideal-thinking'였는데, 그래픽 혁명 이후의 사고방식은 '이미지 사고image-thinking'라는 것이다.[6]

● 한 고속도로변에서 본 다양한 입간판들. 자동차가 폭증하고 고속도로가 건설되면서 입간판이 우후죽순 나타났다.

자동차가 폭증하고 고속도로가 건설되면서 입간판이 우후죽순 나타났다. 자동차가 다니는 모든 도로의 주변이 광고판으로 이용되는 입간판 혁명은 1920년대부터 시작되었다. 웬만한 큰 건물의 벽은 모두 대형 광고판으로 바뀌기 시작한 것이다. 그래서 1920년에서 1930년까지 옥외광고비는 3~4배로 뛰었다.[7]

이 입간판의 사명은 빨리 달리는 사람들의 눈을 사로잡아 입간판의 이미지를 그들의 기억에 남기는 것이다. 이와 같이 이미지가 기억에 남도록 하는 기술은 모든 미디어의 생존에 절대적으로 중요한 것이 되었다. 결국 미디어 폭발은 이미지 폭발로 이어졌으며, 그로 인해 이미지 사고가 확산되었다는 것이다. 이제 자동차도 본격적인 '이미지 상품'이 되는 시대가 열리고 있었다.

아메리칸 그래피티와
머스탱 샐리

1950~1960년대에 미국의 십대들을 사로잡은 건 드라이브인 영화관, 드라이브인 레스토랑 그리고 크루징cruising이었다. 크루징은 차를 타고 다니면서 섹스 파트너를 물색하는 것으로, 한국 야타족의 원조라 할 수 있겠다. 크루징은 원래 게이들의 속어였으나 이성 관계에까지 사용되었고, 나중에 〈Cruisin' the Streets〉, 〈I'm a Cruiser〉 같은 노래, 〈크루징〉이라는 영화 등과 같이 대중문화의 주요 소재로 등장한다.[8] 이와 관련, 찰스 패너티는 다음과 같이 말한다.

"자동차를 신격화하는 미국적 풍토는 십대 자동차 문화가 번성하면서 어느 때보다 뚜렷해졌다. 자동차 디자이너들은 '성적 매력을 풍기는' 탄환 모양의 자동차를 만들어내려 했다. 심리학자들이 재빨리 눈치 챘듯이 남근을 상징하는 곡선의 자동차들은 십대 운전자들의 잠재의식에 호소하는 것이었다. 자동차를 몰고 다니는 것은 이전에도 큰 유행 중

하나였지만, 1950년대에 등장한 크루징은 좀 유별난 데가 있었다. 그 단어 자체는 죄의식 섞인 쾌락의 추구를 암시했다."[9]

크루징을 잘 보여준 대표적인 영화로 〈아메리칸 그래피티American Graffiti〉를 빼놓을 순 없겠다. 파비엔 카스타-로자Fabienne Casta-Rosaz는 "미국에서는 수 킬로미터가 연인들을 갈라놓았고, 모든 약속은 자동차 주위에서 행해지며 모든 것은 자동차 안에서 이루어졌다"라며 다음과 같이 말한다.

"자동차 없이는 여자와 약속을 정할 수도 없을뿐더러 데리러 갈 수도 없었고 전형적인 미국 영화관 중의 하나인 '드라이브 인'에 함께 갈 수도 없었다. 또한 이동 방편인 자동차는 외적으로는 부를 표시했으므로 여자를 유혹하는 데는 좋은 무기가 되었다. 유명한 영화 〈아메리칸 그래피티〉에서는, 너무 못생겨서 개구리, 소시지, 세균 등의 별명들까지 갖고 있는 테리조차도 자신의 멋진 자동차 덕분에 인형처럼 예쁜 곱슬머리의 여자를 꼬시는 데 성공한다."[10]

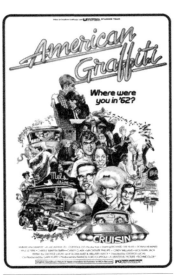

● 〈아메리칸 그래피티〉 영화 포스터. 포스터의 아랫부분 자동차 그림에 크루징이란 단어가 보인다.

이 영화는 1973년에 개봉했지만, 감독과 각본을 맡은 조지 루카스George Lucas가 자신의 십대 시절을 다룬 자전적 이야기다. 1962년 캘리포니아의 모데스트로라는 작은 도시를 배경으로 한 고교 졸업생들의 이야기를 다룬 이 영화는 틴 장르teen film genre의 원조로 꼽히고 있다. 유니버설 픽처스가 이 영화에 고작 77만 달러를 들여 2억 달러를 벌어들였다는 건 그만큼 미국인에게 자동차 파워가 잘 먹힌다는 걸 말해주는 게 아니었을까?[11]

이성을 유혹하기 위한 자동차, 이 막강한 콘셉트를 자동차 회사들이 놓칠 리 없었다. 이걸 잘 구현한 자동차가 나왔으니 그게 바로 1964년 4월 17일 선을 보인 포드 자동차의 머스탱이다. 머스탱이라는 이름은 제2차 세계대전 때 맹활약한 머스탱 전폭기의 이름을 가져온 것이라는 설과 1960년의 베스트셀러인 J. 프랭크 도비J. Frank Dobie의 『머스탱The Mustangs』에서 가져왔다는 설이 있다. 이름을 어디서 가져왔건 야생마라는 이름부터가 박력적인 느낌을 주는 데다 스포츠카 냄새를 잔뜩 풍겨 젊은이들 사이에 폭발적인 인기를 누렸다. 출시 1주 만에 2만 2542대의 주문이 밀려들더니 한 달 만에 7만 대, 9개월 만에 25만 대를 팔아치웠다. 쇄도하는 주문을 대기 위해 다른 차종을 만들던 라인을 급히 개조해 머스탱을 생산해야 할 정도였다.

포드 자동차는 머스탱을 전국 15개의 공항, 200개 이상의 홀리데이 인 로비에 전시했다. 머스탱은 1964년 9월 영화 〈제임스 본드-골드핑거Goldfinger〉에 최초의 PPL로 등장했지만,[12] 장기적으로 머스탱 홍보에 가장 큰 기여를 한 건 1966년에 나온 맥 라이스Mack Rice의 〈머스탱 샐리Mustang Sally〉라는 노래였다. 한 남자가 여자에게 머스탱을 사주었는데, 이젠 그 여자가 자신을 그 차에 태워주지 않으려 한다는 내용이었다.

돈을 주고 시킨 것도 아닌데 스스로 머스탱 노래를 만들어 부르고, 또 그게 대히트를 쳤으니, 이보다 좋은 홍보가 어디에 있으랴. 또 머스

●포드의 머스탱은 '머스탱 세대'라는 말이 나올 정도로 젊은이들에게 폭발적인 인기를 누렸다.

탱은 1968년 스티브 맥퀸Steve McQueen 주연의 〈불릿Bullitt〉에서 10여 분간 의 차량 추격전에도 등장해 엄청난 인기를 얻었다. 『월스트리트저널』 이 기사 제목으로 '머스탱 세대Mustang Generation'라는 표현을 쓰자, 포드 자동차는 이 표현을 홍보에 이용하기도 했다.[13]

포드사는 남녀 관계에 초점을 맞춰 머스탱을 광고했다. 1964년의 한 광고 카피에 따르면, "이 남자는 2주 전만 해도 숫기 없는 교사였습니 다. 지금은 계속 만나는 여자 친구만 세 명이고 이 동네 최고급 식당의 지배인과 안면을 트고 지내는 사이이며 사교모임의 총아입니다. 이 모 든 것이 머스탱과 함께 왔습니다. …… 차가 아닙니다. 사랑의 묘약입니 다. …… 멋진 자동차는 열정을 자극합니다."[14]

머스탱은 1964년 4월 『타임』과 『뉴스위크』 표지에 동시에 등장했다. 머스탱과 함께 '머스탱의 아버지'로 불리는 포드 자동차의 젊은 중역의 얼굴도 실렸는데, 그는 바로 훗날 크라이슬러 자동차를 맡아 이름을 떨치는 리 아이아코카Lee Iacocca다. 지엠은 머스탱에 대적하기 위해 1966년 9월 29일 '온 세상이 콘크리트로 포장되면 좋겠다고 생각하게끔 만드는 차'라는 광고 슬로건과 함께 쉐보레 카마로Camaro를 시장에 내놓았지만, 머스탱의 적수가 되진 못했다.[15]

머스탱은 1966년 한 해에만 60만 대가 팔리는 기록을 세우며, 1964년에서 1973년까지 모두 300만 대 이상을 판매했다. 1980년대 말 포드가 사업 파트너인 일본의 마쓰다Mazda에 머스탱 브랜드를 넘기려는 계획이 새나가자 머스탱 팬들이 대분노하면서 '머스탱 구하기' 캠페인을 벌였다. 머스탱에 쏟아부은 미국인의 정열이 얼마나 뜨거웠던가를 짐작케 하는 사건이 아닐 수 없겠다.[16]

〈아메리칸 그래피티〉의 배경이 된 1962년은 베이비붐 세대의 선두가 15세가 된 시점이었다. 이들은 부모 세대와는 달리 빅3에 대한 추억이나 애정이 없는 신세대였다.[17] 이들에겐 무언가 새로운 걸 주어야 했다. 빅3는 그걸 외면한 반면, 훗날 일본 자동차 회사들은 그걸 줌으로써 미국 자동차 업계의 판도를 뒤바꿔놓게 된다.

어떤 속도에서도
안전하지 않다

1965년 『어떤 속도에서도 안전하지 않다Unsafe at Any Speed: The Designed-in Dangers in the American Automobile』라는 책이 출간돼 미국 사회를 깜짝 놀라게 만들었다. 세계 최대의 자동차 회사인 지엠이 만든 자동차들의 안전성을 고발한 이 책은 미국의 자동차 업체들이 안전보다 이익과 디자인을 더 중시한다면 미국 승용차들의 성능과 구조적 결함을 지적했는데 '자동차 사고는 운전자의 잘못이지 차의 결함일 수 없다'는 고정관념을 깨트렸다는 점에서 소비자운동의 전환점이라 할 만한 것이었다.[18]

이 책을 쓴 이는 코네티컷주 윈스테드에서 레바논 이민자의 아들로 태어나 프린스턴대와 하버드 법과대학원을 마치고 변호사가 된 랠프 네이더Ralph Nader다. 네이더는 1963년 노동부 차관 대니얼 패트릭 모이니핸Daniel Patrick Moynihan의 보좌관으로 일하기도 했는데, 나중에 UN 대사와 뉴욕주 민주당 상원의원을 지낸 모이니핸은 1950년대 말부터 '자동차 안전'을 역설한 대표적인 인물이었다. 사회학자이기도 했던 모이니핸이 네이더의 '사부'라고 해도 좋을 정도로 모이니핸의 활약은 두드러졌다. 모이니핸은 나중에(1973년) 출간한 저서에서 "야만적 탐욕과 도덕적 백치 상태에 관한 한 미국의 자동차 산업을 필적할 만한 상대가 없다"라고 주장했다.[19]

네이더의 책은 미국 자동차 산업의 '야만적 탐욕과 도덕적 백치 상태'를 실증적으로 입증해보였다. 그는 이 책에서 쉐보레 코베어Corvair에 대한 소비자들의 불만을 조사한 결과, 지엠이 코베어의 타이어 압력이 낮으면 전복 위험이 있다는 걸 소비자들에게 알리지 않은 채 은폐해왔다는 걸 알아냈다. 지엠은 소송이 제기될 때마다 조용히 처리하는 방식을 택했는데, 이는 비단 지엠뿐만 아니라 당시 자동차 산업의 전형적인 일 처리 방식이었다.[20]

지엠은 1964년 17억 달러의 이익을 남겼지만 자동차 안전에 쓴 돈은

● 1964년산 쉐보레 코베어. 네이더는 책에서 이 차의 결함을 폭로했지만, 『모터트렌드』는 '올해의 차'로 선정했다.

125만 달러에 불과했다. 지엠이 심혈을 기울인 것은 고의적 진부화 전략의 일환으로 자동차의 스타일을 강조하는 것뿐이었다. 『모터트렌드』는 이런 코베어를 '올해의 차'로 선정했으니, 자동차 잡지들도 자동차 회사들과 한통속이라는 말을 들어도 할 말이 없게 되었다.[21]

지엠이 네이더를 사회에서 매장하기 위해 사설탐정을 동원해 뒷조사를 했는가 하면 온갖 회유와 협박도 모자라 미인계까지 동원하는 치졸한 수법까지 썼다는 것이 알려지면서 지엠에 대한 비난이 빗발쳤고 네이더의 명성은 더욱 치솟았다. 지엠은 사람들을 시켜 네이더를 잘 아는 사람들을 찾아다니며 그에 대한 사적인 정보를 수집하면서 네이더에 대한 험담을 늘어놓았으며, 전화를 도청하고 밤늦게 협박 전화를 하고, 심지어 그를 미행하는 사람은 네이더가 은행에서 돈을 찾으면 얼마를 찾는지 알기 위해 옆에서 기웃거리는 등의 방법으로 괴롭혔다. 네이더는 1966년 지엠을 상대로 2700만 달러에 이르는 손해배상 청구 소송을 제기했다. 우여곡절 끝에 지엠은 네이더와 타협을 보아 소송 취하 조건으로 그에게 42만 5000달러를 지불했다. 네이더는 그 돈을 지엠 자동차의 안전을 감시하는 데 사용했다.[22]

1966년 9월 9일 린든 존슨 대통령은 새로 제조되는 차량의 안전 기준을 규정한 '고속도로 안전법과 교통안전법'에 서명했는데, 이 법이 바로 네이더가 벌인 운동의 결과였다. 당시 '옵션'이던 자동차 안전벨트가 모든 차에 장착되기 시작한 건 바로 이 법 덕분이었다.[23]

역사학자 윌리엄 오닐William L. O'Neill은 네이더를 최초로 '공익公益'을 추상적인 개념이 아닌 실천적인 제도로 만든 주인공이라고 평가했다.[24] 당시만 해도 공익은 추상적으로만 존재했다. 그걸 실천하기 위해선 돈이 필요한데, 그 돈을 어떻게 마련할 것인가? 여기엔 아무런 답도 없었고 고민하는 사람도 없었는데 네이더가 그 일을 해낸 것이다. 그의 저서는 베스트셀러가 되어 네이더에게 큰돈을 안겨주었다. 네이더는 그 돈을 자신의 운동에 투자했다.

1971년 네이더는 로웰 닷지Lowell Dodge, 랠프 호치키스Ralf Hotchkiss 등과 함께 『불량 자동차에 대처하는 법: 레몬차 소유자들을 위한 대응 매뉴얼What to Do with Your Bad Car: An Action Manual for Lemon Owners』을 출간해 소비자들의 큰 호응을 얻었다.[25] 강한 신맛 때문일까? 레몬이 과일 이외의 용법으로 쓰일 땐 대부분 부정적인 의미를 갖는다. 불쾌한 것(일, 사람), 시시한 것, 맛(재미)없는 것, 불량품 등등. 불량품 중에서도 특히 자동차에 많이 쓰인다. 속칭 '레몬법lemon law'은 불량품의 교환이나 환불을 청구할 권리를 정한 주법州法을 말한다.[26]

네이더는 사회 개혁을 원하는 젊은이들에게 법대에 진학할 것을 권고했다. 당시만 해도 '운동권' 젊은이들에게 법대는 경멸의 대상이었다. 그러나 그런 젊은이들은 그런 식으로 제도권을 경멸하기 때문에 시간이 지나면서 생존 경쟁에 낙오하게 되고 결국 사회를 바꿀 수 있을 만한 지위를 전혀 확보하지 못한 채 운동과 멀어지는 삶의 나락으로 빠져들 수밖에 없었다. 네이더는 그런 '자기 파괴의 문화'까지 바꾸겠다고 나선 것이다. 자신의 개인적인 삶을 포기하지 않으면서 사회 개혁을 위해 헌신하는 것이 얼마든지 가능하다는 것을 미국 젊은이들에게 보여줌으로써, 이후 네이더를 따르는 이른바 '네이더 군단Nader's Raiders'이 생겨났다.[27]

그러나 그만큼 자동차 회사들의 전 방위적 로비와 PR 파워도 강화돼,

네이더 군단이 추진한 개혁 운동이 소기의 성과를 거두긴 어려웠다. 또한 이와는 정반대로 진보 진영 일각에선 네이더를 '기득권층의 도구'로 보는 시각도 없지 않았다. 자동차 회사들에 대해 안전과 환경 관련 요구를 하면 할수록 자동차 값은 오르기 마련이어서 결국 자동차 회사 좋은 일만 시켜줄 뿐이며, 빈곤층은 점점 더 자동차를 이용할 수 없게 돼 결국 돈 많은 사람들만 재미를 보는 게 아니냐는 논리였다.[28] 하지만 이런 문제는 모든 사회 개혁 운동에서 나타날 수 있는 딜레마로 보는 게 옳겠다.

로드 무비의 탄생

　1967년에 상영된 영화 〈보니와 클라이드Bonnie and Clyde〉는 1960년대 후반을 대표하는 문화적 현상이 되었다. 한국에서도 '우리에게 내일은 없다' 는 제목으로 상영돼 히트를 친 영화다. 실화를 바탕으로 만들어진 이 영화에선 페이 더너웨이Faye Dunaway가 연기한 보니와 워런 비티Warren Beatty가 연기한 클라이드가 150발의 총알을 맞고 차 안에서 죽는 걸로 그려졌다.[29]

　이 영화의 문화사적 의미는 우선적으로 할리우드 내의 세대 격차를 드러나게 한 데에 있다. 아서 펜Arthur Penn이 감독을 맡았지만, 주연이자 제작자를 겸한 워런 비티는 이 영화의 제작 지원을 받기 위해 할리우드의 거물 잭 워너Jack Warner에게 무릎까지 꿇었다. 비티는 엘리아 카잔Elia Kazan 감독의 〈초원의 빛Splendor in the Grass〉(1961)으로 이름은 널리 알려졌지만 큰 성공을 거두진 못하고 있었다. 비티는 존 F. 케네디John F. Kennedy의 전쟁 무용담 영화에서 케네디 역을 제안받았으나 거절했을 뿐만 아니라 케네디의 참모 피에르 샐린저Pierre Salinger에게 각본이 졸렬하므로 프로젝트를 취소하라는 충고까지 곁들였다.

그렇게 튀는 행동을 마다 않던 비티가 무릎을 꿇고 워너에게 사정했던 것이다. "구두에 키스하겠습니다. 아니 구두를 핥겠습니다." 별로 믿기진 않지만, 그런 말도 했다고 한다. 어찌됐건 비티의 애걸복걸로 워너의 마음이 돌아선 것은 사실이었다. 그러나 시사회 때 영화를 본 워너의 반응은 차가웠다. 8월 뉴욕에서 개봉되자 영화평론가들도 혹평을 퍼부었고 9월엔 미국 전역에서 개봉되었지만 흥행에 실패하고 말았다.

그런데 이상한 일이 일어났다. 9월 15일 런던에서의 개봉은 대성공이었다. 보니의 베레모가 유행하는 등 문화적 신드롬이 되었다. 미국의 흥행에 영향을 주기엔 늦은 시점이었지만, 미국 영화평론가들에게 미친 영향은 컸다. 미국 내 상영 종료 몇 주 후인 12월 8일자 『타임』은 이 영화를 표지에 올리고, "뉴시네마, 폭력과 섹스, 예술"이라는 제목을 달아 문화적 현상으로 다뤘다. 『타임』은 〈보니와 클라이드〉를 〈국가의 탄생〉과 〈시민 케인〉이 차지했던 '개척적인 영화'의 반열에 올려놓았으며 '분수령이 된 영화'로 평가하는 동시에 '올해 최고의 영화'로 선정했다.

비티는 이 기사를 근거 삼아 영화의 재개봉을 요청했는데, 재개봉 이후 역사가 되었다. 처음엔 25개 영화관에서 재개봉을 했다가 2월 21일 340개로 늘어났다. 1967년 말까지의 스튜디오 수입액은 250만 달러였으나 재개봉에서 이 금액은 1650만 달러로 늘어나 역사상 최고 흥행작 순위 20위 이내에 포함되었다.

〈보니와 클라이드〉는 전통적인 도덕률에 도전하면서 구세대와는 결

●〈보니와 클라이드〉영화의 한 장면. 보니가 훔친 자동차 앞에서 포즈를 취하고 있다.

별하는 새로운 영화 문화를 창조했다. 이 영화에서 악당들은 은행 강도가 아니라 전통적으로 권위의 화신이던 부모와 보안관이었다. 피터 비스킨드Peter Biskind는 다음과 같이 말한다.

"〈보니와 클라이드〉는 거친 폭력 묘사 그리고 '그들' 을 적으로 돌린데 대해 사죄하기를 거부하는 데 그치지 않았다. 이 영화는 새로운 가치관으로 낡고 고지식한, 케케묵은 것에 맞서는 분위기와 활력을 뿜어냈다. 이 영화는 세대 차의 잘못된 편에 있는 세대의 미국인들, 월남전에 대해 잘못된 편에 서 있던 사람들뿐 아니라 조용히, 그리고 품위 있게 사라지기를 기대했던 영화 아카데미의 구세대들에게까지 '씨팔놈들'이라고 쏘아붙였던 것이다. …… 〈보니와 클라이드〉는 기념비적인 영화였다. 〈졸업〉처럼 젊은 관객들은 이 영화를 '그들' 의 것으로 받아들였던 것이다. 〈보니와 클라이드〉의 결과, 비티는 꼭 작가라고 부를 수 있는 것은 아니었지만 영화 산업에서 가장 위세 있는 인물의 대열로 부상했다. 그는 할리우드에서 쓰인 각본 모두를 수령하는 배우가 되었다."[30]

〈보니와 클라이드〉의 성공은 베이비붐 세대의 구매력을 입증한 사건이기도 했다. 이는 1960년대 후반 사실상 폭발이라고 해도 좋을 정도로 엄청난 힘을 과시했다. 베이비붐 세대는 엄청난 규모만으로도 연예 산업이 30대 미만을 과녁으로 삼기에 충분할 정도였다. 1950년대에 십대들은 매년 950만 달러를 썼지만, 1965년에 이르면 그 수치는 120억 달러로 치솟았다. 젊은이들은 매년 화장품 종류에 5억 7000만 달러, 여성 의류에 36억 달러 그리고 연예 산업에 15억 달러를 썼다. 십대들이 전체 영화 입장권의 53퍼센트를 사고 전체 음반 구입의 43퍼센트를 차지했다. 이렇듯이 전후 세대는 한 사업가가 청소년 시장이야말로 최후의 판촉전선이라고 말할 정도로 강력한 소비자 집단이 되었다.[31]

그렇게 구매력을 갖춘 젊은 세대들을 감싸고 있던 사회 분위기는 반전反戰과 민권 투쟁이었다. 기성세대의 가치관에 저항하는 새로운 청년 시장이 탄생했고, 이를 공략하기 위해 고안된 영화들이 줄줄이 탄생했다. 〈보니와 클라이드〉 외에 1967년 히트작 〈졸업The Graduate〉, 1969년 〈이지 라이더Easy Rider〉와 〈미드나잇 카우보이Midnight Cowboy〉 등이 바로 그런 영화다.[32]

그러나 할리우드의 구세대는 이런 영화를 이해하지 못했다. 〈보니와 클라이드〉와 〈이지 라이더〉가 시사회를 열었을 때, 스튜디오 간부들의 반응은 "이런 쓰레기는 처음 봤다"라는 식이었다. 하긴 피터 폰다Peter Fonda와 함께 〈이지 라이더〉를 만든 데니스 호퍼Dennis Hopper는 마약에 취해 사느라 영화를 연출하고 연기한 게 기적에 가깝다는 식의 말까지 들

었으니, 그렇게 본 것도 무리는 아니겠다.[33)]

〈보니와 클라이드〉와 〈이지 라이더〉는 이른바 로드 무비road movie의 원조로 평가받는다. 로드 무비는 도로 여행을 중심으로 이야기가 전개 되는 것으로 자동차 붐과 저항 문화 유행이 만들어낸 새로운 영화 장르 였다. 자동차 회사들도 이런 시대적 분위기에 편승하고자 했다. 올스모 빌은 1967년 '젊은 모빌Youngmobiles' 캠페인을 전개했고, 1968년엔 '평상 으로부터의 탈출Escape from the ordinary' 이라는 슬로건을 내걸었다. 닷지는 '닷지 반란Dodge Rebellion' 을 내세우며 '일어나라Rise up, 일상과 단절하라 Break away from the everyday, 군중에서 탈출하라Move away from the crowd' 등과 같은 슬로건을 내걸었다. 폰티액은 1968년 아웃사이더Outsider라는 모델을 내 세우면서 〈보니와 클라이드〉를 흉내 낸 광고 캠페인을 벌이기도 했 다.[34)]

왜 로드 무비의 주인공은 늘 남자인가? 이를 바꾸겠다는 듯, 1991년 엔 여자들이 주인공으로 나오는, 리들리 스콧Ridley Scott 감독의 〈델마와 루이스Thelma & Louise〉가 미국 대중을 사로잡는다. 영화 잡지 『프리미어』 의 캐롤 웨인 애링턴이 잘 지적했듯이, 이 영화는 "1990년대 『이지라이 더』 여성판이라 할 만한 여성 버디 로드 무비" 였다.[35)]

사실 모든 미국 영화가 다 로드 무비적 요소를 갖고 있다고 보는 게 옳으리라. 할리우드 영화에서 차는 늘 영화의 소도구가 아니라 중심에 서며, 심지어 차량 추격전과 차량 충돌이 대부분인 영화들이 성공을 거 두곤 하는 것도 미국의 유별난 자동차 문화 덕분이다. 영화를 재미있게 만드는 건 좋은데, 문제는 영화 속 자동차들이 위험한 운전 행위를 낭만 화하는 경향이 농후하며 실제로 그런 효과를 내고 있다는 점이다.

● 영화 〈델마와 루이스〉에서 델마와 루이스가 절벽으로 차를 모는 마지막 장면. 사실 모든 미국 영화는 도로 여행을 중심으로 전개되는 로드 무비적 요소를 가지고 있다.

이와 관련, 존 오르John Orr는 "미국의 경제 상태가 위기에 처할수록, 영화는 미국 자동차의 신화를 찬양한다"라고 말한다. "영화에서 차에 대한 미국적인 재현은 유럽적인 재현과 무엇이 다른가? 내게는 핵심적인 판단 기준이 소유욕이 강한 개인주의, 광활한 도로, 영웅적인 기계의 승리에 있는 것 같다. 자동차는 현대의 페르소나, 권력에의 의지의 기술적 형식을 규정하는 소유물이다. 돌아다니는 자아를 표현하는 얼굴, 자아의 방랑하는 도구로써의 차는 영화 카메라와 잘 어울린다. 로맨스가 죽어버린 시대에 때때로 그 두 가지는 상부상조한다."[36]

젊은이들에게 자동차와 도로는 자유와 해방을 상징했다. 사실 차이는 있었을망정 모든 미국인들에게 자동차와 도로는 자유와 해방의 상징이었다고 볼 수 있다. 오늘날까지도 미국에서 수많은 자동차 여행기가 주요 읽을거리 장르로 스테디셀러가 되는 것도 바로 그런 이유 때문이다. 자유와 해방 이외에도 애국심 함양을 위해 하는 자동차 여행에서부터 정반대로 걸어서 하는 보도 여행에 이르기까지 종류도 매우 다양하다.[37]

자동차와 도로가 그렇게 재해석될 수 있다면 사실상 자동차가 만든 레빗타운이 재해석되지 못할 이유가 무엇이란 말인가? 레빗타운은 중산층 미국인의 표준적인 삶이 되었는데도 언제까지 비판과 경멸의 대상이 되어야 한단 말인가? 이런 의문을 품은 사회학자 허버트 갠스 Herbert J. Gans는 1960년대 중반 뉴저지주의 레빗타운에 들어가 2년간 거주하면서 '참여관찰자'로서 레빗타운을 연구한 끝에 1967년 『레빗타운 사람들The Levittowners』이라는 책을 출간했다. 레빗타운을 옹호한 최초의 연구서였다.

갠스는 이 책에서 레빗타운에 대한 비판을 조목조목 반박했다. 레빗타운은 특별한 거주 지역이 아니라 물리적 위치만 다를 뿐 이전에 존재하던 커뮤니티와 크게 다를 바 없으며, 거주자들은 만족하면서 행복하게 지내는데 웬 말이 그렇게 많으냐는 것이다. 그는 레빗타운이 초래하는 여러 문제들을 어느 정도 인정하면서도 그건 과장되었을 뿐 아니라 레빗타운을 비판해서 해결될 문제가 아니라는 입장을 취했다. 오히려 교외화가 더욱 진행돼 빈부격차를 넘어서 모든 사람이 교외에서 살 수 있게끔 하는 게 대안이라고 주장했다.[38] 레빗타운에 어떤 문제가 있건 그것이 충족시켜주는 '저밀도 삶low-density living'과 '정원 도시a city in a garden'[39]라고 하는 오랜 아메리칸 드림의 무게를 넘어서긴 어렵다는 걸까?

6

석유 위기와
미국 자동차 산업의 위기

1973년
석유 위기와
카풀 운동

1970년 4월 22일 제1회 '지구의 날Earth Day' 행사가 열렸다. 위스콘신주 상원의원 게이로드 넬슨Gaylord Nelson과 환경운동Environmental Action 같은 단체가 조직한 행사였다. 내무장관 월터 히켈Walter J. Hickel의 추천으로 지구의 날 행사는 어린이, 어머니, 농부, 성직자, 역사학자, 교사, 정치가, 히피들을 끌어들였다. 그간 환경운동과 거리를 두던 리처드 닉슨 대통령조차 행사를 지지한다고 말했다. 1970년 의회는 청정대기법과 자원재생법을 비롯한 환경보호법을 통과시켰다.

지구의 날 행사에 2000만 명의 미국인이 전국의 거리로, 공원으로, 학교 운동장으로 쏟아져 나와 환경에 대한 관심을 표명했다. 이 행사는 신좌파와 반전운동가 들이 사용하던 토론회teach-in 형식으로 치러졌으며, 각종 기발한 이벤트를 선보였다. 미주리주 레이크 오자크스에서는 젊은이들이 일리노이주에서 텍사스주까지 동서로 이어진 고속도로인

●제1회 지구의 날 행사를 맞아 한 참가자가 방독면을 쓰고 환경 파괴를 경고하고 있다.

US 루트 54를 따라가며 쓰레기를 주웠다. 길가에 쌓으니 높이 3미터가 넘는 쓰레기가 다섯 더미 나왔다. 그날 군중은 "줄이고, 다시 쓰고, 재활용하자!"라고 외쳤다. 캘리포니아 산호세주립대 학생들은 소비주의에 저항하는 뜻으로 2500달러짜리 최신형 자동차를 구입해 땅에 묻기도 했다.[1]

환경에 대한 관심이 높아진 탓이었을까? 이 시기에 '자동차 시대의 종언'을 선언하거나 그래야만 한다는 당위론을 역설한 책과, 자동차의 폐해와 관련 산업의 비리를 고발한 책이 많이 출간되었다.

1970년 헬렌 레빗Helen Leavitt은 『슈퍼고속도로 사기극Superhighway-Superhoax』이라는 책을 출간해 고속도로 건설이 '로드 갱Road Gang', 즉 고속도로 건설로 이익을 취하는 각종 이해관계자들의 제물로 전락했다고 비판했다. 그녀는 공무원을 늘리면 그만큼 일이 더 늘어난다는 '파킨슨

의 법칙Parkinson's Law'을 고속도로에 원용해 '고속도로 파킨슨의 법칙'도 주장했다.[2]

1971년엔 케네스 슈나이더Kenneth Schneider의 『자동차족 대 인류Autokind vs. Mankind』, 1972년엔 존 제롬John Jerome의 『자동차의 죽음The Death of the Automobile』과 로널드 뷰엘Ronald A. Buel의 『데드엔드Dead End』, 1973년엔 에마 로스차일드Emma Rothschild의 『실낙원Paradise Lost』 등이 출간돼 자동차 문화의 폐해를 통렬하게 비판했다.[3]

이런 자동차 종언론은 1973년 10월 6일 이스라엘과 이집트 간에 터진 제4차 중동전쟁의 여파가 전 세계에 큰 충격으로 다가오면서 제법 설득력을 갖는 것처럼 보였다. 아랍 산유국들이 곧 석유 수출을 동결하고, 1974년 1월에 석유가를 4배 인상해 석유파동이 일어났기 때문이다. 이는 산유국의 입장에서 보면, 제3세계도 단합하면 제1세계를 얼마든지 곤경에 몰아넣을 수 있다는 것을 실증한 사건이었다. 그래서 사미르 아민Samir Amin 같은 종속이론가는 "유가 인상은 국제관계 역사에 있어서 일대 전환점이었다. 그 전환점이라는 의미는 제3세계가 그들의 권리가 아니라 바로 그들의 힘을 인식했다는 것이다"라고 평가했다.[4]

그러나 모든 제3세계 국가들이 다 산유국은 아니잖은가. 이 석유파동은 기름 한 방울 나지 않는 한국 같은 나라엔 가공할 공포로 다가왔다. 10월 16일 유가는 70퍼센트나 올랐고 12월 23일에는 다시 128퍼센트 인상되었다. 국제 원자재가도 덩달아 뛰었다. 배럴당 1달러 75센트 하던 석유가가 2년도 못 되는 사이 배럴당 10달러까지, 5배 이상 치솟았으니 그 충격이 얼마나 컸겠는가. 정부는 유류 공급을 17퍼센트 줄이고 제한적으로 송전 조치를 단행했다. 공장들은 일제히 조업 단축에 들어

● 1973년 10월 7일 이집트군이 수에즈 운하를 건너고 있다. 이스라엘과 이집트 간에 터진 제4차 중동전쟁으로 인해 석유파동이 일어났다.

갔다. 가로등이 꺼졌고, 상점 네온사인도 꺼졌다. 밤거리는 어두워져 사람들은 서둘러 귀가했으며 가정에서도 전등을 한 개씩만 켰다.[5]

한국보다는 훨씬 나은 처지였지만, 미국인은 석유를 흥청망청 써왔기에 이들이 느낀 충격은 훨씬 더 컸을 것이다. 자동차 기름은 격일제로 공급되어 번호판이 홀수인 차는 홀수 날에만, 짝수인 차는 짝수 날에만 살 수 있었다. 일부 주州의 주유소엔 3개의 깃발이 번갈아가며 휘날렸다. 초록색 깃발은 기름을 자유롭게 살 수 있다는 표시, 노란색 깃발은 제한 판매를 한다는 표시, 붉은색 깃발은 기름이 떨어졌다는 표시였다.

석유 위기로 인한 혼란은 극에 달했다. 미국인들의 정신 상태도 정상이 아닌 것처럼 보였다. 주유소마다 늘어선 긴 줄은 미국인에게 극심한 스트레스를 안겨주었다. 심리학자들이 연구에 나섰더니 이들의 분노, 좌절, 불안, 상실감 등 심리적 충격이 엄청난 것으로 밝혀졌다.[6] 이와 관련, 윌리엄 노크William Knoke는 다음과 같이 말한다.

"휘발유를 사려고 늘어선 줄이 몇 블록이나 이어지기도 했다. 사람들은 분노했고 더러는 감정을 못 이겨 총까지 쏘는 사태가 나서 적지 않은 사람이 죽었다. 항공사와 운송 회사들이 도산했고 전기 제품은 무용지물이 되어버렸다. 경제속도란 개념이 생겼고 에너지 절약을 위한 법안이 마련되었다. 시 외곽에서 시내로 통근하던 사람들은 좀 더 집에서 가까운 새 일자리를 구했다. 대형 승용차와 이동주택차의 값이 갑자기 떨어졌다."[7]

바로 이때다 싶었는지, 오스트리아의 철학자이자 가톨릭 신부인 이반 일리히Ivan Illich는 1974년에 출간한 『에너지와 형평Energy and Equity』에서 미국인의 에너지 과소비 행태가 얼마나 어리석은 짓인가를 통렬하게 비판하고 나섰다. 예컨대, 평균적인 미국인은 연간 자동차에 1600시간을 소비해 7500마일을 달리는데, 이는 시간당 5마일 꼴이라는 것이다. 그는 이게 과연 할 짓이냐는 의문을 제기했다.[8]

아닌 게 아니라 에너지 위기로 인해 미국 사회에 한동안 변화의 몸짓이 나타나는 것처럼 보였다. 기름 소비를 줄이기 위해 1974년부터는 고속도로의 최고 속도가 시속 55마일(88킬로미터)로 제한되었다. 이에 따라 CB 라디오Citizens' Band Radio가 때 아닌 호황을 맞았다. 트럭 운전자들끼리 과속을 단속하는 경찰에 관한 정보를 서로 알려주는 동시에 기름 사정이 좋은 주유소를 공유해야 할 필요성이 커졌기 때문이다. 회사 소속이 아닌 트럭 자영업자들은 속도 제한으로 자신들이 가장 큰 피해를 보고 있다며 항의 시위를 조직하는 데에 CB 라디오를 이용하기도 했다.

그간 미국 자동차들은 '크고, 무겁고, 강력한 자동차'에만 집착하느라 문자 그대로 흥청망청 기름 잔치판을 벌여왔다. 1970년 미국 자동차의 평균 연비는 갤런당 13.5마일에 불과했다. 멀리서 미국의 이런 흥청망청을 지켜보면서 미소를 짓는 이들이 있었으니, 그건 바로 일본 자동차 회사들이었다. 일본 회사들은 연비 효율을 높이기 위해 많은 투자를 했고, 이는 일본 자동차들이 미국 시장을 석권하는 결과로 나타난다.

석유 위기에 직면한 미국인이 사태를 개선하기 위해 당장 할 수 있는 일은 카풀 운동이었다.[9] 카풀 이용을 장려하기 위한 표지판도 설치하는 등 카풀 운동이 본격화되자 다양한 종류의 카풀이 생겨났다. 시간이 아닌 장소 중심으로 사전 약속 없이 그때그때 이용할 수 있는 플렉서블 카풀링flexible carpooling, 사전 약속 없이 그때그때 즉각적으로 이루어지는 다이내믹 카풀링dynamic carpooling 등이 도시의 새로운 풍경으로 자리 잡아갔다. 좀 더 많은 사람들이 이용할 수 있게끔 정해진 시간표대로 움직이는 밴을 이용한 밴풀vanpool도 인기를 끌었다. 밴풀은 개인뿐만 아니라 기업, 대학, 지방자치단체 등이 주관하기도 했다.

카풀을 장려하기 위해 캘리포니아를 비롯한 일부 주州들은 다차선 도로에 HOVHigh-Occupancy Vehicle 차선을 만들었다. 한국의 버스전용차로제와 비슷한 제도다. 2인 이상의 승객이 탄 차만 다닐 수 있는 전용 도로인데, 일부 지역에선 하이브리드차 등 친환경차는 혼자라도 이용 가능하게 했다. HOV 차선 위에 다이아몬드 표시를 했다고 해서 다이아몬드 차선diamond lane이라고도 했다. 초기엔 단속을 피하려고 옆자리에 마네킹을 앉히고 다니는 사람들도 나타났는데, 일부 지역에서는 이를 처벌하는 법을 만드는 것으로 강력 대응했다.

HOV 차선에 대해선 찬반 논란이 있었다. 똑같이 세금을 냈는데 왜

● 카풀을 장려하기 위해 일부 주는 2인 이상의 승객이 탄 차만 다닐 수 있는 HOV 차선을 만들었다. HOV 차선을 알리는 표지판(왼쪽)과 다이아몬드 표시가 있는 고속도로의 HOV 차선(오른쪽).

차별하느냐는 항변에서부터 차선 간 차단벽이 없어 위험하다는 비판도 제기되었다. HOV 차선의 차들은 씽씽 달리는 데 바로 옆의 다른 차선들은 거북이 걸음이라 사고가 나기 쉽다는 지적이었다. 지역에 따라선 HOV 차선이 별 효과가 없다는 주장도 제기되었지만, 여러 지역에서 유행한 슬러깅slugging은 HOV 차선이 썩 쓸 만하다는 걸 입증했다.[10]

'슬러그slug'는 자동판매기용의 대용 주화를 가리키는데, 버스 운전사들은 일부 승객들이 버스 요금을 내지 않으려고 동전 투입구에 몰래 넣는 가짜 동전을 가리켜 슬러그라고 불렀다. 그러니까 슬러그는 공짜라는 의미도 되는데, 아무런 대가 없이 카풀을 하는 걸 가리켜 슬러깅이라고 부르게 된 것이다. 슬러깅은 출근시간대에 특정 장소에 모여 같은 방향으로 가는 차를 선착순으로 골라잡아 타기 때문에 '캐주얼 카풀링casual carpooling'이라고도 한다.

1975년 워싱턴 D.C.에서 시작된 슬러깅은 오늘날까지도 샌프란시스코, 휴스턴, 피츠버그 등 교통 혼잡 지역에서 많이 활용되고 있다. 슬러깅은 윈윈 게임이다. 혼자 운전하는 사람은 HOV 차선을 이용해 빨리 갈 수 있어서 좋고, 얻어타는 사람은 공짜라서 좋다. 다만 서로 지켜야 할 슬러깅 에티켓이라는 게 있는데, 아무래도 권력은 운전자에게 쏠려 있어서 그런지 공짜로 얻어타는 사람이 지켜야 할 것들이 더 많다.

모든 지역에서 통용되는 주요 슬러깅 에티켓은 ①운전자는 줄 서 있는 순서대로 태워야 함(예쁜 여자를 골라서 태운다든가 하면 안 된다는 것), ②안전을 위해 여자는 혼자 차를 얻어타지 않게 함, ③운전자가 말을 시키지 않는 한 말을 삼갈 것, ④차 안에서 음식을 먹거나 흡연 및 화장 금지, ⑤차의 라디오와 온도 조절 권한은 운전자에게 있음, ⑥운전자 허락 없이 창문을 열지 말 것, ⑦돈을 요구하거나 주면 안 됨, ⑧헤어질 때 서로 '고맙다'고 인사할 것 등이다.[11]

1979년 석유 위기와
나르시시즘의 **문화**

1973년 석유 위기가 닥치면서 환경에 대한 관심은 더욱 고조되는 듯했다. 차량의 크기를 줄이는 등 변화의 조짐이 있었지만 잠시뿐이었다. 1979년 이란 혁명으로 인해 또 한 번의 석유 위기가 닥치자 자동차 왕국 미국은 또 다시 허둥댔다. 비록 실시하진 않았지만 미국 정부는 자동차 기름을 배급제로 하는 쿠폰까지 찍어야 했다. 디트로이트의 빅3도 허둥대면서 연비가 높은 일본 자동차에 속수무책으로 당하는 걸 지켜보아야만 했다.

　미국인의 에너지 과소비는 바꾸기 어려운 라이프스타일로 자리 잡은 게 분명했다. 도대체 미국인들은 누구인가? 어떤 사람들인가? 미국의 역사학자이자 사회문화비평가인 크리스토퍼 래시Christopher Lasch는 1979년 초에 출간한 『나르시시즘의 문화Culture of Narcissism』에서 이 물음에 답하고자 했다.[12]

『나르시시즘의 문화』는 제2차 세계대전 이후 최고조에 이른 미국인들의 독특한 정체성 구조를 탐구한 책이다. 래시는 미국인들이 자기 자신 이외의 바깥 세계에 대해 믿기지 않을 정도로 굳게 닫혀 있다는 점을 지적했다. 직접적이든 간접적이든 외부 세계를 경험할 수 없는 무능력 상태에 처해 있다는 것이다. 그가 보기엔 미국인들은 그저 번쩍이는 피상적인 것에만 휘둘려 지낼 뿐 그 어떤 사회적 대의大義에도 관심이 없다. 그들은 즉각적인 만족 중심의 소비자 윤리에만 충실한다는 것이다. 그러니까 당장 이것이 내게 무슨 효용을 가져다주느냐 하는 것만 생각하고 행동한다는 것이다.

제러미 리프킨은 "근대의 자연과의 전쟁에서, 자동차는 비군사적인 병기 가운데 가장 파괴적인 도구로 꼽힌다. 하지만 지구 온난화, 천연자원 관리, 환경 문제에 관한 모든 논쟁에서 자동차는 파괴적인 힘을 지닌 것이라기보다는 신성한 황소로 취급되어 왔다"라며 "정치인들은 모든 미국인의 삶 가운데 자동차가 차지하는 심리적 중요성을 생각해서인지 자동차나 자동차 문화에 정면으로 부딪치고자 하는 노력을 거의 보이지 않았다"라고 했다.[13]

그런 점에서 지미 카터 대통령은 확실히 예외적인 인물이었다. 카터는 이미 1977년에도 당시 오프로드 차량Off-Road Vehicle으로 불리던 차들의 환경 파괴가 심각하다고 지적한 바 있었다.[14] 그는 『나르시시즘의 문화』를 읽고 감동을 받아 래시를 백악관으로 초대해 대화를 나누었다. 이런 인연으로 래시는 1979년 7월 15일에 행해진 카터 대통령의 그 유명한 '국민병national malaise' 연설문 작성에 관여했다. 카터는 이 연설에서 미국은 석유 수입을 줄이고 에너지 효율을 높여야 한다고 역설하면서

● 카터 대통령은 국민병 연설에서 자동차를 적게 타라고 역설했지만, 미국인들의 정서에 와 닿는 말은 아니었다.

"불필요한 여행을 자제할 것, 자동차를 함께 타거나 대중교통을 이용할 것" 등을 주문했다. 카터는 심지어 아메리칸 드림에 대해서도 이의를 제기했다. 카터는 "미국이 신뢰의 위기에 빠져 있다"라는 진단을 내리면서 "너무 많은 미국인들이 현재 방종과 소비를 숭배하고 있다"라고 개탄했다.

그러나 카터의 국민병 연설은 미국인의 호응을 얻지 못했다. 카터는 백악관의 냉난방 장치 가동을 줄이고 겨울에는 두툼한 스웨터를 입고 다니는 등 언행일치를 하려고 애썼지만, 자동차에 기름을 넣으려면 심한 경우 두 시간씩 줄을 서야 한 미국인들은 대통령의 그런 훈계에 강하게 반발했다. 미국인들은 지식인이라면 몰라도 대통령이 할 말은 아니라고 생각했던 걸까? 다른 이유도 많았지만, 이게 그의 재선 패배 이유이기도 했다. 역사학자 데이비드 샤이는 "카터가 패배하는 데는 그가 경제 성장과 자본 개발이라는 높고, 넓고, 멋진 개념이 현대 미국의 정신에 얼마나 깊이 자리 잡았는지 알아채지 못한 것도 한 요인으로 작용했다"라고 말한다.[15] 같은 맥락에서 선거 국면에서 으레 하기 마련인 '경제 조작'을 하지 않은 것도 패인으로 지적되었다.[16]

미국인은 특히 카터의 에너지 절약 요청에 비웃음을 보냈다. 1979년 3월 28일에 일어난 펜실베이니아주 스리마일섬의 원자력발전소에서 일어난 방사능 누출 사고는 에너지 문제에 대한 근본적인 성찰을 요구했지만, 성찰은 미국적 덕목에 맞지 않는다는 게 문제였다. 이와 관련, 보스턴대 역사학자 앤드루 바세비치Andrew Bacevich는 다음과 같이 회고했다.

"카터 연설이 미국의 정신과 너무나 맞지 않았기 때문에 당황스러웠던 것으로 기억해요. 낙관적이지 않았거든요. 그러니까 우리가 오늘보다 내일 더 많은 것을 가질 수 있고 더욱 장대하고 나은 미래가 있을 것이라고 약속하지 않았죠. 카터 연설의 핵심은 이것이었어요. 자유를 정말 진지하게 생각한다면 자유가 무엇을 의미하는지 진정으로 생각해야 한다. 즉 그것이 소유와 눈에 띄는 소비가 아닌 다른 것이어야 한다는 것을, 그리고 우리의 자유를 지속하고자 한다면 우리의 자력이 허용하는 한에서 삶을 꾸리기 시작해야 한다. 당시에는 그것이 내게 잘 와 닿지 않았어요. 군사주의에 관한 책을 쓰면서 비로소 그 연설을 다시 보게 되었고 정말 감탄을 금할 수 없었죠."[17]

그러나 그렇기 때문에 카터는 실패한 대통령이 되고 말았다. 물론 카터가 많은 과오를 저지르고, 자질도 부족했겠지만 특히 자동차와 에너지 문제에 관해 미국인의 신념과 정서에 반하는 독보적인 노선을 걸음으로써 자신의 정치적 운을 스스로 망가뜨렸다는 것은 분명한 사실이다.

크라이슬러의
파산 위기

1977년 이른바 '포드 핀토Pinto 사건'이 일어났다. 저널리스트 마크 도위Mark Dowie가 진보적인 정치 잡지 『마더존스Mother Jones』 1977년 9~10월호에 쓴 폭로성 기사가 발단이었다. 얼룩이 있는 작은 말의 품종을 뜻하는 핀토는 포드 자동차가 폭스바겐의 비틀에 대항하기 위해 만든 소형차로 1970년 9월 11일에 첫선을 보였다. 핀토의 슬로건은 '작지만 안심해도 되는 차The Little Carefree Car'였지만, 실상은 전혀 그렇지 못했다. 핀토는 기름통이 있는 뒷부분을 받히면 화재가 나는 구조적 결함이 있었는데 포드가 사고가 나면 죽은 사람을 보상해주는 게 싸게 먹힌다는 논리로 이 사실을 은폐했다는 것이 밝혀지면서 미국 사회가 들끓었다. 포드 사장 리 아이아코카도 "안전이 차를 팔아주는 건 아니다"라며 사실상 그런 문제를 방조한 혐의를 받았다.[18]

1978년부터 리콜을 시작했지만 핀토는 1980년에 완전히 생산이 중단

● 포드는 구조적 결함을 숨긴 채 핀토 자동차를 팔아 미국인을 분노케 만들었다.

되고 말았다. 그것이 끝이 아니었다. 이후로도 핀토의 악명은 계속 남아, 2004년 경제 잡지 『포브스Forbes』는 핀토를 최악의 차Worst Card of All Time, 2008년 『타임』은 50대 최악의 차Fiftty Worst Cars of All Time, 2009년 『비즈니스위크Business Week』는 지난 50년간 가장 추악한 차Ugliest Cars of the Past 50 Years 리스트에 선정하는 등 핀토의 수난은 오늘날까지 지속되고 있다. 핀토의 사고율은 다른 차들과 별 차이가 없었으며 핀토의 구조적 결함은 과장되었다는 주장이 나중에 제기되었지만,[19] 이 사건은 미국 자동차 산업의 쇠락을 상징하는 것처럼 보였고 그렇게 볼 만한 사건들이 계속해서 일어나고 있었다. 무엇보다도 자동차 산업의 넘버 쓰리 크라이슬러가 휘청거리고 있었다.

1978년 새 차 10만 대가 야적장에 쌓여 있을 정도로 크라이슬러는 판매 부진의 늪에 깊이 빠져 있었다. 여기엔 딜러들의 농간도 있었다. 자신들의 마진을 키우기 위해 주문을 최대한 늦추면서 크라이슬러의 위기를 악화시켰다는 것이다. 크라이슬러 사장 존 리카도John Riccardo는 백악관을 찾아가 읍소했지만, 평소 자동차 업계를 마땅치 않게 본 지미 카터 대통령의 반응은 냉담하기만 했다.[20]

1979년 크라이슬러는 위기를 타개할 구원 투수로 리 아이아코카를 사장으로 영입했다. 1970년부터 1978년까지 포드 사장을 지낸 그는 헨리 포드 2세와의 갈등으로 해고되었는데, 두 사람 사이의 문화적 차이가 갈등을 키웠다. 아이아코카는 이탈리아 이민자의 아들로 쇼맨십이 강하고 말을 직선적으로 하는 스타일이었는데, 와스프WASP 풍의 포드 2세는 그런 스타일을 좋아하지 않았다. 그는 아이아코카를 해고하면서 "언젠간 당신도 누군가를 좋아하지 않게 될 날이 있을 것이오"라고 했다나.[21]

크라이슬러의 새로운 사장이 된 아이아코카는 대량 감원을 실시하고 크라이슬러 유럽 부문 조직을 프랑스 회사 푸조Peugeot에 넘기는 등 자구책을 강구하는 동시에 정부에 구제금융을 요청했다. 항공, 철도 산업에 그렇게 해준 전례가 있음을 지적하면서 크라이슬러 파산 시의 타격을 역설했다. 그런 노력으로 결국 구제금융이 받아들여졌는데, 당시 이를 패러디한 노래까지 나왔다. 포크 가수 톰 팩스턴Tom Paxton은 〈내 이름을 크라이슬러로 바꿀 거야I'm Changing My Name to Chrysler〉라는 노래로 구제금융을 풍자했다.

크라이슬러는 구제금융으로 융자받은 자금을 만기보다 7년 일찍 상환하지만, 크라이슬러의 문제는 사실 미국 자동차 산업 전체의 문제였다. 가장 약한 크라이슬러가 먼저 흔들렸을 뿐 자동차 산업 전반이 근본적인 문제를 안고 있었던 것이다. 외국 자동차들, 특히 독일을 능가해 새로운 강자로 떠오른 일본 자동차의 공습을 당해낼 여력이 없었다.

1975년 미국 시장에서 토요타와 닛산Nissan이 폭스바겐을 따돌렸으며, 1978년엔 혼다Honda마저 폭스바겐을 추월했다.[22] 혼다에까지 추월당한 그해에 폭스바겐은 펜실베이니아에 자동차 공장을 건설함으로써 새로운 진로를 모색했지만, 곧 일본도 이 방식을 따름으로써 이렇다 할 차별성을 갖긴 어려웠다.

1975년 외국차의 미국 시장(신차) 점유율은 18퍼센트였는데, 이 가운데 3분이 1이 유럽차, 3분의 2가 일본차였다. 1977년 외국차의 미국 시장 점유율은 21퍼센트로 늘었다. 유럽차의 점유율은 6퍼센트로 그대로였지만, 일본차의 점유율이 15퍼센트로 뛰었다. 이렇게 미국 땅에서 일본과 독일의 싸움이 고조되던 1978년 미국은 자동차를 70만 대 수출한 반면, 수입은 300만 대에 이르렀다.[23]

1980년 일본이 1104만 대의 자동차를 생산해 세계 최대의 자동차 생산국의 자리에 올랐을 때 미국인은 엄청난 충격을 받았다.(일본의 미국 추월은 1994년까지 지속된다.) 그러나 미국의 자동차 엔지니어들은 놀라지 않았다. 바로 그해에 자동차 전문 잡지 『워즈 오토 월드Ward's Auto World』가 그들을 대상으로 한 "오늘날 최고 품질의 차를 만드는 나라는 어디인가"라고 묻는 설문조사에서 일본이 48퍼센트로 1위를 차지했다. 2위는 미국으로 27퍼센트, 독일은 3위로 23퍼센트였다.[24]

1980년대 초 미국 언론이 일본차가 미 본토를 공습한다는 보도를 쏟아내자 미 전역에서 해머로 일본차를 박살내는 이벤트가 줄을 이었다. 그러나 그건 일부 국수주의자들의 반응이었을 뿐, 절대 다수는 자동차의 국적을 따지지 않고 철저히 실용적인 관점에서 차를 선택했다. 문제는 미국 자동차가 그런 선택 리스트의 하위에 처져 있었다는 점이다. 이

건 해머로 일본차나 독일차를 박살낸다고 해서 해결될 수 있는 일이 아니었다. 1981년 지엠은 60년 만에 처음으로 적자를 기록했고, 1982년 35만 명의 자동차 노동자가 해고를 당했으며, 1980년부터 1982년까지 빅3의 적자는 47억 3000만 달러에 이르렀으니 말이다.[25]

윌리엄 노크는 유가가 오를 때마다 미국에서 벌어지는 사태들의 발생 원인은 사실 유가 인상이 아니라며 이렇게 말했다. "문제의 본질은 낮은 원유가라는 전제하에서 움직였다는 점이다. 그러다 갑자기 이 전제가 흔들렸고 서구 사람들의 생활 방식에 예상치 못했던 변화가 덮쳐온 것이었다. 그런데 또 뜻하지 않게 원유가가 제자리를 찾았다. 사람들은 그 근본적인 이유를 생각지 않고 이 문제를 잊게 됐다."[26]

그랬다. 1979년에 닥친 석유 위기는 1980년 배럴당 35달러로 정점을 찍더니 이후 계속 하락세를 보여 '석유 공급 과잉' 사태를 불러왔다. 1981년 6월 『뉴욕타임스』는 「석유 공급 과잉 도래!Oil Glut! … is here」를 선언했는데, 유가 하락세는 1986년까지 지속된다. 이것이 미국 자동차 회사들이 다시 연비 문제를 외면하게끔 만든 것이다.[27]

반면 일본 자동차들은 더욱 공격적으로 미국 시장을 파고들었다. 1982년 폭스바겐의 뒤를 이어 혼다도 오하이오주 메리스빌에 공장을 세웠는데, 이때 나온 차가 바로 어코드Accord다. 1983년 닛산도 테네시에 공장을 세웠고, 곧 이어 토요타도 캘리포니아 프레몬트에 지엠과 합작 조립 공장을 세웠다. 어코드는 안전성에 대한 신뢰도가 높아 1982년부터 1996년까지 일본 자동차 가운데 미국 판매 1위 자리를 지킨다. 어코드는 '조화'라는 뜻인데, 사람·사회·자동차들 간 조화를 염원하는 뜻으로 붙인 이름이라고 한다.[28] 아무래도 일본 자동차의 공습에 대한 미

● 1983년형 어코드 모습. 미국 자동차 회사들이 연비 문제를 외면하는 동안 미국 소비자
들은 실용적인 관점에서 일본차를 선택했다.

국인들의 우려를 염두에 둔 것 같다.

1984년 카네기멜론대Carnegie-Mellon University는 일본인 대학원생 수를 제
한했고 일본 기업들이 주는 연구 자금을 받지 않기로 했다. 1986년 6월
3일 『위싱턴포스트』는 일본을 겨냥해 미국인의 세금으로 외국 학생들
에게 미국의 고급 기술을 가르쳐줘도 좋으냐는 문제를 제기했다.[29] 미
국인의 그런 정서를 오래전부터 잘 알고 있던 일본은 미국에서의 자동
차 생산을 더욱 늘려나가는 걸로 대처했다. 1990년에 이르면 토요타, 닛
산, 혼다, 마쓰다, 미쓰비시Mitsubishi, 이스즈Isuzu, 스바루Subaru 등 모든 일
본 업체들이 미국에서 차를 생산하게 되는데, 1989년에 100만 대 생산
을 돌파했다.[30]

1988년 대선에선 일본 자동차 대신 한국 자동차가 매를 맞는 일이 벌
어졌다. 민주당 예비선거에 나선 미주리주 하원의원 리처드 게파트
Richard Gephardt 때문이었다. 텔레비전에선 아예 없는 것처럼 보이는 금발
눈썹을 가진 그는 텔레비전을 의식해 눈썹을 검게 칠한 것까지는 좋았

으나, 유권자의 환심을 사기 위해 미국 경제의 어려움에 대한 책임을 모두 외국에 떠넘기는 '포퓰리즘' 수법을 구사했다.

게파트는 한국에 대한 흑색선전을 함으로써 한국인을 분노하게 만들었지만 그 때문에 역풍을 맞고 말았다. 게파트의 30초짜리 텔레비전 광고는 한국이 수입하는 미국 승용차에 9가지 부가세를 매기기 때문에 미국에서 1만 달러에 팔리는 크라이슬러 K차가 한국 시장에서는 4만 달러에 팔린다고 주장했다. 그리고 나서 만약 한국의 엑셀 승용차를 그런 값에 미국 시장에 내놓게 된다면 몇 대나 팔릴 것인지 반문했다. 당초에는 일본을 때리려 했으나 많은 사람이 토요타 자동차를 가지고 있다는 이유 때문에 한국을 희생양으로 삼은 것으로 알려졌다.

그러나 텔레비전 광고는 한국에서 팔리는 K차의 실제 가격이 2만 8000달러라는 사실을 고의로 왜곡한 것이어서 미국 언론에서도 비판을 받았다. 『뉴스위크』는 게파트가 "주州 선거구민의 환심을 사는 일이라면 무슨 변신이라도 할 수 있는 인물"이라고 꼬집었다. 경제학자 폴 크루그먼Paul Krugman도 게파트의 "유치하고 무책임한 포퓰리즘이 나라를 망칠 수 있다"라고 비판했다.[31]

게파트는 중도 탈락하긴 했지만, 허공에 대고 주먹질을 한 건 아니었다. 게파트 안案에서 일부 과격한 조항을 삭제한 '종합무역법'이 탈락 직후 만들어진 것이 그걸 잘 말해준다. '무역자유화를 위한 우선 대상의 선정 조항Identification of Trade Liberalization Priorities', 즉 '슈퍼301조'가 탄생한 것이다. 슈퍼301조는 정해진 기간 내에 절차를 걸쳐 행정부로 하여금 무역 상대국에 대한 보복을 전제로 시장 개방 압력을 행사하도록 규정한 것으로 미국 주도의 자유무역 확대에 기여한다.[32]

리 아이아코카의
원맨쇼

1981년 탈규제를 부르짖는 로널드 레이건_{Ronald Reagan} 행정부가 출범하면서 자동차 안전에 관한 연구가 중단되는 등 대대적인 변화가 일어났다. 레이건 대통령은 대기업의 이익을 보호하기 위해 환경오염에는 지극히 관대한 정책을 취해왔는데, 한번은 대기오염의 80퍼센트는 자동차가 아니라 나무에서 발생하는 탄화수소 때문이라고 주장했는가 하면, 해상을 오염시킨 기름은 폐결핵 예방 효과가 있다고 주장해 듣는 사람들을 놀라게 만들었다. 1970년 8000명의 인원과 4억 5500만 달러의 예산으로 출발한 환경보호청_{EPA: Environmental Protection Agency}은 10년 후인 1980년대 초엔 1만 3000명에 13억 5000만 달러의 예산을 가진 규제기관으로 급성장했지만, 레이건의 집권 1기를 거친 1984년에는 인원의 29퍼센트, 연간 예산의 44퍼센트가 줄어들었다.[33]

1984년 9월 19일, 레이건은 뉴저지주 해밀턴에서 행한 한 연설을 통해 뉴저지주 출신 가수 브루스 스프링스틴Bruce Springsteen이 노래하는 꿈이야말로 바로 자기 자신이 추구하는 꿈이라고 역설했다. 이 이야기를 전해 들은 스프링스틴은 이틀 뒤 피츠버그에서 연 공연에서 도대체 레이건이 자신의 노래를 제대로 듣기나 하면서 그러는지 모르겠다며 〈조니 99Johnny 99〉라는 노래를 불렀다. 이 노래는 자동차 공장에서 해고된 한 실업자가 술에 취해 총으로 사람을 죽이고 99년 징역형을 받는다는 내용의 노래로, 스프링스틴은 그 실업자를 대신해 "차라리 내 머리를 깎고 전기의자 위에 앉혀달라"라고 외쳤다.[34]

자동차 공장 해고 노동자의 자살이 노래 소재로 등장할 정도로 미국 자동차 산업의 전망은 어두웠다. 그래서 더욱 스타를 필요로 했던 건 아닐까? 리 아이아코카는 1979년 10월 22일의 첫 광고 출연을 시작으로 자신이 직접 광고 모델로 나서 직설적인 어법을 선보임으로써 미 국민에게 인기를 끌고 있었다. 이를 눈여겨본 로널드 레이건 대통령은 1982년 그를 자유의 여신상 재단 이사장에 임명해 자유의 여신상 보수 작업을 주도케 했다. 그의 인기는 점점 높아져 1983년 3월 21일 『타임』 표지 인물로 등장했다. 기사 제목은 "디트로이트의 컴백 키드Detroit's Comeback Kid" 였다.

아이아코카는 1984년에 출간

●1983년 3월 21일자 『타임』의 표지 인물로 등장한 리 아이아코카.

한 자서전 『아이아코카: 자서전Iacocca: An Autobiography』에서 헨리 포드 2세를 '천하의 개새끼', '악인' 이라고 욕했는데, 그런 독설 덕분인지 이 책은 첫해에 200만 권 넘게 팔려나갔다. 매주 1000통의 팬레터를 받았으며, 어느 날엔 553통이 한꺼번에 몰려들기도 했다. 그는 1985년 4월 1일 다시 『타임』 표지 인물로 등장했고, 1986년 5월 9일 인기 드라마 〈마이애미 바이스Miami Vice〉에 카메오로 출연하기도 했다.

당시 폭발적인 인기를 누린 영화 주인공 '록키Rocky'를 아이아코카에 비유하곤 했다. 1980년대 전반 내내 크라이슬러의 광고 캠페인을 주도한 아이아코카는 스크린에서 록키가 구현해보인 아메리칸 드림을 국가적 차원의 현실 세계에서 이루자고 공격적으로 호소해 인기를 얻었기 때문이다. 크라이슬러는 '미국인의 자존심을 되찾자'는 캠페인을 전개하면서 브루스 스프링스틴의 노래 〈미국에서 태어났다Born in The USA〉를 캠페인 광고 음악으로 사용했는데, 그 대가로 1200만 달러의 로열티를 스프링스틴에게 지불했다.[35]

1987년 4월 아이아코카는 1986년 연봉으로 2060만 달러를 받았다는 게 밝혀지면서 구설에 올랐다. 그는 다 죽어가는 크라이슬러를 살리자며 미국인의 애국심에 호소했고 자신은 연봉 1달러만 받는다며 희생 이미지를 강조해왔기 때문이다. 위선자일 뿐만 아니라 사기꾼이라고 욕먹을 수도 있는 중대 사안이었다. 그러자 아이아코카는 기자회견을 열어 솔직하게, 아니 뻔뻔하게 치고 나갔다.

"그게 미국식이다. 만약 어린아이들이 나처럼 돈을 버는 걸 꿈꾸지 않는다면 이 나라의 좋은 점이 도대체 뭐란 말인가? 아이들에게 롤 모델을 제시해줘야 할 게 아니냐고. 안 그래?"[36]

이상하게도 미국 대중은 아이아코카의 그런 뻔뻔함을 좋아했고, 그래서 그는 이 스캔들을 무사히 넘길 수 있었다. 만약 아이아코카가 수세적인 자세로 잘못한 일이라고 사과했더라면 어떻게 됐을까? 리더에겐 때론 '뻔뻔함'도 힘이 되는 법이다.

크라이슬러 중역들이 타던 중고차를 주행기록계를 조작해 새 차처럼 팔다가 걸렸을 때에도 아이아코카는 정면 승부를 걸었다. 당시 이웃이 새 차를 샀느냐고 물으면 "크라이슬러라 잘 모르겠어"라고 하는 농담이 유행할 정도로 여론은 악화돼 있었다. 변호사들은 나중에 법정에서 불리하니 아무 말도 하지 말라고 신신당부했지만, 아이아코카는 딱 까놓고 사과하는 방식을 택했다. 미친 짓이었다고 솔직하게 인정하면서 다시는 그런 일이 없을 것이라고 속어를 쓰며 약속한 것이다. 변호사들은 경악했지만 효과는 만점이었다.[37]

아이아코카는 미국의 첫 번째 '유명인사 CEOcelebrity CEO'라는 평가를 받았다. 특히 크라이슬러 광고 캠페인의 폭발적인 인기를 등에 업은 아이아코카는, 불발로 끝나긴 했지만, 한동안 1988년 대선 민주당 대통령 후보로까지 거론되는 인기를 계속 누릴 수 있었다. 민주당 대통령 후보를 염두에 둔 것인지 아이아코카는 1988년 『직설적으로 말하기Talking Straight』를 출간하고 책에서 일본을 겨냥해 미국인의 창의성과 혁신을 예찬했다.[38]

그러나 아이아코카의 매력이라는 뻔뻔함이 기만의 경지에까지 이르렀다는 걸 간과할 순 없겠다. 앞서 지적한 "안전이 차를 팔아주는 건 아니다"라는 발언도 그렇지만, 특히 '에어백 사건'은 도가 지나치다는 느낌을 주기에 족했다. 1970년 닉슨 행정부의 교통장관 존 볼프John Volpe가 모든 자동차에 에어백 장착 의무화를 시도할 때의 일이다. 포드 자동차의 1인자인 헨리 포드 2세와 2인자인 아이아코카가 백악관을 방문해 닉슨을 만났다. 에어백 장착 의무화를 저지하기 위한 면담이었다. 이들의 로비가 성공을 거둬 에어백 장착은 1990년에 가서야 의무화된다. 그런데 아이아코카는 크라이슬러 회장이 된 후 광고에 나타나 "크라이슬러가 에어백 장착의 선두 주자"라고 뻐겼으니, 이건 뻔뻔함을 넘어 철면피가 아닌가?[39]

렉서스 · 인피니티 · 어큐라의
미국 공습

1986년 혼다의 부문조직인 어큐라Acura가 레전드Legend와 인티
그라Integra 두 모델로 미국 시장에서 큰 성공을 거두었다. 레전
드는 고급 모델로는 일본의 첫 번째 시도였는데, 처음 9개월간 5만 3000
대를 팔았다. 이 성공에 힘입어 혼다는 1986년 최초로 미국 내 판매액에
서 일본 라이벌인 토요타와 닛산을 따돌렸다. 혼다는 1987년 레전드를
11만 대나 팔아 『타임』 표지 모델로 등장하기도 했다. 표지 기사 제목은
'혼다 방식The Honda Way' 이었다.[40]

1989년 닛산의 고급차 부문조직인 인피니티Infiniti와 토요타의 렉서스
Lexus도 미국 시장 판매에 들어갔다. 그간 실용적인 자동차 모델을 대량
생산해오던 일본이 고급차 브랜드로 전환한 셈인데, 이는 일본 정부가
자동차 수출량을 자율 규제하겠다고 미국 정부에 약속했기 때문에 일
어난 일이었다.

일본의 고급차 브랜드 가운데 최대의 성공을 거둔 건 단연 렉서스였다. 렉서스 브랜드로 배기량 3969cc, 최대출력 294마력에 8기통 엔진을 탑재한 모델 LS400은 '완벽을 향한 끊임없는 추구The Relentless Pursuit of Perfection'라는 슬로건을 내걸고 엄청난 물량의 광고 캠페인을 전개했다. 한 단계 낮은 급인 ES250도 동시에 출시되었다. 출시와 더불어 인기를 누린 렉서스는 카앤라이프Car & Life, 제이디파워JD Power, 『모터트렌드』 등이 행한 각종 조사에서 벤츠, BMW, 아우디Audi 등보다 품질과 신뢰성에서 더 높은 점수를 받았다. 특히, "영혼을 울릴 뿐 다른 진동은 없다"라는 광고 멘트처럼 고속에서도 높은 안락함을 보여 호평을 얻었다. 자동차 후드 위에 가득 채운 샴페인 잔을 피라미드로 쌓아놓고선 시동을 켜도 한 방울도 흘리지 않는 모습을 보여주는 텔레비전 광고를 내보내기도 했다.

● 가득 채운 샴페인 잔을 쌓아놓고 시동을 켜는 모습을 보여준 렉서스 광고 장면.

렉서스는 단순히 기술에만 의존해 성공한 것이 아니었다. 토요타는 이미 1985년에 연구조사팀을 미국에 상주시키면서 고급 승용차 고객의 성향과 가치관을 면밀히 살핀 결과 고급스러운 이미지가 가장 중요하다는 결론을 얻었다. 최고급 이미지를 메이킹하기 위해 기존 토요타와는 다르게 별도 조직으로 가는 동시에, 일본을 포함해 미국 이외의 시장에서는 판매도 하지 않기로 했다.(일본에서는 2005년부터 판매를 시작했다.)

렉서스는 품질이 뛰어나면서도 가격 경쟁력마저 갖추었다. 같은 급인 벤츠 420SEL은 6만 3000달러, BMW 735i는 5만 5000달러인 반면, 렉서스 LS400은 3만 8000달러에 불과했다. 벤츠와 BMW의 매출은 곧 타격을 받아, 각각 매출액이 19퍼센트, 29퍼센트 하락했다. BMW는 토요타가 덤핑을 한다고 비난했지만, 이미 미국 소비자들의 마음은 렉서스를 향하고 있었다. 1991년 미국 시장에서 고급차 부문 만족도 1위는 렉서스, 2위는 인피니티, 3위는 벤츠, 4위는 어큐라로 일본 자동차가 상위권을 휩쓸었다.

네이버 지식인엔 "Lexus의 뜻은 무엇인가요"라는 질문에 다음과 같은 답이 올라 있다. "어느 교수께 들은 말씀입니다. 이름의 담겨진 의미는 let's export to usa(미국으로 수출하자)라고 합니다. 일본의 무서움을 알 수 있죠." 이 답은 우스갯소리로 듣는 게 좋을 것 같다. 고급스러운 분위기를 풍기기 위한 것일 뿐 실은 별 뜻이 없다. 이미지 컨설팅 회사 리핀콧앤마굴리스Lippincott & Margulies가 내놓은 219개의 이름 가운데 뽑힌 게 알렉시스Alexis였는데, 여기서 A를 빼고 I를 U로 바꿔 Lexus가 된 것이다. luxury와 elegance를 조합해 만들었다거나 "luxury exports to the usa"의 첫 글자를 조합해 만든 것이라는 설도 있기는 하다.[41]

1999년 베스트셀러가 된 토머스 프리드먼Thomas Friedman의 책 『렉서스와 올리브나무The Lexus and the Olive Tree』는 세계화와 관련, 지구상에 존재하는 두 유형의 투쟁, 즉 '번영과 발전을 위한 투쟁'과 '정체성과 전통을 보존하려는 투쟁'을 제시했는데, 전자는 렉서스, 후자는 올리브나무가 상징한다는 의미로 그런 제목을 붙였다. 결과적으로 최상의 렉서스 홍보가 아닐 수 없었다.[42]

고급차는 소리 마케팅과 냄새 마케팅에도 충실했다. 어큐라는 차문을 닫을 때 듣기 좋은 소리가 나게끔 하는 데에까지 신경을 썼다. 이는 다른 고급차들도 마찬가지였지만 각기 독특한 차이가 있어 자동차 애호가들은 차 문 닫을 때 나는 소리만 듣고서도 브랜드를 알아맞힐 수 있었다. 닛산의 인피니티는 운전 중 졸음을 방지하기 위해 졸음을 깨우는 소나무향을 풍겼다. 이미 1960년대부터 고급차들은 냄새 마케팅을 해왔는데, 오늘날엔 거의 모든 차가 소비자들을 만족시킬 수 있는 독특한 냄새를 풍긴다.[43)]

일본 자동차들이 수년간 연구 개발을 고급차에 집중시켜온 탓이었을까? 1980년대 후반 한동안 미국 자동차의 전성시대가 열렸다. 1984~1988년까지 빅3는 450억 달러의 이익을 냈다. 크라이슬러는 미니밴Minivan으로 새로운 유행을 전파했고 포드 토러스Taurus는 어코드를 제치고 가장 많이 팔리는 차로 등극하는 이변을 일으켰다.[44)] 1985년 말에 나온 토러스는 대성공을 거두어 1992~1996년 사이 가장 많이 팔린 차가 되었고, 그 덕분에 1986~1988년 연속 3년간 포드가 지엠보다 이익을 많이 내는 일이 벌어졌다.[45)]

1997년 토러스를 가장 많이 팔리는 차의 지위에서 밀어낸 건 토요타 캠리Camry였다. 1982년에 탄생한 캠리는 '왕관'의 일본어 발음을 영어로 옮긴 것이다. 토요타는 1955년 크라운Crown에 이어 모두 라틴어로 왕관과 작은 왕관을 뜻하는 코로나Corona와 코롤라Corolla를 계속 생산했는데, 캠리는 토요타가 사랑하는 왕관 시리즈의 결정판인 셈이다. 켄터키주 조지타운에서 생산된 캠리는 무엇보다도 중고차 가격이 높아 미국 소비자들의 사랑을 받았다. 예를 들어 2003년엔 5년 된 캠리를 산 가격의 52퍼센트나 받을 수 있었다.[46)]

1990년 일본 자동차는 미국 시장 점유율 28퍼센트를 기록하는 등 시

● 1997년형 포드 토러스(위)와 1997년형 도요타 캠리(아래). 토러스는 혼다 어코드를 제치고 가장 많이 팔리는 차가 됐으나 캠리가 그 자리에서 밀어냈다.

장을 석권한 반면, 미국 자동차 회사들은 1980년대 중후반의 짧은 번영을 지속하지 못하고 다시 부진의 늪에 빠졌다. 1991년 빅3는 75억 달러의 적자를 기록했다. 리 아이아코카는 이탈리아의 피아트Fiat에 크라이슬러를 비밀리에 매각하려고 했지만 불발로 끝나고 말았는데, 이유는 단 하나였다. 피아트는 크라이슬러가 곧 사라질 것이라고 보았기 때문이다.[47]

경제학자 로버트 라이시는 1991년에 출간한 『국가의 일The Work of Nations』에서 이른바 '자동차 민족주의'의 허구를 지적했다. 그는 예시로 미국 소비자가 폰티액 르망Le Mans을 지엠에서 사면 어떤 일이 벌어지는가를 설명했다. 1990년 기준으로 1만 달러 가운데 3000달러는 차를 조립해 만든 한국, 1750달러는 주요 부품을 제공한 일본, 750달러는 디자인 기술을 제공한 서독, 400달러는 기타 부품을 제공한 타이완·싱가포르·일본, 250달러는 광고 마케팅 서비스를 제공한 영국, 50달러는 데이터 처리를 맡은 아일랜드에 돌아가며, 나머지 4000달러 미만이 미국 몫이 된다는 것이다. 미국 자동차 회사들과 정치인들은 자동차 민족주의를 팔아먹지만 그건 '생쑈'라는 게 라이시의 주장이다.

가장 공격적으로 '자동차 민족주의'를 들먹인 크라이슬러가 외국 부품을 가장 많이 쓰는 회사라는 건 어떻게 볼 것인가? 자본 참여 등으로 지분 관계가 국제적으로 복잡하게 얽혀 있는데 이건 어떻게 볼 것인가? 일본 등의 외국 자동차 회사들이 미국에 공장을 차리는 건 어떻게 볼 것인가? 어디 그뿐인가. 1990년 캘리포니아 토런스의 혼다 공장에서 일하는 미국인 과학자와 엔지니어는 500명 이상이었다. 미국 내 여러 일본 공장들마다 수백 명의 미국인 과학자와 엔지니어들이 일하고 있는데, 이건 어떻게 볼 것인가? 이런 일련의 질문을 던지며 라이시는 자동차 민족주의의 허구를 지적했다.[48]

테일게이팅과
로드 레이지

1980년대 중반 맥도날드는 "맥도날드 점포가 이젠 포화 상
태 아니냐"라는 질문에 "지엠 판매업소가 맥도날드 점포보
다 많다"라고 답했다. 맥도날드 점포를 더 늘리겠다는 뜻이었다.[49]
월마트도 계속 팽창하고 있었다. 월마트는 창사 25주년을 맞은 1987년
1198개의 업소에 20만 명의 종업원 그리고 159억 달러의 매출액을 기록
했다. 또한 월마트는 그해에 인공위성 네트워크를 완성함으로써 본사
와 전국의 점포를 연결해 실시간으로 재고 관리를 할 수 있게 되었는데,
이는 민간 위성 네트워크로서는 세계 최대 규모였다.

　월마트는 종업원의 인건비를 박하게 주고 노조를 허용하지 않아 악
명이 높았지만, 철저한 고객 위주의 경영으로 번영을 누렸다. 그런 경영
중 전폭적으로 호응을 얻은 것이 전국의 월마트 주차장을 테일게이트
tailgate족에게 개방한 것이었다. 테일게이트족은 월마트의 주차장과 더불

● 한 운동 경기장의 주차장에 모여 삼삼오오 피크닉을 즐기고 있는 테일게이트족.

어 화장실을 이용할 수 있었기에 환호했지만, 월마트가 자선 사업을 하려는 건 아니었다. 테일게이트족이 주차장과 화장실을 이용하면서 물건을 사게 돼 있다는 계산이 있었고, 이는 잘 맞아떨어졌다.

테일게이트족은 누구인가? 미국의 자동차 문화를 이해하는 데에 중요한 개념이므로 자세히 살펴보기로 하자. 테일게이트는 스테이션왜건 station wagon 이나 SUVSport Utility Vehicle 등의 뒷문을 말하는데, 여기서 비롯된 용어엔 3가지가 있다. 첫째, 앞차를 바짝 뒤쫓아 운전하는 걸 테일게이팅tailgating, 그런 운전자를 테일게이터tailgater라고 한다. 둘째, 출입제한 구역에 허가 없이 앞차나 앞사람을 따라 그냥 묻어 들어가는 걸 테일게이팅이라고 한다. 그래서 출입제한구역 입구에 'NO TAILGATING'이라고 써 붙여놓기도 한다. 셋째, 자동차 뒷문을 열어놓고 음식과 술을 차

려놓고 벌이는 파티를 테일게이트 파티tailgate party라고 하며 테일게이트 피크닉tailgate picnic이라고도 한다.[50]

왜건은 미국 서부 개척 시대의 포장마차에서 힌트를 얻은 것으로, 트렁크 공간을 그대로 둔 채 차체 지붕의 높이를 트렁크 부분까지 연장한 차량 형태를 말한다. 달리 말하면, 왜건은 세단의 짐 싣는 공간을 승객석과 통합시킨 형식으로 접거나 뗄 수 있는 좌석이 있고 뒷문으로 짐을 실을 수 있는 자동차인데, 원래 기차역에서 사람과 짐을 수송하는 데 사용했기 때문에 스테이션왜건이라고 이름이 붙었다. 스테이션왜건은 공간 이용의 신축성과 더불어 테일게이트 파티를 벌일 수 있어 미국인의 큰 사랑을 받았다. 스테이션왜건은 이제 곧 SUV의 유행에 밀려 사라지게 된다.[51]

테일게이트 파티를 좋아하는 사람들을 테일게이트족이라 하는데, 수많은 운동 경기장 주차장에선 시합 전후에 늘 테일게이트 파티가 열린다. 경기장 안에선 술값이 비싸고 음주가 안 되는 연령대가 있기 때문에 경기장 밖에서 술 마시면서 오디오를 가져와 노래하고 춤추는 등 축제를 즐기는 것이다. 이게 유행하면서 정작 운동 경기엔 관심이 없고 테일게이트 파티가 주 목적인 사람들도 많아졌다. 그래서 테일게이트 파티용으로 개발된 음식과 더불어 거기서 할 수 있는 각종 단순한 놀이도 발달했다.

테일게이트 파티는 결혼식장이나 그냥 월마트 주차장 같은 곳에서도 벌어질 정도로 인기가 높기에 미디어에서도 크게 다뤄 고정 프로그램까지 생겨날 정도다. 12년간 전국의 테일게이트 파티만을 따라다닌 테일게이트 전문가 조 칸Joe Cahn은 테일게이트 파티가 미국 사회의 '새로운 공동체the new American community'이자 '마지막 이웃the last neighborhood'이라고 주장한다.[52] 테일게이트 파티를 위한 요리책까지 인기를 누린 걸 보면 괜한 말은 아닌 것 같다.[53]

반면 앞차를 바짝 뒤쫓아 운전하는 테일게이팅은 로드 레이지road rage, 즉 도로상에서 벌어지는 난폭 운전으로 간주돼 심각한 사회문제로 대두되었다. 앞차의 뒤를 받는 추돌사고의 3분의 1가량이 바로 이 테일게이팅에서 비롯된다.[54]

로드 레이지는 이른바 '공격적 운전aggressive driving'보다 포괄적인 개념이다. 1987~1988년 로스앤젤레스 주변 고속도로에서 총기 사고가 많이 벌어지면서 로드 레이지(분노)라는 표현이 정착되었다. 1990년에서 1996년까지 로드 레이지로 인한 운전자들끼리의 싸움으로 사망한 사람은 218명이었으며, 로드 레이지로 인한 심각한 교통사고는 매년 1200건 이상 보고되고 있다.

이런 문제의 근본 원인은 미국인들의 자동차 이용이 너무 심하다는 데에 있다. 1983년에서 1990년까지 자동차 운행 거리가 40퍼센트 급증했으며, 1990년 모든 여행자들의 87퍼센트가 자동차를 이용한 것으로 나타났다. 게다가 출퇴근 차량의 70퍼센트가 나홀로 차량이었다.[55] 이로 인한 교통 체증이 로드 레이지의 주요 원인이지만, 이를 일종의 정신질환으로 봐야 한다는 주장도 있다.

로드 레이지의 주요 표출 양상은 ①갑작스러운 가속, 정지, 테일게이팅 등의 공격적인 운전, ②달리는 차 앞으로 매우 위험한 방식으로 끼어들거나 다른 차량의 고속도로 진입 또는 차선 변경을 방해하는 행위, ③전조등 등으로 다른 운전자의 시야를 방해하기, ④고함을 지르거나

●교통 체증으로 인한 로드 레이지의 여러 예. 하지만 이를 일종의 정신질환으로 봐야 한다는 주장도 있다.

난폭한 보디랭귀지를 보여주기, ⑤다른 차량과의 의도적인 충돌 유발, ⑥다른 차량에 돌이나 기타 물건 던지기, ⑦다른 차량에 총기 발사 등이다.

보통 남성의 로드 레이지가 훨씬 심하지만, 시간 압박을 받는 출근 시간대에 운전을 많이 하는 젊은 여성 운전자의 경우도 로드 레이지가 만만치 않아 보험료율이 운전 경험이 없는 십대 남성의 보험률(기본 보험률보다 18퍼센트 높음)과 거의 같은 것으로 나타났다. 로드 레이지는 1990년대에도 기승을 부려 1997년 6월 2일 『유에스뉴스앤드월드리포트U.S. News and World Report』의 표지 기사로 등장하는 등 언론의 집중적인 조명을 받았다.

로드 레이지는 언론의 과장 보도로 생겨난 '공포의 문화'라는 주장도 있다. 미디어가 사회의 공포를 반영하고 그래서 다시 미디어가 공포를 생산해내는 악순환이 형성된 가운데 나타난 '공포 상업주의'의 산물이라는 것이다.[56] 로드 레이지는 1994년엔 거의 없던 개념이지만 1995년부터 미디어에 나타나기 시작해 1996년 심각한 사회문제로 등장했고 1997년엔 모든 사람이 화제로 삼고 우려했지만, 1998년 들어 빌 클린턴 대통령과 모니카 르윈스키의 섹스 스캔들이 미디어의 이슈로 등장하면서 사라져 버렸고 오늘날엔 아무도 말하지 않는 그런 이슈가 되었다는 것이다.[57]

로드 레이지 현상이 언론 보도로 과장된 건 분명하지만, 2000년대에도 내내 끊임없이 사회문제로 조명받은 것은 사실이다. 2009년 미국에서 로드 레이지가 가장 심한 5대 도시론 ①뉴욕, ②댈러스-포트워스, ③디트로이트, ④애틀랜타, ⑤미니애폴리스-세인트폴이 꼽혔다.[58]

이와 관련, 제러미 리프킨은 "자동차는 현대 문명에서 통과의례를 상징하게 되었다. 자동차는 소유주에게 유일무이성과 개성을 제공해준다. 오늘날 극도의 이동성을 띠는 삶의 문화 속에서 사람들은 자동차를 개인적 자유와 안정을 보증하는 것으로 여기게 되었다. 자동차는 현대의 기계주의 세계 속에서 그 구성원임을 나타내는 휘장이다. 어떤 사람들에게 자동차는 존재의 확장이고, 어떤 이들에게는 존재의 대용물이다"라며 다음과 같이 말한다.

"광고주는 모든 육체적 욕구를 대용하는 말을 개발하여 재빠르게 자동차에 갖다 붙인다. 자동차는 빠르고, 민첩하고, 강력하고, 남성적이고, 날렵하고, 우아하고, 멋지고, 부드럽고, 신뢰할 만한 것으로 이미지를 부여받는다. 자동차는 우리가 우리의 육체에서 구현하고 싶은 그러한 특성과 특질을 예시해주며, 그래서 운전할 때 우리는 자동차를 수족처럼 느끼게 된다. 이 말은 처음으로 운전자와 소유주로서의 긍지를 경험하는 젊은이들 사이에서 특히 잘 들어맞는다. 자동차와 가장 잘 결합되는 이미지가 성욕이라고 하는 것은 놀랄 일이 아니다. 십대들은 자동차의 성적인 힘과 매력에 마음이 끌린다. …… 자동차는 닫힌 창문과 잠긴 문 안에서 환경을 길들이고 지배하게 해준다. 동시에 자동차는 운전자를 주변과 분리시키고 통제할 수 있도록 만든다. 운전자는 자신이 속하지 않고도 세계 내 존재가 될 수 있다. 운전자는 익명성 속에 차단되어 자신의 주변 사건을 통제할 수 있다. 많은 운전자는 결코 얼굴을 맞대고서는 꿈도 못 꿀 자신들의 공격성과 적대감을 운전대 뒤에서 발산하려 한다."[59]

실제로 UCLA의 사회학자 잭 카츠Jack Katz의 연구 결과에 따르면, 사람에 따라 정도의 차이는 있지만 운전 중엔 '자동차와 인간의 합일화 현상'이 일어나 차체를 자신의 신체로 여기는 경향이 나타난다. 로드 레이지는 이런 착각에서 비롯된 것일 수 있지만, 그런 착각에 빠지지 않았다고 하더라도 자동차를 신앙의 대상으로 삼은 사람들 사이에서 어쩔 수 없이 벌어지는 '종교 전쟁'으로 이해하면 되겠다.

1990년대

자동차와
공동체

LA폭동과
벙커 도시의
확산

1960년대 말에 일어난 일련의 흑인 폭동으로 교외로 탈출하는 백인은 1970~1980년대에 더욱 늘어났다. 1970년까지만 해도 10대 메트로폴리탄 지역의 백인 인구 비율은 60~70퍼센트였으나, 20년 후인 1990년 그 비율은 30~40퍼센트대로 줄어들었다. 10대 메트로폴리탄 지역의 백인 인구 비율을 1970년과 1990년을 비교해 살펴보면 다음과 같다.

①뉴욕 75.2%→38.4%, ②LA 78.3%→37.2%, ③시카고 64.6%→36.3%, ④워싱턴 D.C. 지역 41.4%→33.0%, ⑤샌프란시스코 베이 지역 75.1%→42.9%, ⑥필라델피아 65.6%→51.3%, ⑦디트로이트 65.6%→20.3%, ⑧보스턴 81.7%→58.0%, ⑨댈러스 75.8%→49.8%, ⑩휴스턴 73.4%→39.9%[1]

백인이 대거 빠져나간 도심지에 투자가 원활하고 관리가 잘되긴 만무

했다. 도심지는 점점 죽어갔고, 그로 인한 경제적 부담으로 고통받는 건 주로 흑인과 히스패닉이었다. 이는 자동차 도입 후 건설된 도시 가운데 가장 큰 도시인 LA에서 가장 심했는데,[2] 그들은 좌절과 소외감으로 가득 차 언제든 폭발할 기회를 엿보고 있었던 건지도 모르겠다.

1991년 3월 3일 캘리포니아주 LA에서 27세의 흑인 청년 로드니 킹 Rodney King이 음주 상태로 차를 운전하다 경찰관의 정지 지시를 무시하고 달아났다. 경찰관은 과속 운전으로 정지시킨 것이었지만, 당시 그는 가석방 중이었기 때문에 음주 운전으로 적발될까 봐 두려웠던 것이다. 경찰은 킹의 자동차가 시속 160킬로미터를 넘는 속도로 달리는 것을 13킬로미터나 추격했다고 주장했지만, 킹이 운전한 자동차의 제조사 현대자동차는 나중에 킹의 차가 최고 속도로 달려도 시속 150킬로미터를 넘지 못한다고 밝혔다.[3]

추격전 끝에 붙잡힌 킹은 4명의 경찰에 의해 곤봉 등으로 50차례에 이르는 무차별 구타를 당했다. 킹은 왼쪽 다리가 부러지고, 얼굴에 스무 바늘을 꿰매는 부상을 입었다. 조용하게 넘어갈 수도 있는 사건이었지만, 캠코더 열풍이 역사를 바꾸었다. 때마침 한 주민이 2층 베란다에서 새로 산 캠코더로 이것저것 풍경을 찍다가 그 구타 장면을 찍은 것이다. 이 장면은 방송사들을 통해 미국 전역에 방영되었다. 그 결과 LA 경찰들은 재판에 회부되어, 1년여 동안 법정 공방이 진행됐다.

1992년 4월 29일 오후 3시 배심원단은 구타를 한 백인 경찰 4명 가운데 3명에게 무죄를 평결하고 나머지 1명에게는 재심사를 결정했다. 배심원은 모두 12명으로 백인이 10명, 히스패닉과 동양계가 각각 1명이었으며, 흑인은 포함되지 않았다. 순간 방청석은 침묵에 휩싸였다. 경찰관

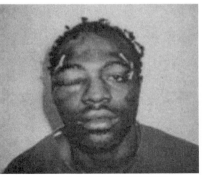

●추격전 끝에 붙잡힌 로드니 킹은 무차별 구타를 당해(왼쪽), 왼쪽 다리가 부러지고, 얼굴에 스무 바늘을 꿰매
는 등 큰 부상을 입었다(오른쪽).

들은 "너무나 행복하다"라며 법정에서 서로 얼싸안았지만, 밖에서는 한 흑인 여성이 "이렇게 어처구니없는 나라라니"라며 부르짖다가 분노를 이기지 못하고 쓰러졌다. 흑인계인 LA 시장 톰 브래들리도 '믿을 수 없는 평결'이라고 했다.

무죄 평결 소식이 전해지자 LA 중심가에서 남쪽으로 약 10킬로미터 떨어진 흑인 거주 지구 사우스 센트럴의 한 교차로에서 "정의가 없으면 평화도 없다"라고 적힌 종이를 든 4명의 흑인이 사람들에게 호소하기 시작했다. 사람들이 점점 몰려들기 시작했다. 오후 6시 반 분노한 흑인들이 한 트럭에서 백인 운전사 레지널드 데니를 끌어내려 구타했고, 이 장면이 헬리콥터에서 촬영돼 그대로 TV에 방영됐다. 어둠이 내리면서 본격적인 폭동이 시작됐다. 이른바 '4·29 LA폭동'이다.

폭동은 조지 H. W. 부시 대통령이 해병대와 육군을 투입한 데다 킹 자신이 TV에 나와서 흑인들에게 자제를 호소한 뒤에서야 겨우 진압되었지만, 폭동 사흘 동안 53명이 사망하고, 4000여 명이 다쳤고, 1만 4000

●LA폭동으로 가장 피해를 본 사람들은 한인이었다. LA 인구의 5퍼센트밖에 안 되는 한인의 재산 피해가 전체 피해액의 40퍼센트나 될 정도로 피해가 막심했다.

명이 체포됐으며, 건물 600동 이상이 불탔다. 이 폭동으로 가장 큰 경제적 피해를 본 사람들은 한인이었다. 자신의 가게와 상품을 잃은 사람들은 대부분 2000여 개의 상점을 약탈당한 중산층 한국계 이주민이었다. 전체 재산 피해액 10억 달러 가운데 약 4억 달러가 한인들의 피해액이었다. LA의 400만 인구 가운데 5퍼센트도 안 되는 한인들의 피해가 전체 피해액의 40퍼센트나 된 것이다.[4]

1992년 LA폭동 직후 한 해 동안 캘리포니아에선 65만 자루의 총이 팔려나가고, 경호업체가 비약적으로 발전했다. 이처럼 이른바 '공포 경제fear economy'의 규모가 커지면서 범죄 문제에 민감한 유권자층이 탄생했고 그에 따라 정치인들고 안전에 큰 신경을 쓰기 시작했다.[5] 이에 따라 빈부 간 거주지 분리 현상이 심화되었고, '두 개의 미국'이라는 말까지 나오게 되었다. 스탠퍼드대의 미래학자 폴 사포 Paul Saffo는 "아주 부자인 사람과 가난한 사람이 얼굴을 맞대고 있을 때, 그것은 완전한 정치적 다이너마이트와 같아 사회혁명으로 갈 수 있다"라고 말했다.[6] 바로 그런 우려 때문인지 미국 사회는 부자와 빈자의 거주 지역을 완전 분리시켜 서로 상종하지 않게끔 하는 방향으로 나아갔다.

앞서 살펴본 바와 같이, 제2차 세계대전 후 주요 도시에서는 광범위한 교외 지역이 개발되었다. 데이비드 하비에 따르면, 이는 인종 분리를 위한 것이었다. 즉, 백인을 도시 내부에서 외부로 이주시키기 위해 진행된 일이었다는 주장이다. 하비가 그 논거로 내세우는 것은 이 사업이 주택 구매자와 건설업자에게 세제 특혜를 주는 정부의 결정에 아울러 금융기관이 특수한 '신용'을 주선해줌으로써 가능했다는 점이다. 공공 서비스의 재정 지원도 연방정부로부터 주정부로, 주정부로부터 시와 읍으로 이전되었다. 소득에 따라 거주 지역을 분리시켜 부자들이 가난한 시민들을 부담하는 것에서 벗어날 수 있게끔 정부가 협력해온 것이다.

부자와 빈자의 거주 지역이 분리되는 이른바 '이중 도시' 현상엔 그러한 의도적인 정책 이외에 '정보 경제의 팽창'도 한몫했다. 경제학자 로버트 라이시는 『국가의 일』에서 "더 이상 미국인은 마치 큰 배에 탄 것과 같이 다함께 죽고 살지 않게 될 것이다. 점차로 우리들은 각기 다른 조그만 배에 탄 것과 같이 서로 다른 운명에 맞닥뜨릴 것이다"라고 말하면서 그렇게 각기 격리된 삶의 한 장면을 다음과 같이 묘사한다. "새로운 엘리트 계층은 자가용 비행기, 모뎀, 팩스, 인공위성 그리고 광섬유 케이블을 활용하여 세계 중심의 금융 및 휴양 센터와 연결되어 있다. 그러나 그들은 국내의 다른 부류와는 이상하리만큼 교류를 끊고 있다."[7]

범죄와 폭동으로부터 안전을 꾀하기 위한 CID_{common-interest developments}
라 불리는 주거 공동체가 미국 전역에서 빠른 속도로 번지면서, 2000년
엔 미국 전체 인구의 12퍼센트에 해당하는 3000만 명이 15만 개의 CID
에서 살게 된다. 이후로도 CID는 매년 4000~5000개씩 늘어나는 추세를
보인다. CID는 엄격한 주민 행동 규제 조항을 갖고 있다. 잔디가 망가진
다는 이유로 집 뒷문을 통해 출입하지 못하게 하거나, 정원에서 채소를
기르지 못하게 하거나, 울타리와 담장은 1미터를 넘으면 안 된다거나,
나무는 늘 가지런히 다듬어야 하며 지붕보다 높이 자라도록 방치해서
는 안 된다거나, 지붕에는 붉은색 타일을 씌워야 한다거나, 금속으로 된
흔들의자를 사용하면 안 된다거나, 운영위원회의 건축 허가 없이는 사
소한 수리조차 할 수 없다거나, 어떤 종류의 가구를 놓고 방 안을 무슨
색으로 칠하라고 간섭하는 등의 엄격한 규제가 이루어지고 있다. 심지
어 어느 노인용 CID에서는 손자 손녀가 집에 놀러오는 것도 제한한다.

CID를 가리켜 '문 달린 커뮤니티_{gated community}' 라 하고, 이런 커뮤니티
들로 구성된 지역을 '벙커 도시' 라고도 부르는데, 이는 그만큼 보안이
철저하다는 걸 의미하는 것이다. 벙커 도시엔 외부인의 출입이 전면 금
지된다. 달리 말해, 가난한 사람들은 부유한 사람들이 사는 동네에 얼씬
거릴 수조차 없다는 것이다. 이뿐만 아니라 거주자의 친구가 CID를 방
문하더라도 그곳에 머물 수 있는 시간에 제한이 있으며 심지어 거주자
들마저도 통행금지령이 실시되기 때문에 몇 시 이후부터는 이웃들과
어울리는 것을 금지당한다.

이런 규제에 대해 불평해봐야 소용없다. 사실상 규제를 가하는 부동
산 개발업자들은 싫으면 나가라고 큰소리치기 때문이다. 그런데 사람

● 외부인이 출입할 수 없도록 굳게 닫혀 있는 출입문(위)과 함부로 넘어올 수 없도록 **뾰**족한 가시가 설치된 담장(아래). 이만큼 보안이 철저한 CID로 구성된 지역을 벙커 도시라고도 부른다.

들은 왜 그런 엄청난 간섭을 받으면서까지 벙커 도시에서 살려고 하는 걸까? 우선적으로 공원, 정원, 수영장, 테니스장 같은 공용지를 포함하여 각종 편의시설과 서비스가 좋기 때문이다. 거주자들은 자율성을 포기하는 대신 그런 혜택을 누리겠다는 것이다. 게다가 부동산개발업자들이 부동산 붐을 일으키기 위해 CID를 경쟁적으로 만들어 분양하기 때문에 미국에서 CID가 아닌 주택을 발견하기가 점점 어려워지고 있다. 그래서 울며 겨자 먹기 식으로 CID의 요구에 응하는 사람들도 많아지고 있다.[8]

1990년대 후반 CID를 둘러싸고 뜨거운 논쟁이 벌어졌으며, 대학생들의 항의 시위가 일어나기도 했다. 예컨대, 1998년 11월 매사추세츠주 우스터의 한 CID 앞에선 대학생들이 "문은 분리를 낳는다Gates Divide"라고 쓰인 플래카드를 들고 항의 시위를 벌였다.[9] 일부 사람들은 CID 현상을 기업적 가치관이 전 사회로 확산된 결과로 보고 있다. 법학자 베티나 드루는 "이제 공동체는 우리가 스스로 만들어가는 것이 아니라 돈을 주고 사는 것이 되었다. 그리고 이것은 시장의 가치관이 미국인의 가정생활 안으로 얼마나 깊숙이 침투해 들어왔는지를 시사한다"라고 말한다.

에드워드 베르는 "기존의 도시는 일시적인 공간으로 축소되거나 아예 기능이 정지되기에 이르렀다"라며 이렇게 말한다. "특별히 정비된 빌딩에서 업무 시간을 보낸 다음, 해가 지자마자 재빨리 자신과 같은 계층이 모여살고 있는 전원의 벙커로 돌아가는 것이다. 벙커 도시나 요새화된 구역에 사는 특권층은 이런 식으로 평생 동안 외부인들과의 접촉은 물론 위협적인 군중들과 마주치는 것을 피할 수 있다."[10]

마이크 데이비스는 절대적 보안을 강조하는 벙커 도시의 속성을 가리켜 '하이테크 성$_{high-tech castles}$'이라는 표현을 썼다. 하이테크 성은 가난한 사람들을 배제하기 위한 목적으로 건설되는데, 심지어 새로 지어지는 쇼핑센터까지도 지리적 위치, 건물 구조, 보안요원과 전자 모니터의 감시 등의 요소로 그런 효과를 겨냥하고 있다는 것이다. 그는 이러한 쇼핑센터를 '원형감옥 시장'이라고 부르고, CID가 많은 LA를 '감옥 도시'라고 부른다.

심지어 공공장소마저 점차 부유층 위주로 사유화되기 때문에 부유층은 이제 자신들의 거주지는 물론 공공장소에서조차 빈민층과 전혀 접촉하지 않을 수 있는 특권을 누리게 되었다. 부자와 빈자의 접촉을 차단하면 빈부 격차에 대한 문제의식도 약화되리라고 생각한 걸까. 그러나 그렇게 함으로써 두 개의 미국 사이의 거리는 더욱 벌어질 것이다. 빈자를 전혀 구경하지 못하고 사는 부자가 통계수치만으로 제시되는 미국의 분열상에 깊이 공감하면서 그걸 완화하려는 생각을 갖긴 어렵기 때문이다.

그러나 그건 사치스러운 고민인지도 모른다. 미국에선 오히려 정반대의 일이 벌어지고 있으니까 말이다. 부유층에게 빈민층은 점점 더 접촉하지 않는 대상일 뿐만 아니라 경계해야 할 대상이 되고 있다. 경호업체와 사설탐정 업체가 호황을 누리는 이유도 바로 여기에 있다. 미국인들의 '보안 강박증'은 벙커 도시의 확산을 가속하는 동력으로 작용하고 있다. 벙커 도시에 사는 사람들은 얼마 안 가서 일반 도시에 사는 사람들과는 다른 정신 상태를 보이게 된다.

그들이 책임져야 할 곳은 요새화된 집뿐이며, 미국 사회 전체의 문제는 더 이상 그들과는 아무 상관이 없는 일이 되어가고 있다. 실제로 벙커 도시에 사는 사람들은 거의 대부분이 범죄 문제에 극히 민감한 반응을 보이며 사형 제도에 호의적이다. 또 자신들에게 이익이 돌아오지 않는 일에 쓰이는 비용(빈민들에 대한 원조나 도심 공원 수리)에 철저히 반대한다. 헌법학자들은 CID가 침해하는 것은 개인의 재산권만이 아니라 공공장소에서 자유롭게 이동하고 모이고 의견을 피력할 수 있는 모든 미국인의 기본권이라고 말한다. 그러나 안전에 집착하는 미국인은 점점 자신들의 기본권에 대해 무관심해지고 있다.[11]

벙커 도시의 자동차 버전일까? 2005년 포드가 내놓은 자동차 신유에스SYNus는 마치 군용 장갑차를 방불케 했다. 신유에스라는 이름부터가 그런 의미를 내포했다. synthesis와 US의 합성어라는데, synthesis는 터프한 외관과 부드러운 내부의 '종합'이라는 뜻이고, US는 Urban Sanctuary의 약자라고 했다. 도시의 피난처? 이 차의 디자인은 온몸이 두꺼운 껍질로 덮인 아르마딜로라는 동물을 닮았다. 실제로 차 이름을 아르마딜로로 하려고 했으나 피아트가 이미 쓰고 있어 신유에스라고 했다는 것이다. 이 차엔 뒷유리창이 없고(카메라 장치를 통해 차 안에서 LCD 모니터로 뒤를 볼 수 있다), 측면에도 창문을 아주 작게 냈을 뿐만 아니라 모두 방탄 처리를 했다. 도시에서 그 어떤 일이 일어나더라도 바깥 세계와의 완전한 차단을 통해 안전을 기할 수 있다는 콘셉트인 셈인데, 글쎄 그게 과연 실효성이 있는지와 더불어 의미가 있는 피난 행위인지 모르겠다.[12]

●포드에서 내놓은 신유에스는 군용 장갑차를 방불케 할 정도였는데 벙커 도시의 자동차 버전이라 할 만했다.

자동차와
공동체주의
운동

광범위한 교외화 suburbanization가 공동체를 크게 약화시킨 가운데,[13] LA폭동과 벙커 도시의 확산은 미국 사회 일각에 공동체와 공동체주의에 대한 관심을 환기시켰다. 텔레비전에서 인터넷에 이르기까지 각종 미디어가 제공하는 엔터테인먼트도 대중을 공동체에서 소외시켜 점점 더 집에만 가두어두었다. 집에서 모든 엔터테인먼트는 물론 쇼핑조차 해결하는 라이프스타일도 공동체 퇴조를 불러오는 데에 한몫했다.[14]

　공동체의 가치를 강조하는 공동체주의 communitarianism는 '공유된 가치'나 '공동선'의 심각성을 받아들이기를 거부하는 '자유주의적' 개인주의를 반대한다. 공동체주의 정신에 따르면, 우리의 정체감은 우리 자신이 특정한 가족이나 계급·공동체·국가·민족의 구성원이며, 특수한 역사를 지니고 있으며, 특정 국가의 시민이라는 의식에서 분리될 수 없다. 자유주의자들은 개인의 자율성 즉 스스로의 선 관념을 선택할 개인의 능력에 절대적인 우선성을 부여하는데, 이는 인간이 사회 이전에 개인으로 존재한다고 보는 것이다. 반면 공동체주의자들은 자유주의 사상은 사람들의 현재 상태 그리고 그들이 지닌 가치가 그들이 사는 사회에 의해 만들어지는 점을 무시한다고 비판한다.[15]

1980년대 말부터 공동체 운동을 해온 대표적인 공동체주의자인 사회학자 아미타이 에치오니Amitai Etzioni는 '나와 우리의 패러다임I & We paradigm'을 역설했다. 에치오니는 1993년에 낸 『공동체 정신The Spirit of Community: The Reinvention of American Society』에서 개인의 이익 추구가 전체의 효용 극대화와 맞물릴 수 있다는 가정 위에서 너와 내가 함께 가는 우리라는 공동체를 만들어갈 수 있다고 주장한다.

하버드대의 정치학 교수 로버트 퍼트넘Robert D. Putnam은 1995년 『민주주의 저널Journal of Democracy』에 기고한 「홀로 볼링하기: 쇠퇴하는 미국의 사회자본」에서 공동체의 몰락을 경고해 사회적인 주목을 받았다. 퍼트넘은 이 논문을 바탕으로 2000년 『나 홀로 볼링: 미국 공동체의 붕괴와 부활Bowling Alone: The Collapse and Revival of American Community』이라는 책을 출간했다.[16]

퍼트넘은 프랑스 정치학자 알렉시 드 토크빌Alexis de Tocqueville이 19세

● 로버트 퍼트넘은 공동체의 몰락을 경고하는 『나 홀로 볼링』을 펴내 사회적인 주목을 받았다.

기 중반 미국 민주주의의 원동력이라고 높이 평가한 시민사회의 역동성이 지난 40년 동안 붕괴했다고 주장했다. 그에 따르면, 미국에서 1980년 이후 1993년까지 혼자 볼링을 하는 사람은 10퍼센트 증가한 반면 여럿이 함께하는 볼링 리그는 40퍼센트나 감소했다. 일요일 피크닉을 가는 횟수, 학부모회에 참석하는 비율, 도로에서 다른 운전자에게 길 안내를 해주는 정도 등을 무수한 인터뷰를 통해 수치화했다. 퍼트넘은 투표율이 떨어지고 교사·학부모회의, 엘크스클럽(Elks Club: 미국의 자선·사교·애국 단체), 여성유권자연합, 적십자 등과 같은 조직의 구성원 수가 감소하는 것을 자신의 주장을 뒷받침하는 예로 들었다. 또 그는 국가적인 수준에서 사회자본의 양이 감소하는 직접적인 원인으로 1920~1930년대의 활동적인 시민 세대가 제2차 세계대전 이후 베이비붐을 타고 태어나 자란 비활동적인 시민 세대로 변화한 데서 찾았다.

퍼트넘은 자동차의 역할에도 주목했다. 1969년에 가구당 차 1대 꼴이던 것이 1995년엔 2대로 늘었다. 1985년에는 새로 짓는 집의 55퍼센트만이 2대 이상 주차 공간을 만들었지만, 1998년엔 79퍼센트로 늘었다. 1969년에서 1995년까지 출근을 위한 운전 시간은 26퍼센트, 쇼핑을 위한 운전 시간은 29퍼센트 증가했다. 차를 혼자 타고 출근하는 사람의 비율은 1980년엔 64퍼센트였으나 1990년대 말엔 80~90퍼센트로 늘었다. 1983년에서 1995년까지 출근 거리는 37퍼센트 증가, 시간은 14퍼센트 증가했다. 운전 시간이 10분 늘면 커뮤니티 관련 시간은 10퍼센트 줄어드는 것으로 나타났다.[17]

퍼트넘의 우려는 정치적 이슈로까지 부각되었다. 프린스턴대의 사회학과 교수 알레잔드로 포르테스Alejandro Portes는 "외롭게 볼링을 친다는 이미지는 미국이라는 강력한 체제를 만들어낸 많은 구성원들의 심금을 울렸고 급기야는 클린턴 대통령의 1996년 연두교서의 한 구절에 영감을 주었다"라고 말한다.[18] 대통령 부인 힐러리 클린턴Hilary Clinton도 『마을이 있어야 한다It Takes a Village』(1996)라는 책을 써서, 안정된 작은 마을에서 나타나는 인간관계를 예찬했다. 대통령 후보로 거론되던 콜린 파월Colin Powell은 더 많은 사람들이 공동체에 참여하도록 유도하는 자원 봉사 활동의 필요성을 역설했다.[19]

1999년 1월 11일 부통령 앨 고어Al Gore는 2000년 대선을 염두에 두고 '클린턴-고어 라이버빌러티 어젠다Clinton-Gore Livability Agenda'를 선언했는데, 언론은 '스프롤에 대한 전쟁war on sprawl'이라고 이름 붙였다. 1950년 대부터 '교외화'를 가리켜 쓰이기 시작한 스프롤은 부정적인 의미로 사용되면서 공동체 파괴의 주범으로 지목됐다.[20] 스프롤이 심화되면서 도심지라는 개념도 사라져갔다. 사람들이 계속 교외로 빠져가면서 도심지라 할 수 있는 곳이 존재하지 않게 된 것이다. 이를 잘 보여주는 대표적인 도시가 플로리다주 올랜도인데 시당국은 관광 안내서에 "올랜도의 흥미로운 곳들을 모두 방문하기 위해선 하루 8시간을 잡아 모두 65일이 필요하다"라고 썼다.[21]

고어는 스프롤 현상을 비판하면서 오리건주 포틀랜드의 경전철이 주민들에게 사랑받는다고 말했는데, 이는 경전철 논쟁으로 비화되었다. 경전철은 시속 20마일이라는 느린 속도 때문에 적어도 40마일 이상의 속도에 익숙한 미국인에게 사랑받을 수 없다는 반론이 제기되었다. 경전철 반대 운동가인 랜들 오툴Randal O'Toole은 고어의 스프롤에 대한 전쟁이 모든 미국인의 반이 사는 교외에 대한 전쟁이며 '미국식 라이프스타

7. 자동차와 공동체 ——

일에 대한 전쟁a war on American lifestyles' 이라고 비판했다.[22)]

　오툴은 석유 · 가스 회사에서 연구 자금을 받았기 때문에 그의 자료 이용이 자의적이라는 지적도 있었지만,[23)] 고어에 대한 비판은 전 방위적으로 일어났다. 스프롤 비판과 관련, 자동차 잡지 『카앤드드라이버Car and Driver』는 고어를 '현학적 얼간이pedantic dope' 라고 비난했다.[24)] 그런 논란의 와중에서 스프롤의 대안으로 스마트 성장smart growth, 콤팩트 시티 compact city 등의 개념이 등장하지만, 이미 구조화된 자동차 공화국 체제를 바꾸기엔 역부족이었다.

　그저 각 동네별로 교통안전이나 확보하자는 운동을 하는 게 고작이었다. 트래픽 카밍traffic calming, 즉 구조물에 의한 교통 통제가 그 좋은 예다. calm엔 진정시키다, 안정시키다는 뜻이 있는바, 직역하면 '교통 진정시키기' 가 되겠다. 미국에선 주택가나 인근 지역에서 'TRAFFIC-CALMED NEIGHBOURHOOD' 라고 쓰인 표지판을 볼 수 있는데, 이는 과속방지턱, 화단을 설치해 만든 지그재그 도로, 좁아지는 차도, 넓어지는 보도, 감속을 요구하는 각종 표지판 등이 많다는 뜻이다. 특별한 볼일이 없는 차량은 아예 들어가지 않는 것이 좋다는 경고이기도 하다.

　트래픽 카밍의 이론가는 UC버클리대의 도시디자인과 교수 도널드 애플야드Donald Appleyard다. 그는 1977년경 '살기 좋은 거리The Livable Streets' 조사를 통해 자동차 교통량이 적은 지역의 사람들이 그렇지 못한 지역의 사람들에 비해 평균적으로 친구는 3명이 더 많고 아는 사람들은 2배 더 많다는 연구 결과를 발표했다. 공교롭게도 애플야드는 그리스 아테네에서 과속 차량에 치어 숨졌지만, 같은 제목의 책으로까지 나온 그의 연구 결과는 트래픽 카밍의 이론적 근거로 활용되고 있다.[25)]

● 트래픽 카밍 도로임을 알리는 표지판(위). 화단을 설치해 지그재그로 만든 도로(가운데)와 과속방지턱(아래) 등 자동차의 과속을 방지하기 위한 각종 구조물이 설치되어 있다.

그러나 트래픽 카밍에 대한 반론도 만만치 않다. 운전자의 짜증을 유발해 오히려 자동차의 속도를 높여 보행자의 안전을 위협할 수 있으며, 잦은 감속과 가속으로 연료가 많이 들고 공해를 유발할 뿐이라는 것이다. 특히 과속방지턱은 자전거 운전자에게 위험할 수 있다는 이유로 미시간주 등 일부 주는 턱의 설치를 금지한다.[26] 네덜란드의 교통 엔지니어 한스 몬데르만Hans Monderman은 턱 대신에 도로변에 어린이용 자전거를 놓는다든가, 속도 제한 표지판 대신 관심을 끌 수 있는 이상하게 생긴 조각물을 걸어놓는 등의 '심리적 트래픽 카밍'을 제안했다.[27]

일부 작은 도시들에선 '코펜하겐화Copenhagenization' 운동을 시도하기도 한다. 코펜하겐화는 보행자 중심의 도시 정책 또는 그 실천을 말한다. 덴마크의 수도 코펜하겐이 보행자 중심의 도시 정책을 가장 잘 실천하고 있기 때문에 나온 말이다. 미국판 코펜하겐화는 도시 디자이너이자 2010년 플로리다 주지사 선거에도 출마한 도시 디자이너 마이클 아스Michael E. Arth가 1999년부터 본격적으로 전개한 '신보행자주의New Pedestrianism 운동'이다. 이 운동은 기존 도로 개념의 반전을 꾀해 보도가 중심이고, 차도가 보조적인 교통 정책을 역설한다.[28]

자동차 회사들은 이런 일련의 운동에 대항 아니 맞장구를 치겠다는 듯 포퓰리즘으로 대응하고 나섰다. 예컨대, 1999년 뷰익 센추리Century 자동차 광고는 이렇게 주장하고 나섰다. "부자들만 넓은 공간을 쓸 수 있나요? 기술은 그들의 만족을 위해서만 개발되는 건가요? 별은 그들의 눈에서만 빛나는 겁니까? 우리의 센추리 2000 특별 한정판매에 주목하십시오. 부자들에게만 제공되지 않는 한정판매로선 최초입니다. …… 모든 사람들을 위한 고급 승용차이기 때문입니다."[29]

브랜드
공동체의
성장

브랜드를 숭배하는 '브랜드 물신주의' 가 기승을 부리더니,[30] 급기야 광고 회사 영앤루비컴Young & Rubicam은 '브랜드는 새로운 종교' 라고 선언한 보고서를 내기에 이르렀다. 이에 수긍하는 플로리다대 교수 제임스 트위첼James B. Twitchell은 그렇지 않다면, 매년 수천 명의 사람들이 디즈니랜드에서 결혼식을 올리고, 할리데이비슨Harley-Davidson 로고가 박힌 관을 쓰는 걸 어떻게 설명할 수 있겠느냐고 반문한다.[31]

　브랜드가 종교거나 종교에 근접하는 것이라면, 전통적인 공동체는 쇠퇴해가는 반면, 같은 브랜드를 소비하는 행위에서 연대감을 만끽하는 브랜드 커뮤니티가 그걸 대체해가는 양상을 보이는 건 당연한 일이라 하겠다. 로버트 라이시는 "이제 미국인들에게서는 공동사회를 잘 찾아볼 수 없다. 우리는 더 이상 이웃과 같이하지 않는다. 옆집에 누가 사는

지도 모른다"라면서 이렇게 말한다.

"그러나 더 이상 이웃과 같이하지 않는다는 것은 완전히 맞는 말은 아니다. 그것은 현재 상황의 가장 중요한 면을 제대로 설명하지 못하는 것이다. 우리는 여전히 서로 같이하고 있다. 아동 보호, 노인 보호, 학교, 의료 서비스, 보험, 헬스클럽, 투자클럽, 구매클럽, 오락 시설, 사설 경호원 그리고 이외에 혼자서 사기에는 너무 비싼 다른 모든 것들이 있다. 그러나 우리는 참가자로서 같이하지는 않는다. 소비자로서 함께할 뿐이다. 우리의 경제적인 자원을 함께 모아서 가장 좋은 조건의 거래를 얻어내고 있다."[32]

소비자로서 함께하는 브랜드 커뮤니티는 자발적으로 운영되기도 하지만 기업에 의해 의도적으로 형성돼 운영되기도 한다. 브랜드 커뮤니티를 마케팅 전략으로 이용하는 대표적인 브랜드로는 할리데이비슨을 들 수 있다. 미국의 대표적인 모터사이클 브랜드인 할리데이비슨은 '미국인의 상징American Icon'이라는 브랜드 메시지를 이용한다. 36만 명이 넘는 사람이 800여 개의 할리데이비슨 동호회 중 하나에 소속돼 있으며, 이 구성원들은 격월로 신문을 받아보고 매월 열리는 모임에 참석할 뿐만 아니라 판매 대리점의 후원을 받는 야유회에도 참가한다. 이런 마케팅 전략 덕분에 토요타가 캠리 차종 하나에만 1억 달러 가까운 광고비를 지출한 것에 비해 할리데이비슨의 광고비는 겨우 100만 달러에 불과했다. 울트라 클래식 모델의 경우 가격만 3500만 원에 튜닝을 하면 5000만 원이 훌쩍 넘는 데다 유지비도 만만치 않아 사실상 할리데이비슨은 부유층의 전유물이었다. 그런데도 2000년대 중반 한국엔 할리데이비슨 오너가 1000명 정도 있었으며 할리데이비슨을 타려고 적금을 드는 직

● 위스콘신주 밀워키에 있는 할리데이비슨 박물관에서 할리데이비슨 동호회가 모임을 하고 있다. 이런 브랜드 커뮤니티는 기업에 의해 의도적으로 형성돼 운영되는 경우가 많다.

장인이 생겨날 정도로 인기가 높았다.[33)]

자동차 이상으로 브랜드 파워가 강한 상품이 또 있을까? 브랜드가 매우 중요한 것으로 간주되는 향수 등 화장품의 경우 2003년 조사에서 브랜드가 매우 중요하다고 답한 소비자는 68퍼센트였지만, 자동차는 76퍼센트나 됐다.[34)] 자동차는 고급 차종일수록 브랜드 커뮤니티가 발달돼 있다. 사브Saab 운전자들끼리는 도로에서 마주칠 경우 서로 반갑다고 손을 흔들어주는 게 불문율처럼 돼버렸다.[35)] 렉서스는 노골적으로 '렉서스 가족'을 강조하면서 렉서스 커뮤니티를 만들기 위해 애를 쓰고 있다.[36)] 군용차 험비를 바탕으로 만든 허머Hummer 자동차의 소유자들은

● 허머 자동차 소유자들은 허머의 전천후 능력을 활용하고, 브랜드 커뮤니티를 활성화하기 위해 재난 발생 시 같이 힘을 모아 행동하기로 하는 전국적인 네트워크인 HOPE를 만들었다.

HOPE라는 전국적인 네트워크까지 조직해 재난 발생 시 같이 힘을 모아 행동하기로 했다.

미국에선 아이 이름을 명품 브랜드를 따서 짓는 부모들이 는다고 하니, 이 정도 되면 공동체 귀속 의식이 대단히 높다고 봐야 할 것이다. 어느 공동체에 속하느냐 속하지 못하느냐 하는 문제로 좌절감과 박탈감을 느끼는 정도로 말하자면, 그 어떤 공동체도 '명품 공동체'를 능가하긴 어려울 것이다.

공동체 문화의 변화는 새로운 업종을 낳았는데, 그 대표적인 사례가 스타벅스다. 1960년 미국에서 커피의 시장 침투율은 70퍼센트였다. 이는 미국인 1인당 하루에 3.2잔의 커피를 마셨다는 걸 의미하는 것이었다. 그러나 1988년에 침투율은 50퍼센트로 하락했고 1인당 소비량은

1.67잔으로 떨어졌다. 그래서 많은 사람이 이제 커피 시장은 죽었다고 생각했다. 그러나 스타벅스의 등장 이후 커피 소비가 대폭 증가했다. 스타벅스가 다 죽어가던 커피 시장을 되살려낸 것이다. 1999년에는 커피의 침투율이 79퍼센트로 상승했으며 1인당 소비량은 하루 3.5잔으로 늘어난다.

스타벅스의 창업연도는 1971년이지만 성장은 1990년대에 이루어졌다는 걸 감안한다면, 사회적인 변화도 스타벅스의 성장에 한몫했다고 봐야 할 것이다. 그 변화는 과연 무엇이었을까? 그건 바로 독립 노동자 군단의 등장이다. 직장도 아니고 가정도 아니면서 그냥 사람들이 자주 출입할 수 있는 집결지가 절실히 요청되고 있었다는 것이다. 1985년에 스타벅스를 인수해 키운 스타벅스 회장 하워드 슐츠는 이렇게 말했다.

"미국인은 공동체 생활에 너무나 굶주렸고, 그래서 어떤 손님들은 우리 점포를 모임 장소로 활용하기 시작했다. 친구와의 약속 장소, 가벼운 회의 장소, 다른 단골손님과의 대화 장소가 된 것이다. 제3의 장소에 대한 강렬한 수요가 있다는 사실을 이해했기 때문에, 우리는 보다 넓은 매장에 보다 많은 테이블을 갖추고 준비할 수 있었다."

사무실 공간 개념의 변화도 영향을 미쳤다. 인터넷 시대엔 사무실을 장기 임대할 필요가 없다. 단기간만 사무실을 임대하는 것으로 족하다. 아니 몇 시간 동안만이라도 좋다. 네트워크 시스템에 접속할 수 있는 장소라면 어디든지 사무실이 될 수 있는 것이다. 호텔, 철도역, 공항 등에서 임시 사무실 공간을 제공하는데, 이를 가리켜 '호텔링hotelling'이라고 한다. 그것도 번거로우면 커피 한 잔 가격만 내고 스타벅스에서 만나면 된다.[37]

그 덕분에 '스타벅스 효과'가 생겨났다. 스타벅스가 교통 체증을 유발하는 효과를 말한다. 미국인이 주로 집에서만 마시던 커피를 밖에서 마시게끔 만드는 문화를 만들어낸 스타벅스는 2008년 초 미국 전역에 1만 1168개가 있었다. 주로 도심 지역에 위치한 스타벅스를 찾는 사람들의 자동차가 매일 수백만 대에 이를 터이니 그로 인한 교통 체증이 심각하리라는 건 미루어 짐작할 수 있겠다. 스타벅스 효과는 꼭 스타벅스로 인한 교통 체증만을 말하는 게 아니라 스타벅스로 대표되는 도심지 유사 업소들로 인한 교통 체증을 의미한다.[38]

자동차 관련 각종 인터넷 커뮤니티는 브랜드 커뮤니티를 형성하고 있을 뿐만 아니라 일종의 '취미공동체 · 정보공동체' 역할도 수행하고 있다. 2007년 매매된 차는 6100만 대였으며, 그 가운데 1600만 대가 새 차였다.(폐차는 1400만 대에 이르렀다.) 매일 15만 명이 자동차 판매소를 방문하고 있다. 자동차 구매와 수리는 미국인들의 삶에 매우 중요한 의미를 갖는다. 언론은 심심하면 자동차 구매 · 수리의 비리를 폭로하곤 한다. 관련 책들도 많이 출간된다. 10년간 여성 자동차 딜러의 세일 상술만 연구한 책까지 나온다.[39] 인터넷 커뮤니티는 이 모든 일과 관련된 주요 정보원으로 기능하고 있다.

왜 미국인은
라디오 토크쇼에
열광했나

1994년 11월 중간선거에서 공화당은 민주당을 꺾고 다수당
이 되었다. 상원은 공화당 53명, 민주당 47명, 하원은 공화당 230명,
민주당 204명이었다. 하원에서 공화당 다수 체제를 구축한 것은 40년만
의 대사건이었기에, 이를 '보수주의자들의 쿠데타'로 불렸으며, 그 주
역인 뉴트 깅리치Newt Gingrich를 부각시켜 '깅리치 혁명'이라고도 했다.
깅리치 혁명의 와중에서 나타난 주목할 만한 현상은 거주 지역에 따라
다른 투표 현상이었다.

교외화가 40년간 이루어지면서, 이젠 교외도 다 같은 교외가 아니었
다. 세금과 예산 배분 문제를 놓고 구교외old suburb와 신교외new suburb 사이
의 갈등이 점점 치열해졌다. 구교외엔 주로 유색 인종이 사는 반면, 에
지 시티라고 부르는 신교외는 주로 백인이 살았다. 에지 시티에 사는 유
권자들은 1994년 중간선거에서 자기들의 이익을 대변할 수 있는 새로

운 인물을 대거 하원에 보냄으로써 고참 정치평론가들을 깜짝 놀라게 만들었다. "아니 이 사람들이 도대체 누구야? 한 번도 이름을 들어본 적이 없는데……."[40] 인종 문제는 사라진 것처럼 보였지만, 실은 겉으로 잘 드러나지 않았을 뿐 '아메리칸 아파르트헤이트American Apartheid' 라는 말이 나올 정도로 심각한 양상을 보였던 것이다.[41]

깅리치 혁명은 '라디오 토크쇼 혁명' 이기도 했다. 우익이 장악한 라디오 토크쇼가 공화당의 승리에 큰 기여를 했다는 의미에서였다. 미국 라디오에 도대체 무슨 일이 일어난 걸까? 라디오 토크쇼의 혁명은 2000년대에도 지속되기에 2000년대를 포함해 이야기해보자.

미국인은 하루 평균 2.6시간 운전을 한다. 1년 가운데 2달을 꼬박 운전에만 바치는 셈이다. 차는 갈수록 커지지만 차에 타는 사람 수는 줄어든다. 2006년 자동차 1대당 평균 탑승 인원수는 1.6명, 교통 체증으로 자동차 평균속도는 시속 25마일에 불과했다. 차 안에서 무얼 하겠는가? 그래서 자동차 안의 엔터테인먼트 장비가 발달했다. 1999년에 지엠의 올스모빌 실루엣Silhouette이 대박을 쳤는데, 그 이유는 뒷자리에 장착한 모니터 덕분이었다. 미국인들은 차를 살 때에 차 안에 컵 홀더가 없으면 엄청 짜증을 냈는데, 유럽인들은 이를 이해하지 못했다. 미국인의 이런 행태를 가리켜 초개인주의hyperindividualism, 캡슐화encapsulation 같은 말이 쓰이고 있다.[42]

자동차 안의 엔터테인먼트 가운데 가장 인기가 높은 건 라디오, 그중에서도 토크쇼다. 토크를 기본으로 하는 쇼를 방송하는 라디오 방송국은 1990년 400개에서 2008년 2056개로 늘었다. 1987년에 방송에서 논란이 되는 사안에 대한 편향된 견해에 대해선 반론권을 줘야 한다고 규정

●모니터가 장착된 올스모빌 실루엣의 뒷자리 모습. 1년 가운데 2달은 꼬박 운전에 바치는 미국인들에게 자동차 안의 엔터테인먼트는 자동차 구입의 중요한 결정 요소였다.

한 '형평 원칙Fairness Doctrine'이 폐지된 이후 라디오 토크쇼는 점차 '편향적인 독설 잔치'를 벌여왔는데, 오히려 그게 인기 폭발의 주된 이유였다.[43]

이와 관련, 미국의 인류사회학자 비키 쿤켈Vicki Kunkel은 "몇몇 사회학 연구 논문들은 사람들이 심리적 지름길로서 자신이 아는 브랜드로 달려간다고 명확히 결론짓는다. 중립적 뉴스 해설을 통해 자신의 입장을 가려내는 데는 너무 많은 심리적 에너지가 필요하다"라며 다음과 같이 말한다. "편향성을 편안하게 받아들이는 우리의 본능적 성향은 많은 블로그와 웹사이트들이 성공한 비결이기도 하다. 비슷한 견해를 지닌 사람들은 비슷한 견해를 가진 다른 사람들이 작성한 글을 보고 싶어 한다. …… 편향성은 이익이 되는 장사다."[44]

1990년대 중반 미국 인구의 절반이 라디오 토크쇼를 청취했으며, 6명 가운데 1명은 정기 청취자였다.[45] 그런데 흥미롭게도 토크 라디오 진행자의 70퍼센트가 우파였으며, 진행자의 80퍼센트 그리고 전화를 거는 사람의 대부분이 남자였다.[46] 또한 '톱10' 토크쇼의 진행자는 모두 보수파였다. 왜 이렇게 된 걸까? '진보 독설' 보다는 '보수 독설'이 장시간 홀로 운전하면서 교통 체증으로 쌓이는 스트레스와 울분을 푸는 데 더 제격인가? 왜 리버럴은 라디오에 약한가? 리버럴은 선악 이분법에 비교적 약하며, 균형·위엄·품위 등을 더 신경 쓰기 때문에 청취자를 사로잡기 어렵다는 주장이 있다.[47]

라디오를 제외한 다른 주류 미디어들이 보수보다는 리버럴 쪽으로 편향적이기 때문에 라디오가 그간 대변되지 못한 보수 목소리의 출구가 되었다는 시각이 지배적이다. 여기에 공화당을 포함한 보수파들이 토크 라디오에 적극적인 구애를 했다는 점도 간과할 수 없겠다. 보수 단체들은 전국 4000여 명의 토크 라디오 호스트 명단을 관리하면서 각종 서비스를 제공했다. 특히 보수 싱크탱크인 헤리티지재단Heritage Foundation 이 가장 적극적이었는데, 이 재단은 워싱턴 D.C.에 두 개의 라디오 방송 스튜디오를 마련하고 전국의 라디오 방송사들에게 무료로 제공한다는 광고를 해댔다. 워싱턴에서 정치인을 만나 인터뷰할 때 이용하라는 뜻이었다. 또한 재단 연구자들은 라디오 전화 인터뷰에 적극 응하는데, 2000년에 응한 건수는 400건, 2001년 800건, 2002년 1200건, 2003년 2000건으로 급증 추세를 보였다.[48]

톱10 진행자 가운데 인기 1위는 러시 림보Rush Limbaugh로 주간 누적 청취자가 1400만 명에 이르렀고, 숀 해니티Sean Hannity가 1300만 명으로 그

뒤를 이었다. 지지자들 사이에서 '라디오 토크의 엘비스 프레슬리'로 불린 림보는 독일계 아버지와 스코틀랜드계 어머니 사이에서 태어났고 사우스이스트미주리주립대라는 무명 학교도 그나마 1년 다니다 그만둔 후 1970년대 초부터 라디오 방송 진행자로 일해왔다. 1988년에 시작한 토크쇼인 〈러시 림보 쇼〉는 600개 라디오 채널을 통해 정오부터 3시간 동안 전국에 생방송되었다. 그간 라디오 토크쇼는 매우 진보적이었지만, 러시 림보가 나오면서 보수화되기 시작했다. 림보가 인기를 얻자, 보수 진영의 수많은 림보들이 우후죽순 토크쇼 진행자로 나서기 시작한 것이다.

로널드 레이건 대통령을 가장 존경한다는 림보는 굳이 좋게 말하자면 자신을 '민중의 목소리voice of the people'라고 주장하는 보수 포퓰리스트다. 그는 주류 미디어가 외면하거나 약화시킨 메시지를 증폭하는 확성기 역할을 했는데, 자신의 토크쇼에 베이비붐 세대의 유머와 로큰롤을 가미해 큰 인기를 끌었다. 이런 인기는 기폭제가 되어, 보수파들에게 자신감을 심어줘 보수파들이 더욱 도발적으로 나아가게 만드는 데에 기여했다. 청취자들로 하여금 주류 매체에 항의를 빗발치게 하도록 해 변화를 유도하는 식의 수법도 동원되었다.[49]

림보는 하원에서 공화당 다수 체제를 구축한 40년 만의 대사건에 큰 기여를 했다는 이유로 1995년 1월 23일 시사주간지 『타임』의 표지 모델이 되었다. "러시 림보는 미국에 유익한가?Is Rush Limbaugh Good for America?"라는 제목의 기사는 "전자 포퓰리즘이 대의 민주주의를 위협하고 있는데, 토크 라디오는 그 시작일 뿐이다"라고 했다.[50]

림보는 미디어그룹인 클리어 채널 커뮤니케이션즈와 2016년까지 8

●장시간 홀로 하는 운전의 스트레스를 푸는 데 '보수 독설'이 제격이었다. 그래서 라디오는 보수 목소리의 가장 큰 출구가 되었는데 대표적인 보수 토크쇼 진행자로 러시 림보(왼쪽)와 글렌 벡(오른쪽)이 있다.

년간 4억 달러에 계약을 했는데, 연봉으로 치면 5000만 달러(약 770억 원) 수준이었다. ABC, NBC 등 4대 지상파 방송 앵커의 연봉을 모두 합친 것보다 많고 메이저리그 연봉왕인 뉴욕 양키스의 알렉스 로드리게스Alex Rodrigues가 받는 연봉(2750만 달러)의 두 배나 됐다.

폭스뉴스 라디오 토크쇼 진행자인 글렌 벡Glenn Beck도 공화당의 '리더'라고 불릴 정도로 큰 인기를 누렸다. 1964년 워싱턴주 에버렛에서 태어난 벡은 고교를 졸업한 뒤 알코올과 약물에 빠졌으며, 이혼 후에야 크게 깨닫고 마약에서 손을 뗐다. 그는 나중에 라디오쇼 프로그램을 맡아 진행하며 이 같은 경력을 고백, 청취자들의 마음을 사로잡았다. 벡은 타고난 라디오 이야기꾼으로 평가받았다. 그는 13살 때 두 번째 고향인 워싱턴주 마운트버넌의 한 라디오 경연대회에서 입상해 1시간 동안 디제이를 맡았다. 그는 CNN에서 밤 시간대 〈헤드라인 뉴스〉를 진행했지만 큰 성공은 거두지 못했다. 그러다가 2008년 10월 보수적인 폭스뉴스

로 옮기고 나서 선동적이고 자극적인 방송으로 민주당 공격의 최전선
에 나섰다. 그의 극우 성향을 두고 "벡에 비하면 러시 림보는 분별 있는
철학자로 보일 정도"라고 평가하는 이들도 있을 정도였다. 벡은 글재주
도 좋아 매년 수백 쪽의 책을 써『뉴욕타임스』베스트셀러 리스트에서
두 차례 1위에 오르기도 했다. 경제 주간지『포브스』는 그의 2008년도
수입을 2300만 달러(약 268억 원)로 추산했다.[51]

벡은 초기 라디오 시절 보수파도 아니었고 정치적이지도 않았으며
어떤 확신도 없었다는 게 같이 일한 동료들의 한결같은 증언이다.[52] 이
는 보수 토크 라디오의 인기에 '기회주의적 상업주의'가 한몫했다는 걸
시사한다. 그는 방송 중에 자주 울거나 흐느껴서 '흐느끼는 보수주의
자'라는 별명을 얻었다. 이성적인 사람들은 이런 수법은 역겨워하지만
팬들은 열광한다. 그만큼 진실하다는 것을 말해준다나. 혹자는 모르몬
교도인 벡이 모르몬교의 신앙 간증 특유의 '흐느낌'을 방송에 그대로
적용한 것이라고 해석하기도 했다.[53]

미국인이 라디오 토크쇼에 열광하는 이유를 좀 더 넓은 맥락에서 찾
자면 아무래도 코쿤cocoon 현상과 관련이 있는 것 같다. 코쿤은 마케팅
전문가 페이스 팝콘Faith Popcorn이 1981년에 처음 사용한 용어로, 처음에
는 "불확실한 사회에서 단절되어 보호받고 싶은 욕망을 해소하는 공간"
이라는 뜻으로 사용됐지만, 점차 집에 틀어박혀 지내는 누에고치 같은
사람을 가리키게 되었다. 코쿤은 누에고치라는 뜻이다. 코쿤족은 외부
와의 접촉 없이 혼자서만 어떤 일을 즐기며 살아가는 인간형 또는 세상
과 무관하게 자기만의 공간에 갇혀서 사는 전자 시대 개인주의자의 한
전형을 가리키기도 한다.

집 가꾸기와 집에서 할 수 있는 일들을 개발해내는 등 코쿤족을 겨냥한 코쿤 비즈니스도 성장했다. 코쿤족들에게 사랑받는 HGTV_{House and Garden Television}라는 TV 채널도 등장했는데, 이 채널은 사람들이 실제로 해볼 수 있는 정원 가꾸기, 집 고치기, 애완동물, 인테리어, 공예 등에 관한 프로그램을 내보냄으로써 1000만 명에 이르는 시청자를 확보했다.[54]

자동차야말로 대표적인 코쿤 비즈니스가 되었다. 1992년 앨런 테인 더닝_{Alan Thein Durning}은 "현재 미국 근로자는 일주일에 9시간을 운전에 허비하고 있다. '집 밖의 집'이 된 자동차를 좀 더 안락하게 만들기 위해 자동차 회사와 운전자들은 자동차에 각종 선택품을 장착하고 있다"라며 다음과 같이 말했다. "이 같은 추세의 필연적인 결말이 어떨지는 운전자들이 그들의 자동차를 커피제조기, 팩시밀리, 텔레비전 및 기타 가전제품을 모두 갖춘 전자 누에고치처럼 만들어감에 따라 자동차 분석가들이 이를 '카쿠닝_{carcooning: car+cocoon}'이라고 이름붙인 것으로 이미 명백히 드러나고 있다."[55]

주유소는 카쿠닝의 발전소다. 미국에 있는 12만 개의 주유소는 모두 슈퍼마켓 기능을 갖추었는데, 이는 주유소가 미국인들의 생활의 한복판에 들어왔다는 걸 말해준다.[56] 카쿠닝과 보수 라디오 토크쇼의 결합은 어쩌면 당연한 현상인지도 모른다. 카쿠닝 상태에선 공동체라거나 사회 같은 단어들이 잘 들리지 않는다. 철저하게 개인 중심으로 말해야 한다. 개인을 미화하고 예찬하는 일은 아무래도 보수가 진보보다 낫다.

크라이슬러의
몰락

1992년 대선에서 스타는 단연 기업가 출신 로스 페로Ross Perot
였다. 코넬대 정치학과 교수 시어도어 로위Theodore Lowi는 "역사학자들
은 오는 11월 3일의 미 대통령 선거 결과에 관계없이 1992년을 공화-민
주 양당 체제 종식의 원년으로 기록하게 될 것이다"라며 다음과 같이
말했다.

　"비록 막판에 후보 사퇴는 했지만 무소속 로스 페로의 예기치 못한
급부상과 그가 기존 양당 구도의 대안으로 제시했던 '불분명한' 구상에
대한 국민의 놀라운 지지는, 광범한 지지 기반을 갖춘 제3당의 출현 가
능성에 대한 모든 의심을 떨쳐버리기에 충분했다. 제3당의 등장은 기성
정치권에 부분적인 개혁을 강요하는 것 이상의 엄청난 충격을 몰고 올
것이다. 제3당의 존재 자체가 지난 20년간 워싱턴 정가를 마비시켰던
제도적 굴레들을 타파할 것이기 때문이다. …… 한마디로 제3당은 정책

에 관한 공개 논쟁을 가능케 하는, '구속' 아닌 '해방' 의 힘으로 작용할 것이다. 지난 19세기 양당 체제가 미 정부의 헌법적 구조를 근본적으로 변화시켰던 것처럼 3당 체제는 21세기의 미국 정치를 주도할 수 있을 것이다." [57]

물론 로위의 전망은 빗나갔지만, 페로가 인기를 얻은 이유를 살펴볼 필요는 있겠다. 페로는 이미지 세일즈를 하는 방법을 잘 알고 있는 인물이었다. 물론 이미지 세일즈는 기성 정치인들도 해온 것이지만, 페로에겐 신선한 맛이 있어 그 효과가 크게 나타났다. 『뉴스위크』는 페로의 '유권자를 상대로 한 사상 최대의 세일즈 작전' 에 대해 다음과 같이 말했다.

"페로는 미국이라는 고객을 상대로 생애 최대의 세일즈 전략을 펼치고 있다. 미 역대 대통령 중에는 농부 · 변호사 · 군인 · 기술자 출신이 있었다. 심지어 배우 출신도 있었고 해리 트루먼 같이 실패한 잡화상도 있었다. 그러나 세일즈맨은 없었다. 페로 같이 대단한 세일즈맨은 더더구나 없었다. 1992년 대선전에서 페로는 여러 가지 이미지를 선보이고 있다. 각각의 이미지는 첫눈에 벌써 나름대로의 호소력을 갖고 있다. 페로는 대통령으로서, 정부라는 고장 난 자동차의 '보닛 밑' 에서 열심히 일하는 정비공이 되겠다고 약속한다. 아니면 엄격하나 너그러운 가장으로서, 홍청망청 몰고 다니다 고장 난 '1980년대' 라는 이름의 자가용의 수리비를 대겠다고 한다. 더 듣기 좋은 것은 일본 기업의 사무라이에 맞서 싸우는 작지만 끈질긴 투사가 되겠다는 약속이다." [58]

페로의 '자동차 수사학' 은 설득력이 있었다. 미국인들은 자동차를 들어 비유하는 걸 좋아한다. 자동차가 삶 한복판에 있기 때문이다. 게다가 일본을 상대로 한 애국주의 메시지까지 곁들였으니 일시적으로나마 미국 유권자들이 흥분할 만도 했다.

1994년 7월 포드 자동차는 오하이오주립대와 협력 계약을 체결했는데, 주요 내용은 포드의 품질 관리 경영 기법을 오하이오주립대에 전수한다는 것이었다. 오하이오대의 부총장 재닛 피세트Janet Pichette는 "대학의 업무나 기업 업무나 다를 게 없다"라고 주장했다. 이에 화답하듯, 시사 잡지 『유에스뉴스앤드월드리포트』의 1994년 10월 3일자 기사는 대학을 자동차 산업에서 쓰는 용어로 묘사했다. 기사 제목은 "대학 등록금을 어떻게 댈 것인가How to Pay for College"이었는데, '가장 효율적인 학교most efficient schools', '최고의 가치best values', '메이커 희망 소비자 가격sticker Prices', '할인 등록금discount tuition' 등의 표현이 사용되었다.[59]

이렇듯 미국인들의 삶에 편재한 자동차가 과연 산업적으로도 예전의 영광을 되찾을 수 있을 것인가? 다 죽어가던 크라이슬러가 살아나 1993년 마지막 3개월간 7억 7700만 달러의 이익을 내는 등 전반적으로 빅3가 다시 살아날 조짐을 보이긴 했다.[60] 그러나 크라이슬러는 1998년 벤츠에 합병되어 다임러-크라이슬러가 되고 말았다. 그런데도 1999년 『월스트리트저널』은 지엠과 포드의 '새로운 전성기a new golden age'를 전망했다. 이에 화답하듯 2000년 지엠 주가는 최고를 기록했다.

하지만 2003년부터 에너지 위기가 닥치면서 그간 이들이 '올인' 함으로써 1990년대 말부터 2000년대 초까지 폭발적인 인기를 누리던 SUV의 판매가 급감했다. 1998년 휘발유 값은 1갤런 당 1.16달러에 불과했는데, 이게 뛰기 시작하더니 2004년 2달러, 2008년 여름 4달러를 넘어서 모든 자동차 딜러들이 두 자릿수 적자를 기록하는 사태에까지 이르렀다.[61]

●크라이슬러가 벤츠에 합병되었을 당시 크라이슬러 본사의 현판이 다임러-크라이슬러 현판으로 바뀐 모습.

유가는 내려갔다가 다시 오르는 등 등락을 거듭했으며, 이에 미국인들은 기름을 많이 먹는 SUV에 열광할 수 없었다. 갤런당 2달러라고 하더라도 SUV 기름통을 가득 채우려면 60달러가 들어가니 어찌 SUV 사랑만 할 수 있었겠는가.

1990년대 말 빅3 이익의 반 이상이 SUV와 경트럭에서 나왔으니 큰 타격을 받지 않을 수 없었다. 미국 자동차 회사들은 SUV에 치중하느라 연비 효율을 외면해왔는데 연비 효율이 소비자들의 주요 관심사가 되자 일본과 한국 자동차에 밀리는 비운을 맞게 된 것이다. 사실상 미국 자동차 회사들의 자업자득이었다. 앨 고어는 2007년에 출간한 『불편한 진실Inconvenient Truth』에서 빅3가 크고 에너지 효율이 떨어지는 차에만 올인했으며, 에너지 연비 기준을 만들려는 주州에는 소송을 제기하는 등 못된 짓만 하느라 스스로 망가졌다고 비난했다.[62] 그렇다면 미국인들은 왜 SUV에 열광했던 것일까?

8

2000년대
자동차와
미국의 자존심

왜 미국인들은 SUV에 열광했나

2000년대 초 미국인들이 가장 열광한 자동차인 SUV는 수많은 논란을 불러일으켰다. 『뉴욕타임스』 기자인 키스 브래드셔_{Keith} Bradsher는 2002년에 출간한 『높고 강력한: 세계에서 가장 위험한 차인 SUV는 어떻게 성장했나High and Mighty: SUVs-The World's Most Dangerous Vehicles and How They Got That Way』에서 미국 정부가 자동차 회사AMC의 로비에 넘어가 SUV를 승용차가 아닌 트럭으로 분류해 세금 혜택, 연비 기준 완화, 안전 기준 완화 등의 특혜를 줌으로써 환경과 안전을 해쳤다고 맹렬히 비난했다.(high and nighty는 영어 숙어로는 '오만한'이란 뜻이다.)[1] SUV는 영국에서도 '기름 잡아먹는 귀신gas guzzler'이라는 별명을 얻었을 정도로 기름은 더 많이 사용하는데 규제 기준은 더 낮다니, 이게 말이 되느냐는 게 비판자들의 주장이다.

SUV의 원조는 지프Jeep다. 지엠은 자신들이 1935년부터 생산한 쉐보

●미국인이 사족을 못 쓰는 SUV의 원조는 군용으로 사용되던 지프다.

레 서버번Suburban이 SUV의 원조라고 주장했지만, 공인받진 못했다. 지프는 크라이슬러의 자동차 브랜드이자 부문조직의 이름으로, 4륜구동 자동차의 원조다. 두 번째는 영국의 랜드로버Land Rover다.(현재는 인도의 타타 자동차Tata Motors 소유) 이름의 유래에 대해선 여러 가지 설이 있으나, 제2차 세계대전 때 이 차의 생산을 주문한 미국 정부가 GPGovernment Purposes로 지정한 데에서 비롯되었다는 설이 유력하다. '지피'라는 발음이 '지프'로 바뀌었다는 것이다. 초기 SUV는 사실상 군용 지프의 후예인데, 최초의 본격적인 SUV는 1974년 AMCAmerican Motors Corporation가 생산한 지프 체로키Jeep Cherokee였다. AMC는 1987년 크라이슬러에 흡수돼 1988년 사라졌다.[2]

　SUV는 마케팅 용어일 뿐이며, 경트럭의 차대에 승용 차체를 얹은 차라고 보면 된다. 모든 4륜구동이 SUV는 아니며 모든 SUV도 4륜구동은 아니지만, 미국에선 일반적으로 'off-road vehicle', 'four-wheel drive', 'four-by-four(4WD/4×4)'라고 한다. 4×4는 1940년대에 군에서 쓰던 용어로 이젠 민간에서도 널리 쓰이고 있다. 4×4에서 앞의 4는 바퀴의 수, 뒤의 4는 동력이 전달되는 바퀴의 수를 말한다.[3] 이걸 자랑스럽게 크게 표시한 자동차들이 도로에 즐비하다. 왜 미국인들은 4륜구동이라면 사족을 못 쓰는가?

Expedition(탐험), Explorer(탐험자), Escape(탈출), Compass(나침반), Liberty(자유), Range Rover(산악 유랑자), Navigator(항해자), Ascender(올라가는 사람), Mountaineer(등반가), Mariner(항해자), TrailBlazer(개척자), Outlander(외래자), Endeavor(노력), Pathfinder(개척자), Quest(탐험), Highlander(고지에 사는 사람), Sky(하늘), Outback(오지), Ridgeline(능선), Odyssey(모험 여행), Canyon(협곡), Sierra(산맥), Mustang(야생마), Ranger(방랑자), Sequoia(세쿼이아 거목), Tundra(북시베리아 동토대), Forester(산림에 사는 사람), Wrangler(카우보이).[4]

미국에서 팔리는 자동차의 이름들이다. 이름에 걸맞게 이런 자동차의 광고는 늘 황량한 황야를 배경으로 하고 '프런티어십frontiership'을 보여준다. 미국인이 사랑하는 '거친 개인주의rugged individualism' 효과를 극대화하기 위해서일까? 광고에 다른 차량이나 사람은 보이지 않는다. 나홀로 자연과 대결하는 듯한 비장하고 숭고한 분위기마저 감돈다. SUV가 주로 그런 이미지를 연출하지만, 어느 차종을 막론하고 프런티어십은 미국 자동차 이미지의 오랜 전통이다. 4륜구동이어야만 포장도로가 아닌 곳도 거침없이 갈 수 있어 개척자다운 면모를 유감없이 발휘할 수 있다는 생각, 이게 바로 미국인들이 SUV를 사랑하는 주요 이유 가운데하나다.

그러나 미국인이 실제로 오프로드에서 SUV를 사용하는 건 전체 사용 시간의 5퍼센트 미만이다. 포장도로에서도 SUV의 장점을 써먹을 만

● 포드의 SUV인 인데버 광고 사진. 이 차가 4×4임을 알려주는 빙산을 배경으로 북극의 빙판길을 거침없이 달리고 있다.

한 기회가 별로 없다. 그래도 미국인은 개의치 않는다. SUV는 필수로 장만해두고 다른 승용차들을 더 갖추면 되기 때문이다. '큰 것이 아름 답다'는 이데올로기와 더불어 미국 특유의 경쟁 문화가 작용한 탓이기 도 하다.

SUV는 특히 여피의 세계관을 가장 잘 보여주는 자동차라는 시각도 있다. 아이를 낳고 가정에 얽매인 몸이지만 저항자·반란자 이미지는 계속 풍기고 싶은데, 이때 가장 적합한 것이 바로 오프로드 능력이 뛰어 난 SUV라는 것이다. 실제로 오프로드를 달리느냐 하는 건 중요치 않다. 자유에 대한 열망을 상징적으로 표현하는 동시에 자신의 인생은 모험이라는 느낌을 갖는 걸로 족하다. 1960년대 히피들이 폭스바겐을 선택한 것처럼, 일종의 자위로 볼 수 있겠다.[5]

이처럼 자동차는 그 자체로 메시지다. 사람들은 자동차라는 메시지를 통해 자신의 정체성을 표현한다. SUV에 비해 픽업트럭은 비교적 실용적이다. 픽업트럭은 노동을 하는 보통 사람, 겸손, 근면, 강인함 등의 이미지를 풍긴다. 선거 유세 때 픽업트럭을 몰고 다니는 정치인이 많은 것도 바로 그 때문이다. '자동차 포퓰리즘'이라 할 만하다.[6]

안전과 환경 보호 차원에서 SUV를 반대하는 사람들은 SUV를 가리켜 '이기적이고 쓸모없는 차Selfish Useless Vehicle'라고 조롱한다. SUV는 덩치가 커서 일반 승용차 운전자의 시야를 가리고, 차폭이 넓어 좁은 길에서 다른 차에게 위험 요소로 작용한다. SUV의 범퍼는 일반 승용차의 범퍼보다 훨씬 높아 충돌하면 승용차 운전자에게 치명적이다. SUV도 승용차 기준으로 설치된 가드레일 등의 안전장치 덕을 보지 못하기 때문에 위험하다. 일반 승용차의 전복 가능성은 10퍼센트 정도인 반면 SUV는 14~23퍼센트 정도다. 그래서 '갑자기 전복되는 차Suddenly Upside-down Vehicle'라는 또 다른 별명까지 얻었다. 일반 승용차 운전자보다 SUV 운전자가 11퍼센트 더 사망했다는 조사 결과도 나와 있다.[7]

SUV의 가장 큰 장점으로 꼽히는 것은 빙판길, 눈길, 빗길에서도 미끄러지지 않고 가속할 수 있는 능력인데, 이게 과연 장점이냐고 의문을 제기하는 전문가들도 많다. 오히려 그렇기 때문에 SUV 운전자는 길이 얼마나 미끄러운지 전혀 느끼지 못하다가 위급 상황 시 그걸 알았을 땐 너무 늦어 사고로 이어지기 쉽다는 것이다.[8]

SUV 구입자들은 거의 모두 안전을 구입의 가장 큰 이유로 들지만, 그

건 사실과 다르거니와 설사 안전하다고 하더라도 그건 남이야 어찌되
든 말든 자신과 가족만 안전하면 그만이라는 극도로 이기적이고 공격
적인 사고방식이라는 게 비판자들의 주장이다. 안전 운전에 신경 쓰기
보다는 충돌하더라도 안 다치거나 덜 다치자는 생각을 한다는 것이다.
실제로 SUV 운전자가 일반 승용차 운전자에 비해 안전벨트도 잘 안 매
고 음주 운전과 공격적인 운전도 많이 하는 것으로 밝혀졌다. 실은 SUV
를 타고 높은 시야를 확보해 일반 승용차들을 내려다보는 '권력의지'를
안전감으로 착각한 결과일 뿐이며, SUV 애호가일수록 이기심이 강하고
SUV 중에서도 큰 차량을 선호하는 사람일수록 더욱 그렇다는 비판까지
나온다.[9]

SUV의 인기는 미국 운전자들의 안전 운행 의지가 수동적으로 변했
다는 것을 말해주는 증거라는 지적도 나오지만, 경제적인 이유로 설명
하는 게 더 설득력이 있다는 주장도 있다. SUV의 폭발적인 인기는, 자
동차 회사들이 일반 승용차 판매에선 적자를 보는 반면 SUV 판매에선 1
대당 1만 달러에서 1만 8000달러가 남는 큰 이익을 취할 수 있기 때문에
엄청난 광고 물량 공세를 통해 소비자들의 심리를 사실상 '조작'한 결
과라는 게 비판자들의 한결같은 주장이다.[10]

그렇다면 언론은 무얼 하고 있었던가? 브래드셔는 자신의 경험담을
거론하면서 자동차 회사들이 기자들을 어떤 식으로 구워삶았는지를 생
생하게 폭로했다. 한마디로 말해서 기자들에겐 향응 등의 특혜가 베풀
어지며 자동차 회사들과 자동차 전문 저널리스트들 사이에 열려 있는
'회전문(기자를 하다가 자동차 회사에 취직한다는 뜻)'으로 인한 유착 때문에 기자들이
포섭될 수밖에 없다는 것이다. 설사 포섭되지 않더라도 미국 언론의 자

동차 취재 시스템이 여러 파트로 세분화돼 있어 신형 SUV를 소개하는 기자는 안전이나 환경 문제 따위를 다룰 필요가 없기 때문에 비교적 편안한 마음으로 자동차 회사들의 홍보에 협력적인 보도를 하게 된다는 것이 브래드셔의 주장이다. 자동차 회사들은 안전이나 환경 문제를 다루는 기자들은 아예 상대하지 않으려고 하거나 아무런 정보도 주지 않기 때문에 SUV의 문제를 지적하는 일이 쉽지 않았다는 것이다.[11]

에너지 위기와 그에 따른 SUV 판매 급감은 일본 자동차 회사에도 큰 타격을 주었다. 2003년 토요타와 렉서스는 8종의 SUV를 내놓을 정도로 이들 역시 SUV 인기에 편승했기 때문이다. 2008년 12월 22일 토요타는 70년 만에 적자가 났다고 발표했다. 판매량이 33.9퍼센트 감소해 적자가 17억 달러에 이르렀다는 것이다. 혼다는 판매량이 31.6퍼센트 감소했고, 일본의 3, 4위 업체인 닛산과 스즈키Suzuki도 판매량이 감소했다.

한국의 현대 자동차도 에너지 위기로 인한 타격은 없지 않았지만 그래도 가장 잘 버텨내 2002년은 현대에 있어 최고의 해가 되었다. 1998년 9만 대 판매에서 36만 대 판매로 급증한 것이다. 과거 현대는 '자동차 산업의 월마트'라는 비아냥을 듣는 등 코미디언의 조롱감이었는데, 이젠 위상이 달라진 것이다. 기술 개발과 더불어 '10년, 10만 마일 보증' 전략이 주효한 것으로 분석되었다. 계속 상승세를 이어나가던 현대는 2008년 혼다를 제치고 세계 5위 업체로 등극한다. 10년도 안 돼 8계단이나 상승한 셈이다. 2009년에도 5위를 지켰으나 통계에 따라선 포드를 제치고 4위를 했다는 보고도 있다.[12]

미국인이 SUV에 자발적으로 열광했든 자동차 회사의 유혹에 넘어가 열광했든, 미국 자동차 회사들은 이제 그 열광의 대가를 혹독하게 치른다. 누가 더 '높고 강력한' SUV를 생산하느냐는 경쟁만 벌이며 연비 효율을 위한 기술 투자는 전혀 하지 않은 탓에 경쟁력을 잃어버리고 파산의 벼랑에까지 내몰리게 된 것이다. 자동차 노조도 그걸 견제하지 않고 같이 놀아났으니 자업자득이라고나 해야 할까?[13]

빅20 스포츠 이벤트 중 17개가 자동차 경주

경제·사회적 힘이 아니라 전쟁과 속도가 인간 사회와 현대 문명의 기초라는 폴 비릴리오의 주장이 맞다면,[14] 그 모델 국가는 미국일 것이다. 미국이라는 나라 자체가 '압축 성장condensed economic growth'으로 대변되는 속도 전쟁의 산물이 아닌가. 대니얼 부어스틴은 "이 신생국 미국은 유럽이 2000년 동안 경험했던 것을 한두 세기의 역사에 압축해놓았다"라며 "여기 아메리카의 역사는, 서유럽의 역사와 비교해보면, 정상 속도보다 다섯 배나 빨리 나타나는 빠른 영화의 화면과 같다고 볼 수 있다"라고 말한다.[15] 미국인들의 특별한 자동차 사랑은 바로 그 속도 전쟁과 관련이 있는 건 아닐까?

미국인들은 자동차의 힘과 더불어 속도에 열광한다. 자동차 경주가 2002년 최대 관중 동원 '빅20' 스포츠 이벤트 가운데 17개나 차지했을 정도로 인기가 높은 것도 그런 이유 때문일 것이다. 전통적으로 북동부는 스포츠카 레이싱sports-car racing, 서부는 드래그 레이싱drag racing, 남부는 스톡카 레이싱stock-car racing이 인기였다곤 하지만, 미국 전체를 통틀어 가장 큰 인기를 누리는 건 스톡카 레이싱이다.[16]

스포츠카 레이싱은 경주를 위해 특수하게 제작된 스포츠카로 하는 경기지만, 포르쉐, BMW, 페라리Ferrari, 로터스Lotus, 마세라티Maserati, 알파 로메오Alfa Romeo, 란치아Lancia, 벤츠, 재규어Jaguar, 애스턴 마틴Aston Martin 등의 고급 스포츠카들의 권위를 높이는 데에 기여했다.

드래그 레이싱은 특수하게 개조된 고속용 자동차hot rod로 짧은 직선 거리(보통 402미터)를 달리는 경주인데, 짧은 시간 안에 가속 능력을 겨루는 것으로 1990년대부터 인기를 끌었다. 보통 차가 402미터를 주파하는 데엔 12~16초가 걸리지만, 드래그 레이스용 차dragster는 시속 530km로 4.5초 내로 주파한다. 아마추어 드래그 레이싱은 1940년대부터 십대들에게 엄청난 인기를 끌었다. 차량 개조customizing 붐이 불면서 고속용으로 개조한 자동차를 탄 십대 젊은이들이 일반 도로에서조차 경주를 벌이는 바람에 사회문제가 되기도 했다.[17]

스톡카 레이싱은 스톡카(특수 제작 자동차가 아닌 일반 시판 자동차)로 벌이는 경주다. 물론 겉모습만 일반 자동차일 뿐 내부를 완전히 개조한 경주용 차지만, 겉모습이 똑같아 사람들은 자기들의 차로 여겨 경주에 더 몰입하게 된다. 나스카NASCAR: The National Association for Stock Car Auto Racing가 주관해 나스카 레이싱이라고도 하는데, 나스카 레이싱은 7500만 명의 팬을 거느리고 있어 텔레비전 시청률 기준으로 미국프로풋볼NFL에 이어 2위의 인기를 누리고 있다.[18]

스톡카 경주 대회의 기원은 금주법 시대(1920~1933년)로 거슬러 올라간

● 나스카 로고(위)와 나스카 레이싱에서 속도를 뽐내고 있는 스톡카들(아래). 나스카 레이싱은 텔레비전 시청률 기준으로 NFL에 이어 2위를 기록할 정도로 엄청난 인기를 누리고 있다.

다. 밀주꾼들은 경찰 단속을 피하기 위해 비교적 작고 빠른 차를 이용했는데 차의 속도를 빠르게 만들고 짐을 싣는 공간을 넓게 만드는 등 개조를 거쳤고, 이런 관행의 축적이 결국 스톡카 대회로 이어진 것이다. 정식 스톡카 대회는 1947년부터 시작되었는데, 오늘날 스톡카 애호가들은 나스카가 스톡카를 너무 많이 개조한다고 비난한다.[19]

속도에 열광하는 소비자들의 심리를 잘 아는 자동차 회사들은 자동차의 속도 성능을 과시한다. 속도는 시속 180킬로미터부터 260킬로미터에 이르기까지 다양하지만 그게 무슨 소용인가. 상상력을 자극하는 것 이외에는 아무 소용이 없다.[20] 그러나 모두에게 그렇지는 않아 과속으로 인한 교통사고가 재앙이라고 해도 좋을 정도로 많이 일어나니 문제다.

1970년 미국의 교통사고 사망자는 5만 6400명, 부상자는 400만 명에 이르렀다. 오늘날에도 미국에선 매년 600만 건의 교통사고로 300만 명이 부상을 입고 4~5만 명가량이 죽는다. 전 세계적으로는 매년 교통사고로 50만 명이 사망하는데, 미국의 사망자가 그 10퍼센트에 가까운 것이다. 1899년 이래로 2009년까지 교통사고 사망자는 340만 명에 이르렀는데, 이는 모든 전쟁에서 죽은 미국인보다 훨씬 많은 수치다. 2007년 교통사고로 4만 1059명이 사망했는데, 이는 하루 평균 112명꼴이었다. 1980년에 창설된 '음주운전을 반대하는 어머니모임MADD: Mothers Against Drunk Driving'이 맹렬히 활동하고 있긴 하지만, 음주 운전 차량에 치어 사망하는 사람도 매년 1만 8000여 명에 이르고 있다. 그런데도 사람들은 자동차의 재앙에 둔감하다. 심지어 자동차가 비행기보다 안전하다고 믿는 사람들도 많다.[21]

자동차 사고 비용으로 매년 4300억 달러가 소요되지만, 간접비용까지 합하면 그 이상이다. 덴버시의 경우 경찰 활동의 40퍼센트, 소방서 활동의 15퍼센트, 응급 의료 요원 활동의 16퍼센트가 자동차 관련 업무인 것으로 분석되었다.[22]

모든 교통 시설과 안전을 위해 들어가는 돈은 국민 세금이다. 자동차 관련 보조금은 매년 3000억 달러에서 1조 달러에 이른다. 그럼에도 석유 회사 엑슨모빌은 2008년 450억 달러의 이익을 냈고, 셰브런은 240억 달러의 이익을 냈다. 그러면서도 이들은 매년 수십억 달러의 세금 면제 특혜를 받는다. 그래서 환경 운동 단체인 시에라클럽Sierra Club은 이를 가리켜 '미국의 자동차 복지America's Autos on Welfare'라고 비꼬았다.[23] 나오미 클라인Naomi Klein은 전쟁·지진·쓰나미·허리케인·부동산 폭락 등 위

● 석유 이후를 준비하라고 역설하는 환경 운동 단체 시에라클럽의 홈페이지 화면. 시에라클럽은 자동차 회사들과 석유 회사들이 엄청난 이익을 남기면서도 세금 면제 특혜를 받는다며 이를 가리켜 '미국의 자동차 복지'라고 비꼬았다.

기 시에 엄청난 돈을 벌어들이는 걸 가리켜 '재앙 자본주의disaster capitalism' 라고 했는데,[24] 자동차야말로 전형적인 재앙 자본주의라는 주장도 나온다.[25]

자동차가 과연 재앙 자본주의인지는 알 수 없지만, 자동차를 가질 수 없는 가난한 사람에게 재앙인 건 확실하다. 2008년 65퍼센트 이상의 가정이 세컨드 카, 3분의 1 이상이 3대 이상의 차를 보유했지만,[26] 차 없는 사람들도 많다. 돈이 없어 차를 갖지 못하는 사람들에 아이·노인·장애인 등까지 포함하면 미국 인구의 3분의 1이 운전을 하지 않음에도 이들에 대한 배려가 전혀 없다.[27]

가난한 사람들의 자동차 투쟁기는 눈물겹다. 카트리나 재앙 때 차 있는 사람들은 허리케인을 피해 다 떠났지만 차 없는 사람들은 속수무책으로 당해야 했다. 차가 없으면 일자리를 얻을 수 없을 뿐만 아니라 식료품 구입 등 모든 생활에서도 불리하다. 가난한 사람들은 신용상 불리함 때문에 차를 살 때에도 더 많은 돈을 내야 하고 부자에 비해 보험료도 훨씬 더 내야 한다. 그래서 가난한 동네 운전자들의 90퍼센트 정도가 보험이 없다. 낡은 차를 타니 기름 값에서 수리비에 이르기까지 각종 유지비가 더 들어간다. 그래서 가난한 동네에 자동차 정비 업소들이 몰려 있다. 자동차 수리를 안 하면 경찰은 벌금을 때리는데, 수리할 돈도 없고 낼 벌금도 없어 면허를 취소당하는 사람들이 많다. 타이어 값 200달러가 없어 타이어를 렌트해서 검사받는 일도 벌어진다. 빈곤층 지출의 15~28퍼센트가 교통비에 들어간다.

노인들도 문제다. 운전을 못하게 되면 사회에서 완전 고립되기 때문이다. 경찰은 흑인 등 유색인종이 탄 차만 집중적으로 불러세우는 등 차별도 심각하다. 이 모든 사례를 근거로 자동차가 불평등 확대에 기여한다는 비판의 목소리도 높다.[28] 비단 자동차뿐만 아니라 모든 면에서 속도에 열광하는 '속도 자본주의' 체제의 그늘이라 하겠다.

디트로이트의 마지막 겨울인가

"미국의 장래에 지엠보다 더 위험한 회사가 있는가? 지엠이 하루라도 더 빨리 토요타에 인수될수록 우리 나라가 더욱 좋아질 것이다."

2006년 5월 『뉴욕타임스』 칼럼니스트 토머스 프리드먼이 이 신문 칼럼에서 한 말이다. 프리드먼은 지엠을 '마약 장사꾼crack dealer' 이라고까지 했다. 미국인들이 연료 소비에 중독되게 만들었다는 이유에서였다. 이런 독설에 지엠이 펄펄 뛰는 건 당연했다. 그러나 언론계와 지식계를 통틀어 그 누구도 이 독설에 반론을 제기하지 않았다. 지엠만 흥분할 뿐, 이 독설은 여론의 암묵적 지지를 받고 있다는 게 분명했다.[29]

왜 지엠이 이 지경으로까지 전락한 것일까? 지엠을 포함한 미국 자동차 회사들의 문제는 SUV에 올인한 것만이 아니었다. 물론 그로 인해 빚어진 문제였지만, 시장 경쟁력에서 수입차, 특히 일본차들을 당해내질 못했다. 특히 과거와는 달리 인터넷에 정확한 가격·성능 비교와 더불어 각종 자동차 정보가 흘러넘친 탓에 더욱 견디기 어려워졌다. 2001년 미국 전체 시장에서 수입차가 차지하는 비중은 38.7퍼센트에 이르렀다. 캘리포니아, 코네티컷, 매사추세츠, 워싱턴 D.C.에서 판매된 차량의 반 이상이 수입차였으며, 40퍼센트 이상인 지역은 애리조나, 콜로라도, 플로리다, 하와이, 메릴랜드, 뉴햄프셔, 뉴저지, 뉴욕, 오리건, 로드아일랜드, 버지니아, 버몬트, 워싱턴 등이었다. 20퍼센트 미만은 딱 3개 주였는데, 미시간, 노스다코타, 사우스다코타였다.[30]

2006년 『컨슈머 리포트Consumer Reports』가 뽑은 최우수 자동차들이 모두 일본 자동차였지만, 과거처럼 해머로 일본차를 때려 부수는 이벤트를 연출하기도 어려워졌다. 일본차들이 미국 공장에서 미국 노동자들을 고용해 자동차를 생산했으니 말이다. 1993~2008년까지 빅3가 지배하는 미시간주에선 8만 3000개의 일자리가 사라진 반면 주로 외국차들이 공장을 둔 앨라배마, 미시시피, 테네시, 켄터키, 조지아, 노스캐롤라이나, 사우스캐롤라이나, 버지니아, 텍사스 등에선 9만 1000개의 일자리가 생겨났다.

과도한 문어발 인수도 문제였다. 포드는 재규어와 볼보Volvo를 사들였고, 지엠은 허머와 사브를 사들였다. 지엠은 허머를 1998년에 인수했다가 2010년 2월 아예 없애버렸으며, 1990년 스웨덴 회사 사브의 지분 51퍼센트를 인수했고, 10년 후 나머지를 다 인수했다. 영국 회사인 재규어는 포드가 1999년 인수했다가 2008년 3월 인도의 타타 자동차에 팔아넘겼다. 랜드로버도 함께 넘겼다. 볼보는 1999년 64억 5000만 달러에 인수했는데, 2010년 8월 18억 달러에 중국 그릴리 자동차Greely Automobile에 넘기고 말았다. 이런 경영 실패로 2006년 포드는 1600억 달러 매출에

Top picks

Consumer Reports Top Picks for 2006:

● 2006년 『컨슈머 리포트』 가 뽑은 최우수 자동차들은 모두 일본 자동차였다.

SMALL SEDAN
(LESS THAN $20,000)

Honda Civic – "a roomy interior, a comfortable ride and good handling and fuel economy."

SMALL SUV
(LESS THAN $30,000)

Subaru Forester — "a good vehicle and a good value."

FAMILY SEDAN
($20,000-$30,000)

Honda Accord — "excellent balance of comfort, roominess and handling."

MIDSIZE SUV
(MORE THAN $30,000)

Toyota Highlander Hybrid — "its 22 mpg is impressive for a midsized SUV."

UPSCALE SEDAN
($30,000-$40,000)

Acura TL – "a near-ideal blend of comfort, convenience and sportiness."

MINIVAN

Honda Odyssey — "leads the minivan class" with a price of $26,000 to $37,000.

LUXURY SEDAN

Infiniti M35 — "an excellent balance of performance, comfort and handling" at a price of $50,000 to $69,000.

GREEN CAR

Toyota Prius — "excellent 44 mpg overall fuel economy" at about $23,000.

FUN TO DRIVE

Subaru Impreza WRX/STi — the Impreza WRX and high-performance STi variant "prove that consumers don't have to spend a lot" at $25,000 to $33,000 "to get a fun-to-drive sports car."

PICKUP TRUCK

Honda Ridgeline — "redefines the pickup" with a price tag of $28,000 to $35,000.

126억 달러 적자를 기록했다.[31]

　미국 자동차 회사들의 또 다른 큰 문제는 과도한 인건비 지출이었다. 빅3는 퇴직자와 그의 가족들에게까지 의료보험 혜택을 주는 것을 포함해 전미자동차노조의 요구에 잇단 양보해왔다. 150만 회원을 자랑하던 전미자동차노조는 750개 지부에 39만 회원, 60만 퇴직 회원으로 세가 크게 약화됐지만 여전히 자동차 산업의 주요 실세였다. 2008년 전미자동차노조 노동자의 시간당 임금은 70달러로, 토요타 미국 공장의 노동자보다 10~20달러 많았다.[32] 오죽하면 2005년 4월 5일 월마트 사장 리 스콧이 월마트가 근로자를 착취한다는 비난에 대한 반박 기자 회견에서 "월마트가 미국 경제 전체를 책임질 수는 없다"라고 주장하면서 "높은 노조 가입률과 임금 수준을 유지하는 미국 자동차 업체들의 낮은 경쟁력을 보라"라고 했겠는가. 2006년 최초로 지엠의 국내 시장 점유율은 전성기 때의 반 이하로 떨어졌고,[33] 빅3의 미국 시장 점유율은 1998년 70퍼센트에서 2008년 53퍼센트로 떨어졌다.

　전 세계적 금융 위기로 경기 침체가 깊어지면서 뜻밖의 뉴스가 터져 나왔다. 2008년 미국의 교통사고 사망자 수가 47년 만에 최저치를 기록한 것이다. 2008년 교통사고로 숨진 사람은 3만 7313명으로 1961년 3만 6285명 이후 가장 적었다. 이는 2007년 4만 1059명에 비해 9.1퍼센트 준 것이다. 불황으로 미국인들의 차량 운전 습관이 변했기 때문이라는 분석이 나왔다. 고속도로안전보험협회IHS의 에이드리언 런드는 "불황에 밝은 면이 있다면 사람들이 운전을 덜할 뿐 아니라 안전하게 운전한다는 것"이라고 말했다.[34]

　미국인이 운전을 덜하게 된 걸 반기기 어려운 업계가 있었으니, 당연

●금융 위기의 여파로 지엠은 슈퍼볼 경기 광고를 포기했는데, 현대 자동차는 슈퍼볼 경기 광고에 600만 달러 이상을 투입했다. 사진은 현대가 슈퍼볼 중계 때 내보낸 제네시스 쿠페의 광고 장면.

히 그 가운데 하나가 자동차 산업이었다. 금융만 위기인 게 아니었다. 자동차 산업도 절체절명의 위기 상황으로 내몰렸다. 그 징후는 2008년 9월에 나타났다. 한국의 현대 자동차는 2009년 2월에 열리는 슈퍼볼 경기 광고에 600만 달러 이상을 투입하기로 한 데 비해, 지엠은 슈퍼볼 경기 광고를 포기한 것이다. NFL 결승전인 슈퍼볼은 미국 최대 스포츠 행사로, 30초짜리 TV 광고 한 편을 위해 30억 원 이상을 내야 하므로, 매년 경기 내용뿐 아니라 어떤 회사가 어떤 광고를 슈퍼볼 중계 때 내보내느냐가 초미의 관심사였다. 지엠이 얼마나 어려운 처지인지를 보여주는 생생한 사례였다.[35]

결국 빅3는 2008년 12월 4일 릭 왜고너Rick Wagoner 지엠 CEO, 론 게텔핑커Ron Gettelfinger 미국 전미자동차노조 위원장, 앨런 멀러리Alan Mulally 포드 CEO, 로버트 나델리Robert Nardelli 크라이슬러 CEO가 워싱턴의 상원 금융위원회 청문회에 출석해 340억 달러의 긴급 구제금융 안을 통과시켜 줄 것을 요청했다. 하지만 이들은 청문회가 진행된 6시간 내내 의원들

8. 자동차와 미국의 자존심

271

에게 온갖 질책과 비아냥을 들어야 했다.

2주 전 청문회에 전세기를 타고 왔다가 "돈을 구걸하는 사람이 호화 전세기를 띄웠다"라는 호된 비판을 받은 CEO들은 이날은 자동차로 디트로이트에서 수백 킬로미터를 달려왔다. 하루 전에는 고용을 축소하고 공장을 폐쇄하는 등의 강도 높은 자구책을 내놓았다. 그러나 공화당 리처드 셸비 의원은 CEO들이 자동차를 타고 온 것은 "쇼"라며 "당신들이 직접 운전을 했느냐, 아니면 운전사를 데리고 왔느냐"라고 조롱에 가까운 비난을 퍼부었다. 그는 그러면서 "돌아갈 때도 차로 갈 것이냐"라고 물었다. 민주당 크리스토퍼 도드 위원장은 이 말을 받아 "어디에서 묵고 있나, 무엇을 먹고 있는가"라고 거들었다.[36]

결국 2008년 10월 구제금융 250억 달러가 성사되었지만, 이를 가리켜 '레몬 사회주의lemon socialism'라는 비판이 제기되었다. 레몬 사회주의는 정부의 기업 파산이 경제에 미치는 영향을 고려해 기업에 대한 구제금융을 하는 등 정부가 민간 영역에 개입하는 정책을 조롱하는 표현으로, 시민운동가인 변호사 마크 그린Mark J. Green이 1974년에 처음 사용한 말이다. 이와 비슷한 뜻의 말로 '정실 자본주의crony capitalism', '기업복지corporate welfare', '부자에겐 사회주의 빈자에겐 자본주의socialism for the rich and capitalism for the poor'라는 말도 쓰인다.[37]

구제금융에 대한 여론 지지도는 39~41퍼센트로 나타났는데, 사실 미국이라는 나라 자체가 자동차 산업의 인질로 잡혀 있다고 보는 게 옳을 것이다. 2007년 월마트가 포천 500대 기업의 1위를 차지했지만 그다음 6개는 모두 자동차 관련 기업이었다. 2002년 지엠 매출액은 마이크로소프트의 7배나 됐는데, 정보화 시대다 뭐다 해도 여전히 경제의 실세는 자동차인 셈이다. 자동차 관련 산업 고용 인구는 300~400만 명에 이르고, 미국 인구의 10퍼센트가 자동차 관련 일로 먹고 산다. 지엠 혼자만 자산이 2000억 달러로 지난 15년간 파산한 모든 미국 항공사의 자산을 합친 것보다 더 많았다. 게다가 항공은 승객이 한 번 타는 걸로 끝나지만 자동차는 구매자에게 보증 기간 동안 애프터서비스를 해줘야 하는 문제가 있기 때문에 그냥 죽게끔 내버려두기도 어려운 일이었다. 아마도 이게 구제금융을 결정한 이들의 생각이었으리라.[38]

어디 그뿐이겠는가. 자동차 · 석유 산업 인물들이 정관계를 장악해 왔다는 점도 간과할 수 없으리라. 두 부시 대통령, 딕 체니Dick Cheney 부통령이 모두 다 그쪽 출신인 데다 자동차 관련 협회들은 정치 헌금을 엄청나게 해댄다. 그쪽에서 돈 많이 받은 순서대로 15명의 상원의원 가운데 한 명도 2005년 에너지절약법을 지지하지 않은 것도 우연이 아니다. 연방정부에서만 지난 10년간 매년 평균 300억 달러를 교통 부문에 투입해 왔으니, 그로 인해 양산된 이해관계자는 오죽 많겠는가.[39]

어찌됐건 구제금융에도 불구하고 빅3의 앞날은 여전히 불투명했다. 2008년 12월 4일자 『타임』은 「올해가 디트로이트의 마지막 겨울일까」라는 기사에서 지엠 · 포드 · 크라이슬러로 대표되는 미국 자동차 산업의 몰락 원인을 집중 분석하면서, "미국 소비자들은 너무 오랫동안 엉터리 차를 팔아온 미국 자동차 3사에 분노하고 있다. 많은 국민과 정치인이 '빅3의 몰락'이 몰고 올 엄청난 파장에도 불구하고 이들에게 혈세가 지원되는 것을 못마땅하게 여기는 이유는 분명하다"라고 말했다.

『타임』은 흔히 미국 자동차 산업의 실패 원인으로 △소형차 개발 외면, △고임금 · 고액 퇴직금 등 인건비 부담 가중, △강성 노조, △연비 개선 실패 등이 지적되고 있지만 이런 전술적 실패를 개선하는 것으로는 미 자동차 산업을 회생할 수 없다는 진단을 내렸다. 『타임』은 미국 자동차 산업 몰락의 근본 원인으로 단시간에 개선할 수 없는 시대착오적 경영 패러다임을 꼽았다. 1920~1930년대 포드의 창설자 헨리 포드와 지엠의 기틀을 마련한 앨프리드 슬론의 상명하복식 경영 패러다임에 머물러 있던 나머지, 현장과 유리된 CEO는 다른 기업을 사고팔거나 직원 확충과 감원 등 숫자놀음에만 매달렸고, 중간 간부는 상부의 지시대로만 움직이기 때문에 시대의 변화에 둔감할 수밖에 없었다는 것이다.[40]

구제금융이 미국 자동차 산업을 살릴 수 있을까? 사기업에 공적 자금을 제공한 일은 주정부 차원에서도 왕성하게 일어났는데, 그 경험을 살펴보는 게 좋겠다. 미국의 주 가운데 가장 적극적이던 앨라배마주는 1990년대에 벤츠, 현대, 토요타, 혼다 등 외국 자동차 회사 유치를 위해 10억 달러를 보조했다. 그러나 앨라배마의 경제 사정은 나아지지 않은 채 2002년 1인당 소득 순위로 50개 주 가운데 43위를 기록했으며, 오히려 경제 위기로 다른 복지를 축소하는 사태까지 빚어졌다는 주장도 있다.[41] 과연 미 연방정부는 이런 문제를 넘어설 수 있을 것인가.

법정 관리에
들어간 지엠

2008년 12월 8일 지엠은 대국민 사과 광고를 했지만, 2009년 들어 지엠을 포함한 미국 자동차 산업의 위기는 더욱 심각해졌다. 결국 2009년 6월 1일 지엠은 뉴욕 파산 법원에 파산 보호를 신청하고, 101년 역사를 뒤로 한 채 법정 관리에 들어갔다. 1980년대 이후 지엠의 역사는 '미국 기업 몰락사'나 다름없었다. 일본차들이 미국 시장에 대거 진출하면서 늘 50퍼센트가 넘던 지엠의 내수 시장 점유율은 급전직하했다. 1990년대 이후 세간의 관심은 '지엠이 언제 무너질까' 하는 것이었다고 해도 과언이 아니다. 구조 조정을 거듭하고, 노조를 설득해 직원 의료 혜택을 줄이고, 브랜드를 팔아도 죽어가는 공룡을 살릴 수는 없었다. 최전성기 때 60만 명이 넘은 미국 내 고용 인원은 1981년 44만 명, 2000년 13만 명, 2008년 6만 명으로 줄었다.[42]

디트로이트라는 도시가 이 모든 쇠락을 웅변했다. 헨리 포드가 1903

년 디트로이트 근교에 포드 자동차를 설립한 것을 시작으로, 1908년 지엠, 1925년 크라이슬러가 디트로이트에 자리를 잡으면서 빅3가 완성됐다. 그리고 지난 80여 년간 빅3가 세계 자동차 시장을 이끌었고, 그 중심에 디트로이트가 있었다. 모터시티라는 명성을 누린 디트로이트는 한때 돈과 꿈이 넘쳐나는 도시였다.

디트로이트의 쇠락은 몇 차례에 걸쳐 진행됐다. 1967년 흑인 폭동으로 백인이 도심을 떠나면서 공동화가 시작됐고, 1980년대 미국 자동차 산업이 휘청거리면서 공장이 문을 닫아 공동화가 더욱 가속화됐다. 한때 뉴욕, 시카고, 필라델피아에 이어 미국 4위의 도시였던 디트로이트는 이젠 10위권 밖으로 떨어졌다.(2010년에 인구 71만 3777명으로 18위였다.) 미국의 평균 실업률이 10퍼센트를 넘는다지만, 디트로이트의 실업률은 30퍼센트에 육박했고 범죄율은 미국 1위를 달렸다. 2009년 세계 최대의 여행 가이드북 회사인 론리 플래닛이 세계에서 가장 혐오스런 도시 순위를 발표했는데 1위가 디트로이트였다.[43]

그래도 완전히 죽으란 법은 없는가. 지엠은 법정 관리 40일 만에 파산 보호 상태에서 벗어나 이른바 '뉴 지엠'으로 변신했다. CEO 프리츠 헨더슨Fritz Henderson은 자산 매각을 마무리했다며 2009년 7월 10일 새로운 지엠의 탄생을 선언했다. 새로 출범한 지엠은 쉐보레·캐딜락 등 4개 브랜드만 가진 작은 회사로 축소됐고, 지분도 미국 정부·캐나다 정부·전미자동차노조·채권단이 나눠가졌다. 그러면서 지엠은 버락 오바마 정부의 요구와 시장의 흐름에 발맞춰 친환경차 개발에 나서기 시작했다.[44]

2009년 11월 상원의원 존 매케인John McCain은 구제금융을 반대하면서 빅3는 파산해서 완전히 새로 태어나야 한다고 주장했지만,[45] 정권을 잡은 쪽에서야 그렇게 생각하겠는가. 2010년 1월 메리어트호텔 매니저인 마리아 위트는 "요즘 디트로이트는 오히려 활기를 띠고 있다고 봐야 한다"라며 "디트로이트를 찾는 사람들이 늘어나 호텔 손님이 늘어나고 있다"

● '디트로이트를 살려달라'는 포스터가 모터시티 디트로이트의 위기를 잘 드러낸다.

라고 말했다. 한인 주간신문 『주간 미시간』 발행인이며 미시간주 주지사 자문위원인 김용택은 "지난해 말 바닥을 쳤다고 본다. 이후 조금씩 경기가 살아나고 있다"라며 "디트로이트는 그 상징성 때문에라도 버락 오바마 행정부가 '디트로이트 살리기'에 힘을 쏟는 것처럼 보인다"라고 말했다.[46]

한편 벤츠와 크라이슬러의 동거는 2007년에 끝이 나고, 크라이슬러는 다시 2009년 6월 이탈리아의 피아트에 팔리는 운명에 처한다. 사실상 크라이슬러의 몰락이다. 2009년 기준 업체별 자동차 생산량에서 크라이슬러는 95만 9070대로 16위로 처졌다. 상위 15개 업체는 ①토요타 723만 4439대, ②지엠 645만 9053대, ③폭스바겐 606만 7208대, ④포드 468만 5394대, ⑤현대 464만 5776대, ⑥푸조-시트로앵 304만 2311대, ⑦혼다 301만 2637대, ⑧닛산 274만 4562대, ⑨피아트 246만 222대, ⑩스즈키 238만 7537대, ⑪르노 229만 6009대, ⑫벤츠 144만 7953대, ⑬차나 자동차Chana Automobile 142만 5777대, ⑭BMW 125만 8417대, ⑮마쓰

다 98만 4520대 순이었다.[47]

세계 각국의 연간 자동차 생산대수(2011년 OICA 조사)는 ①중국 1826만 4667대, ②일본 962만 5940대, ③미국 776만 1443대, ④독일 590만 5985대, ⑤한국 427만 1941대, ⑥브라질 364만 8358대, ⑦인도 353만 6783대, ⑧스페인 238만 7900대, ⑨멕시코 234만 5124대, ⑩프랑스 222만 7742대, ⑪캐나다 207만 1026대, ⑫태국 164만 4513대, ⑬이란 159만 9454대, ⑭러시아 140만 3244대, ⑮영국 139만 3463대 순이었다.[48]

토요타
리콜 사태의
행운

미국의 행운일까? 때마침 토요타 리콜 사태가 터지면서 미국 자동차 산업이 호기를 잡았다. 2010년 2월 『한겨레』에 따르면, "최근 토요타 사태를 지켜보노라면 국수주의를 연상시키는 미국 언론의 집중포화가 인상적이다. 늘 한국에는 '외국 기업에 적대적' 이라고 목소리를 높이던 미국이.『워싱턴 포스트』는 결함 부위 설명에만 한 면을 할애했고, CNN은 가속 페달 결함으로 숨진 일가족의 마지막 911 전화 통화 장면을 수도 없이 내보낸다. 역시 사망 사고로 불거졌던 2000년 포드 익스플로러의 타이어 리콜 때도 이렇진 않았다. 이는 지엠의 몰락으로 판매 1위로 등극한 토요타가 치러야 하는 '챔피언의 독배' 일 수도 있다."[49]

일본 언론은 음모론을 제기했다. 2010년 2월 2일 『산케이신문』은 「토요타 때리기가 겨눈 창끝은 일본? 자동차 산업 부활 노리는 미국」이라는 기사에서 "토요타 청문회를 위해 빅3의 거점인 미시간주 의원이 정

● 토요타는 문제가 된 가속 페달(왼쪽)의 결함을 밝히기 위해 공장 가동한다는 신문 광고(오른쪽)까지 냈지만, 미국 언론은 집중적으로 토요타를 공격했다.

력적으로 움직이고 있다"라며 "오바마 정권은 '미국 자동차 산업의 부활'을 외치며 감독 책임을 다하려고 기를 쓰고 있다"라고 주장했다. 경제주간지 『슈칸도요게이자이』도 미 자동차 업계 관계자의 "리더십이 있던 지엠이 파탄해 이제 미국 자동차 산업은 질서가 없어졌다", "오바마 대통령도 가을 중간 선거에 이겨야만 하기 때문에 자국 메이커 보호에 나설 수밖에 없다"라는 말을 인용하며 음모론에 힘을 보탰다.[50]

토요타 리콜 사태에 힘입어 지엠은 2010년 1분기에 8억 6500만 달러의 순이익을 냄으로써 3년 만에 흑자로 돌아섰다. 2009년 초만 해도 60억 달러의 손실을 기록하며 파산 위기에 몰린 지엠이 미국 정부로부터 무려 500억 달러의 구제금융을 받은 지 1년도 채 안 돼 실적 호조로 돌아선 것이다. 그러나 시카고경영대학원의 제임스 슈레이저 교수는 "지엠이 과거에도 실적을 부풀려왔다"라며 유보적인 태도를 보였다.[51]

지엠을 비롯한 빅3는 토요타 리콜 사태 덕분에 잡은 호기를 살리기 위해 공격적인 할인 행사를 펼쳤다. 토요타 사태 이후 시장 점유율 1위에 오른 지엠은 최대 '5000달러+무이자 할부'라는 파격적인 판촉을 시작했다. 포드와 크라이슬러도 지엠의 뒤를 따랐다. 이런 할인 공세 덕분에 지엠은 상반기에 전년 같은 기간보다 판매가 19.2퍼센트 늘었고, 포드는 17.5퍼센트 늘었다. 크라이슬러도 9.4퍼센트 늘었다.[52]

2010년 7월 15일 미시간주 홀랜드시에서 열린 LG화학의 전기차 배터리 공장 기공식에 버락 오바마 대통령이 참석해 눈길을 끌었다. 미국 현직 대통령이 외국 기업 행사에 참석해 연설하는 건 드문 일이었기 때문이다. 『중앙일보』에 따르면, "오바마가 한국 기업 행사에 굳이 참석한 건 전기차 개발에 대한 그의 집념을 보여준다. 그는 집권 초부터 전기차 개발을 역설해왔다. 이는 시대 변화를 따라가지 못해 파산 위기에 몰렸던 미국 빅3 자동차 회사의 부활을 위한 돌파구이기도 하다. 미국 정부가 대주주인 지엠은 올 연말부터 전기차 '볼트Volt'를 시판한다. 포드도 전기차 포커스로 일본 토요타의 하이브리드카 프리우스Prius와 정면 대결에 나선다. 그런데 볼트와 포커스의 심장인 배터리를 독점 공급할 곳이 바로 LG화학의 홀랜드 공장이다."[53]

전기차는 HEVHybrid Electric Vehicle라고 한다. 미국은 2010년 12월까지 HEV 등록 대수 189만 대로 세계에서 선두를 달리고 있지만, 누가 전기차를 많이 만들었느냐 하는 점에선 일본에 뒤지고 있다. 1997년에 나온 토요타의 프리우스는 2011년 2월까지 300만 대를 팔았고, 2011년 4월까지 미국에서만 100만 대를 팔았다. 1999년엔 혼다의 인사이트Insight가 선을 보였다. 지엠도 2010년 12월부터 볼트를 내놓았다. 연료 효율 면에선 프리우스를 능가했다는데 앞으로 어떻게 될지 두고 볼 일이다.[54] 반면 수소차는 아직 개발 중이다. 2009년 10월 지엠 사장 프리츠 헨더슨은 수

● 지엠이 부활의 돌파구를 마련하기 위해 만든 전기차 볼트.

소차 개발 축소 발표를 하면서 개발 비용이 전기차의 10배나 든다며 아직 상용화는 멀었다고 발표했다. 2009년 10월 현재 미국 내 운행은 200대 수준이다.[55]

2010년 7월 30일 오바마는 디트로이트를 방문해 "우리는 올바른 방향으로 가고 있다"라고 주장했다. 구제금융 이후 자동차 산업은 7만 6000개의 일자리를 만들어 그 이전 46만 개를 잃어버린 위기 상황에 비해 희망적인 조짐을 보였다는 것이다. 2010년 8월 영국의 『이코노미스트Economist』는 「디트로이트의 잿더미에서 일어나다Rising from the Ashes in Detroit」라는 기사를 게재했다.[56]

오바마는 1년 만에 미시간주 홀랜드를 다시 찾았다. 그는 2011년 8월 11일 홀랜드에 있는 배터리 생산 업체인 존슨컨트롤스 공장을 방문한 자리에서 "많은 미국인들이 기아와 현대차를 몰고 있다"라며 "나는 한국인들도 (미국차인) 포드, 쉐보레, 크라이슬러 등을 몰기 바란다" 라고 말했다. 오바마 대통령은 현재 의회에 계류 중인 미국과 한국, 파나마, 콜롬비아 등과의 자유무역협정FTA 이행 법안 처리를 촉구하며 이렇게 말했다. 이어 그는 "나는 수십억 달러 이상의 생산품들이 다음과 같은 스탬프가 찍힌 채 전 세계로 팔려나가는 걸 보고 싶다" 라며 "그건 바로 '메이드 인 아메리카' 다" 라고 덧붙였다.

『한겨레』는 "이번 발언은 심각한 경기 침체 국면에 처한 미 행정부가 이를 벗어나기 위한 방편으로 수출 증대를 통해 일자리를 창출한다는 목표를 세우고 있으며, 한미 자유무역협정 이행 법안 처리를 계기로 한국 자동차 시장에 대한 통상 압력을 강화하겠다는 예고로 풀이된다. 미국 대통령이 한국을 콕 집어 미국산 자동차를 사라고 요구하는 것은 매우 이례적인 일이다" 라며 다음과 같이 말했다.

"정부와 국내 완성차 업체들은 이번 발언을 계기로 양국 교역 관계에서 미국 쪽의 입김이 한층 거세질까 촉각을 곤두세우고 있다. 지식경제부 관계자는 '미국산 차를 차별하는 진입장벽이나 정책은 전혀 없다' 라며 '미국 자동차를 구입할지 여부는 소비자 선택의 문제' 라고 말했다. 현대차 관계자는 "국내에서도 한국지엠의 쉐보레 브랜드가 현대 · 기아차가 미국 시장에서 팔리는 수준으로 적잖게 팔리고 있는데 이런 상황을 전혀 고려하지 않은 것 같다' 고 말했다."[57]

십대에겐 어떤 자동차가 어울릴까

2011년 4월 6일 『월스트리트저널』은 「십대를 위한 최상의 자동차들: 스포티한 멋보다는 안전이 중요The Top Cars for Teens: Better Safe Than Sporty」라는 기사를 게재했다. 이 기사는 혼다 어코드, 포드 퓨전Fusion, 토요타 캠리를 최상의 차로 추천하면서 3~4년 지난 중고차 가격은 1만 5000~1만 9000달러에 이를 것이라고 했다.[1]

이 기사는 가볍게 넘길 기사가 아니다. 독자들의 욕구에 가장 충실한, 매우 중요한 기사이기 때문이다. 미국에선 자동차를 직접 소유해 운전할 때에 비로소 '독립된 인간'이 될 수 있다. 모든 도로가 오직 자동차만을 위해 존재하는 미국에서 가장 큰 피해자는 아이들이다. 혼자서 어딜 다닐 수가 없기 때문이다. 한 세대 전만 해도 아이들의 반이 걷거나 자전거를 타고 학교에 갔지만 그 비율은 2003년 10퍼센트로 줄어들었다. 아이들이 자동차에 의해 고립된 것이다.[2]

그래서 십대들은 독립된 인간의 첫 번째 조건인 운전면허를 따는 것, 그다음인 자기 자동차를 갖는 것에 열광한다. "와우, 난 이제 다 컸어. 난 독립했다구.Wow, I'm a grown-up. I'm independent." 이렇게 외칠 만하다. 이젠 부모와 함께 움직이지 않아도 되며 독자적인 외출이 가능해진다. 어찌 흥분하지 않을 수 있으랴.[3]

한국은 18세 이상부터 운전면허를 주지만, 미국에선 14세부터 운전연습증을 주는 주들이 많다. 운전연습증은 운전면허를 가진 성인이 옆자리에 타고 있으면 운전할 수 있는 면허인데, 주에 따라서 4개월에서 1년까지의 기간을 거쳐 정식 운전면허증을 발급한다. 주에 따라 6개월에서 2년까지 밤 12시부터 새벽 6시까진 안 된다든가 교육을 받아야 한다든가 하는 제약 조건이 따라붙긴 하지만 독자적으로 운전할 수 있는 연령은 보통 16세부터다.

32개 주가 만 16세 이상부터를 채택하고 있지만, 나머지 18개 주와 워싱턴 D.C.의 운전면허 교부 연령은 다음과 같다. ①14년 3개월: 사우스다코타, ②14년 6개월: 노스다코타, ③15년: 아이다호 · 캔사스 · 몬타나, ④15년 5개월: 뉴멕시코 · 사우스캐롤라이나, ⑤16년 3개월: 버지니아, ⑥16년 4개월: 코네티컷, ⑦16년 6개월: 델라웨어 · 인디애나 · 켄터키 · 메릴랜드 · 매사추세츠 · 뉴욕 · 펜실베이니아 · 로드아일랜드 · 워싱턴 D.C., ⑧17년: 뉴저지.[4]

그래서 고등학교의 주차장엔 학생들의 자동차가 가득하며, 고급 사립학교 주차장엔 BMW 같은 고급차들도 눈에 띈다. 1973년 영화 〈아메리칸 그래피티〉에선 십대 운전자가 "죽음이 우리를 갈라놓을 때까지 나는 이 차를 사랑하고 지킬 거야"라고 말한다.[5] 차는 계속 새로운 모델로 바꾸겠지만, 어떤 차건 차와 갈라질 수 없다는 건 십대들뿐만 아니라 모든 미국인의 한결같은 신앙이다. 미국인의 자동차 사랑은 확실히 유별나다. 그러나 동시에 자동차가 없으면 꼼짝도 할 수 없게 만든 미국의 유별난 교통 시스템과 그리고 거기서 이익을 취하는 사람들이 그 사랑을 키워온 건 아닐까.

"가족용 차가 아닙니다. 가족입니다.It's not a family car. It's family." (마쓰다)

"우리는 차를 파는 게 아닙니다. 단지 사랑의 관계를 촉진할 뿐입니다.We don't sell cars. We merely facilitate love connections." (렉서스)

"차를 사는 건 결혼하는 것과 같습니다. 가족을 먼저 알아야죠.Buying a car is like getting married. It's a good to know the family first." (벤츠)

"만약 당신이 몸을 떤다면 그건 흥분 때문일 겁니다.If you do shiver, it'll be from excitement." (BMW)

"차와 사랑에 빠지는 게 잘못된 일인가요? 진짜 감정을 감출 이유가 없습니다. …… 이 매끄럽고 섹시한 차의 유혹에 굴복한다고 해서 누가 당신을 탓할 수 있을까요?Is it wrong to be in love with a car? There's no reason to hide your true feelings. …… After all, who could blame you for giving in to the seductive powers of this sleek, sexy automobile?" (어코드)

"길들여지기를 원하는 활기찬 여자처럼. 매끄럽고 날렵한. 원피스 몸매의 조각선이 당신을 들어오라고 부릅니다. 들어가보세요. 그 안에 갖춰진 풍요로움을 만끽해보세요. 그리고 시동을 걸어보세요.Like a Spirited Woman Who Yearns to Be Tamed. Sleek. Agile. The sculptured lines of the one-piece body invite you in. Go to her. Surround yourself with the lushness of her interior appointments. Now turn her on." (스바루)

"차의 아름다움이 당신을 빨아들입니다. 새 엔진은 당신의 심장을 뛰게 할 것입니다. 인간과 기계를 분리시키는 경계는 완전히 사라질 것입니다.Its beauty will draw you in. Its new engine will pump the valves of your heart. And the line that separates man from machine will disappear completely."(렉서스)

"사람들은 영혼이 살아 있는 차라고 말합니다. 실제로 그렇습니다.They say the soul lives on. And it does."(크라이슬러)[6]

미국의 자동차 광고가 던지는 메시지들이다. 일본과 독일의 자동차 업체들이 자국에서도 이런 문구를 쓰는지 모르겠지만, 미국의 자동차 광고는 자동차를 프런티어십에 이어 가족, 섹스 그리고 영혼에까지 연결시킨다. 자동차에 영혼이 있다면, 자동차와 결혼인들 못하겠는가. 자동차와 결혼하고 싶어 하는 남자에 관한 만화가 등장하고, 실제로 테네시주에선 어떤 남자가 자신의 머스탱 승용차를 신부로 등록하려다 거절당한 일도 있었다.[7]

저런 메시지는 광고니까 재미있으라고 하는 말 아니냐고 할 수도 있겠지만, 속된 말로 도둑질도 손발이 맞아야 하는 법이다. 자동차 광고는 코미디가 아니다. 문화적 코드다. 미국 소비자들의 심금을 울리진 못하더라도 그들이 공감할 수 있는 그 어떤 감성 포인트를 파고들어야 한다. 그 키워드가 바로 프런티어십, 가족, 섹스, 영혼이다.

예전에 「자동차의 미디어 기능에 관한 연구: 자동차는 한국인의 국가·사회 정체성 형성에 어떤 영향을 미쳤는가?」라는 논문에서 한국의 자동차를 ①근대화 상징, ②국가적 자부심 상징, ③국토 재발견 수단, ④공동체 의식 재편성 기제, ⑤지위 구별짓기 수단 등 5가지 관점에서 살펴본 바 있다. 미국도 크게 다르지 않다. 다만 땅덩어리 크기의 차이가 워낙 크기 때문에 '자율'과 '이동성'만 추가하고, 후발 주자로서 한국인에게 중요했던 '근대화 상징'만 빼는 걸로 족하다.[8]

다소 정도의 차이는 있을망정 자동차가 국토 재발견 수단, 공동체 의식 재편성 기제, 지위 구별짓기 수단으로 기능하는 건 미국이나 한국이나 다를 바 없다. 자동차가 국가적 자부심의 상징으로 기능하는 것도 앞서가느냐 쫓아가느냐 하는 차이만 있을 뿐 한국이나 미국이나 똑같다. 2009년 2월 25일 버락 오바마 대통령이 첫 의회 연설에서 "자동차를 발명한 나라인 미국이 자동차 산업을 포기할 수 없다"라고 말하는 실수를 저지른 것이나, 독일의 벤츠가 이 실언을 강력하게 반박하고 나선 것은 자동차가 오늘날까지도 국가적 자부심의 상징임을 잘 말해준다.[9] 의외로 많은 미국인들이 헨리 포드가 자동차를 발명했다고 믿는 상황에서 어찌 자동차 산업을 포기할 수 있겠는가.[10]

미국이 자동차 발명국이라고 착각할 정도로 자동차 신앙이 강한 미국인이 '자부심의 상징'인 자동차 산업이 무너지는 걸 방치하진 않겠지만, 지엠을 비롯한 빅3가 앞으로 어떤 성과를 보여줄 지는 두고 볼 일이다. 일본 자동차 '빅3(토요타·혼다·닛산)'가 악조건 속에서도 매출과 이익이 급증하는 등 저력을 보이고 있는바,[11] 결코 낙관할 수 없는 처지다.

그러나 미국의 자동차 산업이 어떻게 되건 이미 자신들의 영혼이 된 자동차에 대한 미국인들의 신앙엔 아무런 변화도 일어나지 않을 것이다. 자동차는 아메리칸 드림인 동시에 그 '드림'과는 달리 갈수록 소외되고 왜소해지는 인간의 마지막 피난처이기 때문이다. 운전대를 잡을 때에 비로소 만끽할 수 있는 '권력의지' 그거 하나만으로도 미국인들은 자동차에 대한 사랑을 결코 멈추지 않으리라. 그들은 환경, 에너지, 안전, 공동체 등등의 거시적인 의제들은 문명 비평가들에게 맡겨두고 좀 더 실용적인 의제에 매달릴 것이다. "십대에겐 어떤 자동차가 어울릴까?"

미국은 과연 도시 계획 전문가 에번 맥켄지Evan MacKenzie가 말한 '프라이버토피아privatopia'로 가는 건가? 프라이버토피아는 재산권과 재산 가치만이 주요 관심사인 사람들이 오직 자기만의 세계에 몰두하는 '프라이버티즘privatism'이 지배 이데올로기로 군림하는 사회다.[12] 그런 세계에서 민주주의가 가능할까? 아니 민주주의는 무슨 의미가 있는 걸까? 자동차를 종교로 삼은 미국인, 아니 모든 사람에게 던져진 질문이자 숙제라 하겠다.

● 머리말

1) Jean Kilbourne, 「Can't Buy My Love: How Advertising Changes the Way We Think and Feel」(New York: Touchstone, 1999), pp. 101~102; Catherine Lutz & Anne Lutz Fernandez, 「Carjacked: The Culture of the Automobile & Its Effect on Our Lives(New York: Palgrave, 2010), p. 6.

2) Catherine Lutz & Anne Lutz Fernandez, 「Carjacked: The Culture of the Automobile & Its Effect on Our Lives」(New York: Palgrave, 2010), pp. 5~6; James Howard Kunstler, 「Home From Nowhere: Remaking Our Everyday World for the 21st Century(New York: Touchstone, 1996), p. 68.

3) Jane Holtz Kay, 「Asphalt Nation: How the Automobile Took Over America, and How We Can Take It Back」(New York: Crown Publishers, 1997).

4) Jean Kilbourne, 「Can't Buy My Love: How Advertising Changes the Way We Think and Feel」(New York: Touchstone, 1999), p. 96; James Howard Kunstler, 「Home From Nowhere: Remaking Our Everyday World for the 21st Century」(New York: Touchstone, 1996), pp. 68~69; Robert Bernstein, 「The Speed Trap」, John de Graaf, ed., 『Take Back Your Time: Fighting Overwork and Time Poverty in America』(San Francisco, CA: Berrett-Koehler Publishers, 2003), p. 103; Linda Breen Pierce, 「Time by Design」, John de Graaf, ed., 『Take Back Your Time: Fighting Overwork and Time Poverty in America』(San Francisco, CA: Berrett-Koehler Publishers, 2003), p. 197.

5) Katie Alvord, 「Divorce Your Car!: Ending the Love Affair with the Automobile(Gabriola

Island, B.C.: Canada: New Society Publishers, 2000), pp. 45~46.

6) Catherine Lutz & Anne Lutz Fernandez, 『Carjacked: The Culture of the Automobile & Its Effect on Our Lives』(New York: Palgrave, 2010), p. 147.

7) Donald L. Miller, 『Lewis Mumford: A Life』(New York: Grove Press, 1989), p. 204.

8) 제러미 리프킨, 이원기 옮김, 『유러피언 드림: 아메리칸 드림의 몰락과 세계의 미래』(민음사, 2005).

9) 팀 에덴서, 박성일 옮김, 『대중문화와 일상, 그리고 민족정체성』(이후, 2008); 허두영, 『신화에서 첨단까지: 신화로 풀어내는 과학사(전2권)』(참미디어, 1998).

10) Charles L. Sanford, 「"Woman's Place" in American Car Culture」, David L. Lewis & Laurence Goldstein, eds., 『The Automobile and American Culture』(Ann Arbor: University of Michigan Press, 1983), p. 137.

11) 장 보드리야르, 주은우 옮김, 『아메리카』(문예마당, 1994).

●1장

1) 박천홍, 『매혹의 질주, 근대의 횡단: 철도로 돌아본 근대의 풍경』(산처럼, 2003), 60쪽.

2) 송상근, 「[책갈피 속의 오늘] 1899년 美 첫 교통사고 사망자 발생」, 『동아일보』, 2008년 9월 13일.

3) 허두영, 『신화에서 첨단까지: 신화로 풀어내는 과학사(전2권)』(참미디어, 1998).

4) Evan Morris, 『From Altoids to Zima: The Surprising Stories Behind 125 Brand Names』(New York: Fireside Book, 2004), pp. 182~183.

5) 빌 브라이슨, 권상이 옮김, 『빌 브라이슨 발칙한 미국 횡단기: 세계에서 가장 황당한 미국 소도시 여행기』(21세기북스, 2009); 김영진, 「자동차」, 김성곤 외, 『21세기 문화 키워드 100』(한국출판마케팅연구소, 2003), 307쪽.

6) Katie Alvord, 『Divorce Your Car!: Ending the Love Affair with the Automobile』(Gabriola Island, B.C.: Canada: New Society Publishers, 2000), p. 9; 케이티 앨버드, 박웅희 옮김, 『당신의 차와 이혼하라』(돌베개, 2004); 프리드리히 클렘, 이필렬 옮김, 『기술의 역사』(미래사, 1992).

7) 한겨레신문 문화부 편, 『20세기 사람들(전2권)』(한겨레신문사, 1995).

8) Clay McShane, 『Down the Asphalt Path: The Automobile and the American City』(New York: Columbia University Press, 1994), pp. 131~132.

9) 빌 브라이슨, 권상이 옮김, 『빌 브라이슨 발칙한 미국 횡단기: 세계에서 가장 황당한 미국 소도시 여행기』(21세기북스, 2009).

10) 「Good Roads Movement」, Wikipedia; 「Horatio Earle」, Wikipedia.

11) 스티븐 컨, 박성관 옮김, 『시간과 공간의 문화사 1880~1918』(휴머니스트, 2004).

12) 빌 브라이슨, 권상이 옮김, 『빌 브라이슨 발칙한 미국 횡단기: 세계에서 가장 황당한 미국 소도시 여행기』(21세기북스, 2009). 트래픽 잼은 1910년에 나온 신조어라는 설도 있다. Clay McShane, 『Down the Asphalt Path: The Automobile and the American City』(New York:

Columbia University Press, 1994), p. 193.

13) Virginia Scharff, 『Taking the Wheel: Women and the Coming of the Motor Age』 (Albuquerque, NM: University of New Mexico Press, 1999), p. 11; 「Ransom E. Olds」, Wikipedia.

14) Kenneth T. Jackson, 『Crabgrass Frontier: The Suburbanization of the United States』 (New York: Oxford University Press, 1985), pp. 246~247; 송상근, 「[책갈피 속의 오늘] 1899년 美 첫 교통사고 사망자 발생」, 『동아일보』, 2008년 9월 13일.

15) Katie Alvord, 『Divorce Your Car!: Ending the Love Affair with the Automobile』 (Gabriola Island, B.C.: Canada: New Society Publishers, 2000), p. 45; Virginia Scharff, 『Taking the Wheel: Women and the Coming of the Motor Age』(Albuquerque, NM: University of New Mexico Press, 1999), p. 25; Clay McShane, 『Down the Asphalt Path: The Automobile and the American City』(New York: Columbia University Press, 1994), pp. 134~135; 빌 브라이슨, 권상이 옮김, 『빌 브라이슨 발칙한 미국 횡단기: 세계에서 가장 황당한 미국 소도시 여행기』(21세기북스, 2009); F. L. 앨런, 박진빈 옮김, 『빅 체인지』(앨피, 2008); 앨런 브링클리, 황혜성 외 공역, 『미국인의 역사(전3권)』(비봉출판사, 1998).

16) 찰스 패너티, 이용웅 옮김, 『문화와 유행상품의 역사(전2권)』(자작나무, 1997); 빌 브라이슨, 권상이 옮김, 『빌 브라이슨 발칙한 미국 횡단기: 세계에서 가장 황당한 미국 소도시 여행기』(21세기북스, 2009). 오늘날처럼 차체를 길게 만든 이른바 '스트레치 리무진(stretch limousine)'은 1928년 아칸소주 포트 스미스에서 대형차 제작 업체인 암버스터사가 첫선을 보였다.

17) William E. Leuchtenburg, 『The Perils of Prosperity, 1914~32』(Chicago: The University of Chicago Press, 1958); 송상근, 「[책갈피 속의 오늘] 1899년 美 첫 교통사고 사망자 발생」, 『동아일보』, 2008년 9월 13일.

18) Tom Lewis, 『Divided Highways: Building the Interstate Highways, Transforming American Life』(New York: Penguin Books, 1997), p. 34.

19) Katie Alvord, 『Divorce Your Car!: Ending the Love Affair with the Automobile』 (Gabriola Island, B.C.: Canada: New Society Publishers, 2000), p. 15; 케이티 앨버드, 박웅희 옮김, 『당신의 차와 이혼하라』(돌베개, 2004); Clay McShane, 『Down the Asphalt Path: The Automobile and the American City』(New York: Columbia University Press, 1994), pp. 178~179.

20) William Pelfrey, 『Billy, Alfred, and General Motors: The Story of Two Unique Men, a Legendary Company, and a Remarkable Time in American History』(New York: AMACOM, 2006), p. 69; 질비아 엥글레르트, 장혜경 옮김, 『상식과 교양으로 읽는 미국의 역사』(웅진지식하우스, 2006); 헨리 포드, 공병호·손은주 옮김, 『헨리 포드: 고객을 발명한 사람』(21세기북스, 2006).

21) James J. Flink, 『The Automobile Age』(Cambridge, Mass.: The MIT Press, 1990), pp. 24~25; 「Detroit」, Wikipedia.

22) 「Cadillac」, Wikipedia.

23) Sylvia Whitman, 『Get Up and Go!: The History of American Road Travel』(Minneapolis, MN: Lerner, 1996), p. 47; 제러미 리프킨, 신현승 옮김, 『육식의 종말』(시공사, 2002).

24) Reynold M. Wik, 「The Early Automobile and the American Farmer」, David L. Lewis & Laurence Goldstein, eds., 『The Automobile and American Culture』(Ann Arbor: University of Michigan Press, 1983), pp. 43~44.

25) 리처드 솅크먼, 이종인 옮김, 『미국사의 전설, 거짓말, 날조된 신화들』(미래M&B, 2003).

26) Virginia Scharff, 『Taking the Wheel: Women and the Coming of the Motor Age』(Albuquerque, NM: University of New Mexico Press, 1999), pp. 113~114; David Farber, 『Sloan Rules: Alfred P. Sloan and the Triumph of General Motors』(Chicago, Il.: University of Chicago Press, 2002), p. 99; Clay McShane, 『Down the Asphalt Path: The Automobile and the American City』(New York: Columbia University Press, 1994), p. 163.

27) Kenneth T. Jackson, 『Crabgrass Frontier: The Suburbanization of the United States』(New York: Oxford University Press, 1985), p. 160.

28) James J. Flink, 『The Automobile Age』(Cambridge, Mass.: The MIT Press, 1990), pp. 25~26; 찰스 패너티, 이용웅 옮김, 『문화와 유행상품의 역사(전2권)』(자작나무, 1997); 스티븐 컨, 박성관 옮김, 『시간과 공간의 문화사 1880~1918』(휴머니스트, 2004); 쿠르트 뫼저, 김태희 · 추금혼 옮김, 『자동차의 역사: 시간과 공간을 바꿔놓은 120년의 이동혁명』(이파리, 2007).

29) Kenneth T. Jackson, 『Crabgrass Frontier: The Suburbanization of the United States』(New York: Oxford University Press, 1985), p. 166; Mark S. Foster, 『A Nation on Wheels: The Automobile Culture in America Since 1945』(Belmont, CA: Thompson/Wadsworth, 2003), p. 77.

30) 케이티 앨버드, 박웅희 옮김, 『당신의 차와 이혼하라』(돌베개, 2004).

31) Clay McShane, 『Down the Asphalt Path: The Automobile and the American City(New York: Columbia University Press, 1994), pp. 142~143.

32) Sylvia Whitman, 『Get Up and Go!: The History of American Road Travel』(Minneapolis, MN: Lerner, 1996), pp. 39, 58.

33) James J. Flink, 『The Automobile Age』(Cambridge, Mass.: The MIT Press, 1990), p. 189; William Pelfrey, 『Billy, Alfred, and General Motors: The Story of Two Unique Men, a Legendary Company, and a Remarkable Time in American History』(New York: AMACOM, 2006), pp. 126~127; Vincent Curcio, 『Chrysler: The Life and Times of an Automotive Genius』(New York: Oxford University Press, 2000), p. 11.

34) 「Buick」, Wikipedia ; 「David Dunbar Buick」, Wikipedia.

35) 「William C. Durant」, Wikipedia; Warren Bennis & Burt Nanus, 『Leaders: Strategies for Taking Charge, 2nd ed.』(New York: HarperBusiness, 1997), p. 122; William Pelfrey, 『Billy, Alfred, and General Motors: The Story of Two Unique Men, a Legendary Company, and a Remarkable Time in American History』(New York: AMACOM, 2006),

p. 18.

36) 「Chevrolet」, Wikipedia.

37) Clay McShane, 『Down the Asphalt Path: The Automobile and the American City』(New York: Columbia University Press, 1994), p. 133.

38) Juliet B. Schor, 『The Overworked American: The Unexpected Decline of Leisure』(New York: Basic Books, 1992), pp. 61~62; 한겨레신문 문화부 편, 『20세기 사람들(전2권)』(한겨레신문사, 1995); 조선일보 문화부 편, 『아듀 20세기(전2권)』(조선일보사, 1999).

39) 장 보드리야르, 주은우 옮김, 『아메리카』(문예마당, 1994).

40) 찰스 패너티, 이용웅 옮김, 『문화와 유행상품의 역사(전2권)』(자작나무, 1997).

41) Stuart Ewen, 『Captains of Consciousness: Advertising and the Social Roots of the Consumer Culture』(New York: McGraw-Hill, 1976); 데이비드 하비, 구동회 · 박영민 옮김, 『포스트모더니티의 조건』(한울, 1994); 레온 크라이츠먼, 한상진 옮김, 『24시간 사회』(민음사, 2001).

42) Vincent Curcio, 『Chrysler: The Life and Times of an Automotive Genius』(New York: Oxford University Press, 2000), p. 210; 리처드 솅크먼, 이종인 옮김, 『미국사의 전설, 거짓말, 날조된 신화들』(미래M&B, 2003).

43) 한겨레신문 문화부 편, 『20세기 사람들(전2권)』(한겨레신문사, 1995); 조선일보 문화부 편, 『아듀 20세기(전2권)』(조선일보사, 1999).

● 2장

1) 하워드 진 · 레베카 스테포프, 김영진 옮김, 『하워드 진 살아있는 미국역사』(추수밭, 2008), 190쪽; 이준호, 「아듀 … 20세기 (55) 대공황 서곡 뉴욕증시 폭락 1929년 10월 24일」, 『조선일보』, 1999년 3월 31일; 케네스 데이비스, 이순호 옮김, 『미국에 대해 알아야 할 모든 것, 미국사』(책과함께, 2004).

2) 대니얼 벨, 김진욱 옮김, 『자본주의의 문화적 모순』(문학세계사, 1990); David L. Lewis, 「Sex and the Automobile: From Rumble Seats to Rockin' Vans」, David L. Lewis & Laurence Goldstein, eds., 『The Automobile and American Culture』(Ann Arbor: University of Michigan Press, 1983), p. 124.

3) David L. Lewis, 「Sex and the Automobile: From Rumble Seats to Rockin' Vans」, David L. Lewis & Laurence Goldstein, eds., 『The Automobile and American Culture』(Ann Arbor: University of Michigan Press, 1983), p. 131; F. L. 앨런, 박진빈 옮김, 『원더풀 아메리카』(앨피, 2006).

4) James J. Flink, 『The Automobile Age』(Cambridge, Mass.: The MIT Press, 1990), p. 160; David L. Lewis, 「Sex and the Automobile: From Rumble Seats to Rockin' Vans」, David L. Lewis & Laurence Goldstein, eds., 『The Automobile and American Culture』(Ann Arbor: University of Michigan Press, 1983), p. 127; 제러미 리프킨, 이정배 옮김, 『생명권 정

치학』(대화출판사, 1996).

5) 이 형식을 기본 조건으로 하여 notchback sedan(뒤쪽에 층이 진 형식), fastback sedan(뒷부분 이 유선형으로 된 형식), two-door sedan(문이 두 개인 세단), hardtop sedan(덮개가 금속이고 창 중간에 기둥이 없는 형식), hatchback sedan(뒷부분에 위로 열리게 되어 있는 문을 가진 형 식) 등이 있다. 영국에서는 세단을 '설룬(saloon)', 프랑스에서는 '베를린(berline)', 이탈리아에 서는 '베를리나(berlina)', 독일에서는 '리무지네(limousine)'라고 부른다. '해치'란 원래 선박 의 갑판에서 선원들이 들고날 수 있도록 위로 잡아당겨 끌어올리는 문을 뜻하는데, '해치백'은 해치처럼 차 뒤쪽 문을 위로 잡아당겨 연다고 해 붙여진 이름이다. 트렁크와 뒷좌석이 합쳐져 있 어 '2박스카'라고도 불린다. 해치백은 물건 적재가 편하다는 장점이 있지만, 디자인은 별로라는 인식이 많았다. 그러나 디자인을 세련되게 한 해치백들이 나오면서 이런 인식도 달라지고 있다. 「Sedan」, Wikipedia; 이종찬, 「[틴틴경제] 자동차의 진화」, 『중앙일보』, 2010년 7월 16일.

6) 「Coupe」, Wikipedia.

7) David L. Lewis, 「Sex and the Automobile: From Rumble Seats to Rockin' Vans」, David L. Lewis & Laurence Goldstein, eds., 『The Automobile and American Culture』(Ann Arbor: University of Michigan Press, 1983), p. 128.

8) Clay McShane, 『Down the Asphalt Path: The Automobile and the American City』(New York: Columbia University Press, 1994), pp. 151~158.

9) Virginia Scharff, 『Taking the Wheel: Women and the Coming of the Motor Age』 (Albuquerque, NM: University of New Mexico Press, 1999), p. 117; Charles L. Sanford, 「"Woman's Place" in American Car Culture」, David L. Lewis & Laurence Goldstein, eds., 『The Automobile and American Culture』(Ann Arbor: University of Michigan Press, 1983), p. 139; F. L. 앨런, 박진빈 옮김, 『원더풀 아메리카』(앨피, 2006); 질비아 엥글레르트, 장 혜경 옮김, 『상식과 교양으로 읽는 미국의 역사』(웅진지식하우스, 2006); 케빈 필립스, 오삼교·정하용 옮김, 『부와 민주주의: 미국의 금권정치와 거대 부호들의 정치사』(중심, 2004).

10) Clay McShane, 『Down the Asphalt Path: The Automobile and the American City』(New York: Columbia University Press, 1994), p. 227; 찰스 패너티, 이용웅 옮김, 『문화와 유행상 품의 역사(전2권)』(자작나무, 1997); 케네스 데이비스, 이순호 옮김, 『미국에 대해 알아야 할 모 든 것, 미국사』(책과함께, 2004); F. L. 앨런, 박진빈 옮김, 『원더풀 아메리카』(앨피, 2006); 루터 S. 루드케, 「미국 국민성의 탐색」, 루터 S. 루드케 편, 고대 영미문학연구소 옮김, 『미국의 사회 와 문화』(탐구당, 1989), 13~45쪽; 오치 미치오, 곽해선 옮김, 『와스프: 미국의 엘리트는 어떻게 만들어지는가』(살림, 1999).

11) Jane Holtz Kay, 『Asphalt Nation: How the Automobile Took Over America, and How We Can Take It Back』(New York: Crown Publishers, 1997), p. 170.

12) Jane Holtz Kay, 『Asphalt Nation: How the Automobile Took Over America, and How We Can Take It Back』(New York: Crown Publishers, 1997), p. 170; Charles L. Sanford, 「"Woman's Place" in American Car Culture」, David L. Lewis & Laurence Goldstein, eds., 『The Automobile and American Culture』(Ann Arbor: University of Michigan

Press, 1983), pp. 142~144.

13) James J. Flink, 『The Automobile Age』(Cambridge, Mass.: The MIT Press, 1990), pp. 160~161; F. L. 앨런, 박진빈 옮김, 『원더풀 아메리카』(앨피, 2006).

14) James J. Flink, 『The Automobile Age』(Cambridge, Mass.: The MIT Press, 1990), pp. 185~187; David L. Lewis, 「Sex and the Automobile: From Rumble Seats to Rockin' Vans」, David L. Lewis & Laurence Goldstein, eds., 『The Automobile and American Culture』(Ann Arbor: University of Michigan Press, 1983), p. 129; 빌 브라이슨, 권상미 옮김, 『빌 브라이슨 발칙한 미국 횡단기: 세계에서 가장 황당한 미국 소도시 여행기』(21세기북스, 2009).

15) David L. Lewis, 「Sex and the Automobile: From Rumble Seats to Rockin' Vans」, David L. Lewis & Laurence Goldstein, eds., 『The Automobile and American Culture』(Ann Arbor: University of Michigan Press, 1983), p. 132.

16) John B. Rae, ed., 『Henry Ford: Great Lives Observed』(Englewood Cliffs, NJ: Prentice-Hall, 1969), p. 175; James J. Flink, 『The Car Culture』(Cambridege, MA: The MIT Press, 1975), pp. 69~70; 하워드 민즈, 황진우 옮김, 『머니 & 파워: 지난 천년을 지배한 비즈니스의 역사』(경영정신, 2002).

17) 잭 비어티, 유한수 옮김, 『거상: 대기업이 미국을 바꿨다』(물푸레, 2002).

18) 쿠르트 뫼저, 김태희 · 추금혼 옮김, 『자동차의 역사: 시간과 공간을 바꿔놓은 120년의 이동혁명』(이파리, 2007).

19) Kenneth T. Jackson, 『Crabgrass Frontier: The Suburbanization of the United States』 (New York: Oxford University Press, 1985), p. 161.

20) James J. Flink, 『The Automobile Age』(Cambridge, Mass.: The MIT Press, 1990), p. 113.

21) 쿠르트 뫼저, 김태희 · 추금혼 옮김, 『자동차의 역사: 시간과 공간을 바꿔놓은 120년의 이동혁명』(이파리, 2007).

22) James J. Flink, 『The Automobile Age』(Cambridge, Mass.: The MIT Press, 1990), p. 191; Douglas Brinkley, 『Wheels for the World: Henry Ford, His Company, and a Century of Progress 1902~2003』(New York: Penguin Books, 2004), pp. 359~362.

23) Alfred P. Sloan, Jr., 『My Years with General Motors』(New York: Currency, 1963/1990), pp. 46~51; James J. Flink, 『The Automobile Age』(Cambridge, Mass.: The MIT Press, 1990), p. 232; David Farber, 『Sloan Rules: Alfred P. Sloan and the Triumph of General Motors』(Chicago, Il.: University of Chicago Press, 2002); Warren Bennis & Burt Nanus, 『Leaders: Strategies for Taking Charge, 2nd ed.』(New York: HarperBusiness, 1997), pp. 120~123.

24) 해리 덴트, 최태희 옮김, 『버블 붐: 세계경제 대예측 2005~2009』(청림출판, 2005).

25) 하워드 가드너, 이종인 옮김, 『20세기를 움직인 11인의 휴먼 파워』(살림, 1997); F. L. 앨런, 박진빈 옮김, 『원더풀 아메리카』(앨피, 2006).

26) 케이티 앨버드, 박웅희 옮김, 『당신의 차와 이혼하라』(돌베개, 2004).

27) 빌 브라이슨, 권상이 옮김, 『빌 브라이슨 발칙한 미국 횡단기: 세계에서 가장 황당한 미국 소도시 여행기』(21세기북스, 2009).

28) Kenneth R. Schneider, 『Autokind vs. Mankind』(New York: Schocken Books, 1971/1972), pp. 51~52.

29) 빌 브라이슨, 권상이 옮김, 『빌 브라이슨 발칙한 미국 횡단기: 세계에서 가장 황당한 미국 소도시 여행기』(21세기북스, 2009).

30) 케이티 앨버드, 박웅희 옮김, 『당신의 차와 이혼하라』(돌베개, 2004).

31) 빌 브라이슨, 권상이 옮김, 『빌 브라이슨 발칙한 미국 횡단기: 세계에서 가장 황당한 미국 소도시 여행기』(21세기북스, 2009).

32) 에릭 슐로서, 김은령 옮김, 『패스트푸드의 제국』(에코리브르, 2001).

33) 빌 브라이슨, 권상이 옮김, 『빌 브라이슨 발칙한 미국 횡단기: 세계에서 가장 황당한 미국 소도시 여행기』(21세기북스, 2009); 케이티 앨버드, 박웅희 옮김, 『당신의 차와 이혼하라』(돌베개, 2004); 노엄 촘스키, 오애리 옮김, 『507년, 정복은 계속된다』(이후, 2000); 테드 네이스, 김수현 옮김, 『미국의 경제 깡패들』(예지, 2008).

34) 헬레나 노르베리-호지, 이민아 옮김, 『허울뿐인 세계화』(따님, 2000).

35) 앤서니 샘슨, 김희정 옮김, 『석유를 지배하는 자들은 누구인가』(책갈피, 2000).

36) 앤서니 샘슨, 김희정 옮김, 『석유를 지배하는 자들은 누구인가』(책갈피, 2000).

37) 앤서니 샘슨, 김희정 옮김, 『석유를 지배하는 자들은 누구인가』(책갈피, 2000).

38) 로버트 라이시, 형선호 옮김, 『슈퍼 자본주의』(김영사, 2008).

39) 케이티 앨버드, 박웅희 옮김, 『당신의 차와 이혼하라』(돌베개, 2004).

40) 케이티 앨버드, 박웅희 옮김, 『당신의 차와 이혼하라』(돌베개, 2004).

41) Scott L. Bottles, 『Los Angeles and the Automobile: The Making of the Modern City』(Berkeley: University of California Press, 1987).

42) 케네스 데이비스, 이순호 옮김, 『미국에 대해 알아야 할 모든 것, 미국사』(책과함께, 2004); 빌 브라이슨, 권상이 옮김, 『빌 브라이슨 발칙한 미국 횡단기: 세계에서 가장 황당한 미국 소도시 여행기』(21세기북스, 2009); 이재광 · 김진희, 『영화로 쓰는 20세기 세계경제사』(혜윰, 1999); 한겨레신문 문화부 편, 『20세기 사람들(전2권)』(한겨레신문사, 1995).

43) 케이티 앨버드, 박웅희 옮김, 『당신의 차와 이혼하라』(돌베개, 2004).

44) 에릭 에커먼, 오성모 옮김, 『자동차 발달사』(MJ미디어, 2004).

45) 빌 브라이슨, 권상이 옮김, 『빌 브라이슨 발칙한 미국 횡단기: 세계에서 가장 황당한 미국 소도시 여행기』(21세기북스, 2009); 앨런 브링클리, 황혜성 외 공역, 『미국인의 역사(전3권)』(비봉출판사, 1998).

46) F. L. 앨런, 박진빈 옮김, 『원더풀 아메리카』(앨피, 2006).

47) 케빈 필립스, 오삼교 · 정하용 옮김, 『부와 민주주의: 미국의 금권정치와 거대 부호들의 정치사』(중심, 2004).

48) John B. Rae, 『The American Automobile: A Brief History』(Chicago, IL: The University of Chicago Press, 1965), pp. 94~95.

49) Folke T. Kihlstedt, 「The Automobile and the Transformation of the American House, 1910~1935」, David L. Lewis & Laurence Goldstein, eds., 『The Automobile and American Culture』(Ann Arbor: University of Michigan Press, 1983), pp. 160~178.

50) 케빈 필립스, 오삼교 · 정하용 옮김, 『부와 민주주의: 미국의 금권정치와 거대 부호들의 정치사』(중심, 2004).

51) 「Dodge」, Wikipedia.

52) Vincent Curcio, 『Chrysler: The Life and Times of an Automotive Genius』(New York: Oxford University Press, 2000), p. 406; 사루야 가나메, 남혜림 옮김, 『검증, 미국사 500년의 이야기』(행담출판, 2007); 「Chrysler Building」, Wikipedia.

● 3장

1) Daniel J. Boorstin, 『The Image: A Guide to Pseudo-Events in America』(New York: Atheneum, 1964).

2) 김용관, 『탐욕의 자본주의: 투기와 약탈이 낳은 괴물의 역사』(인물과사상사, 2009).

3) 케네스 데이비스, 이순호 옮김, 『미국에 대해 알아야 할 모든 것, 미국사』(책과함께, 2004).

4) 존 스틸 고든, 강남규 옮김, 『월스트리트제국: 금융자본권력의 역사 350년』(참솔, 2002); 이준호, 「아듀 … 20세기 (55) 대공황 서곡 뉴욕증시 폭락 1929년 10월 24일」, 『조선일보』, 1999년 3월 31일.

5) 제러미 리프킨, 이희재 옮김, 『소유의 종말』(민음사, 2001).

6) 장 보드리야르, 이상률 옮김, 『소비의 사회: 그 신화와 구조』(문예출판사, 1991), 91쪽.

7) 제러미 리프킨, 이희재 옮김, 『소유의 종말(The Age of Access)』(민음사, 2001), 207쪽; 양건열, 「비판적 대중문화론』(현대미학사, 1997), 127쪽; Daniel J. Boorstin, 「The Image: A Guide to Pseudo-Events in America』(New York: Atheneum, 1964), p. 59.

8) James J. Flink, 『The Car Culture』(Cambridege, MA: The MIT Press, 1975), pp. 167~181.

9) Lucinda Lewis, 『Roadside America: The Automobile and the American Dream』(New York: Harry N. Abrams, 2000), p. 54.

10) Roland Marchand, 『Advertising the American Dream: Making Way for Modernity, 1920~1940』(Berkeley: University of California Press, 1985/1986), p. 156; Stuart Ewen, 『All Consuming Images: The Politics of Style in Contemporary Culture, 2nd ed.』(New York: Basic books, 1999), pp. 51~52, 244~245; Emma Rothschild, 『Paradise Lost: The Decline of the Auto-Industrial Age』(New York: Vintage Books, 1973/1974), pp. 37~40.

11) 크리스틴 글레드힐 엮음, 조혜정 · 박현미 옮김, 『스타덤: 욕망의 산업』(시각과언어, 1999).

12) 「Planned Obsolescence」, Wikipedia.

13) Robert C. Ackerson, 「Some Milestones of Automotive Literature」, David L. Lewis & Laurence Goldstein, eds., 『The Automobile and American Culture』(Ann Arbor: University of Michigan Press, 1983), p. 400.

14) Emma Rothschild, 『Paradise Lost: The Decline of the Auto-Industrial Age』(New York:

Vintage Books, 1973/1974), pp. 37~38.

15) Daniel Boorstin, 『The Americans: The Democratic Experience』(New York: Vintage Books, 1973/1974), p. 555.

16) Lizabeth Cohen, 「A Consumers' Republic: The Politics of Mass Consumption in Postwar America」(New York: Vintage Books, 2004), pp. 294~296.

17) Daniel Boorstin, 『The Americans: The Democratic Experience』(New York: Vintage Books, 1973/1974), p. 425.

18) 「Planned Obsolescence」, Wikipedia.

19) Joseph Heath & Andrew Potter, 『Nation of Rebels: Why Counterculture Became Consumer Culture』(New York: HarperBusiness, 2004).

20) Juliet B. Schor, 『The Overworked American: The Unexpected Decline of Leisure(New York: Basic Books, 1992), p. 120; William Pelfrey, 『Billy, Alfred, and General Motors: The Story of Two Unique Men, a Legendary Company, and a Remarkable Time in American History』(New York: AMACOM, 2006), pp. 256~257; Alfred P. Sloan, Jr., 『My Years with General Motors』(New York: Currency, 1963/1990), p. 441; Thomas Frank, 『The Conquest of Cool: Business Culture, Counterculture, and the Rise of Hip Consumerism』(Chicago: University of Chicago Press, 1997), pp. 64~66.

21) Douglas Rushkoff, 『Life Inc.: How the World Became a Corporation and How to Make It Back』(New York: Random House, 2009), p. 111. 그러나 유럽 자동차 중에서도 벤츠는 고의적 진부화 전략은 아닐망정 모델을 너무 많이 생산해 브랜드 가치를 훼손한 경우에 속한다. A-Class, B-Class, C-Class, E-Class, S-Class, CLK, CLS, CL, SLK, SL, M-Class 등 헷갈릴 정도로 많아 유럽의 '톱 브랜드'에 하나도 오르지 못하는 결과를 초래하고 말았다. James B. Twitchell, 『Shopping for God: How Christianity Went From In Your Heart to In Your Face』(New York: Simon & Schuster, 2007), p. 77.

22) Daniel J. Boorstin, 『Democracy and Its Discontents: Reflections on Everyday America』(New York: Random House, 1971), p. 95.

23) James J. Flink, 『The Automobile Age』(Cambridge, Mass.: The MIT Press, 1990), pp. 261~263; 폴 비릴리오, 이재원 옮김, 『속도와 정치』(그린비, 2004); 쿠르트 뫼저, 김태희 · 추금혼 옮김, 『자동차의 역사: 시간과 공간을 바꿔놓은 120년의 이동혁명』(이파리, 2007); 마에마 다카노리, 박일근 옮김. 『세계자동차전쟁』(시아출판사, 2004).

24) Roger Eatwell, 『Fascism: A History』(New York: Penguin Books, 1995), pp. 81~82; Daniel Guerin, 『Fascism and Big Business』(New York: Monad Press Book, 1974), p. 72.

25) 요미우리 신문사 엮음, 이종주 역, 『20세기의 드라마Ⅱ: 20세기의 꿈과 현실』(새로운사람들, 1996), 228쪽.

26) Douglas Brinkley, 『Wheels for the World: Henry Ford, His Company, and a Century of Progress 1902~2003』(New York: Penguin Books, 2004), p. 259; Vincent Curcio, 『Chrysler: The Life and Times of an Automotive Genius』(New York: Oxford University

Press, 2000), p. 211; William E. Leuchtenburg, 『The Perils of Prosperity, 1914~32』 (Chicago: The University of Chicago Press, 1958); 박재선, 『제2의 가나안 유대인의 미국』 (해누리, 2002); 오치 미치오, 곽해선 옮김, 『와스프: 미국의 엘리트는 어떻게 만들어지는가』(살림, 1999).

27) 하워드 민즈, 황진우 옮김, 『머니 & 파워: 지난 천년을 지배한 비즈니스의 역사』(경영정신, 2002).

28) 「Alfred P. Sloan」, Wikipedia.

29) Mark S. Foster, 『A Nation on Wheels: The Automobile Culture in America Since 1945』 (Belmont, CA: Thompson/Wadsworth, 2003), pp. 15~16.

30) Jane Holtz Kay, 『Asphalt Nation: How the Automobile Took Over America, and How We Can Take It Back』(New York: Crown Publishers, 1997), pp. 249~250; Donald L. Miller, 『Lewis Mumford: A Life』(New York: Grove Press, 1989), pp. 479~482.

31) Jane Holtz Kay, 『Asphalt Nation: How the Automobile Took Over America, and How We Can Take It Back』(New York: Crown Publishers, 1997), p. 251.

32) 케이티 앨버드, 박웅희 옮김, 『당신의 차와 이혼하라』(돌베개, 2004).

33) 찰스 패너티, 이용웅 옮김, 『문화와 유행상품의 역사(전2권)』(자작나무, 1997); F. L. 앨런, 박진빈 옮김, 『빅 체인지』(앨피, 2008).

34) 리처드 플로리다, 이길태 옮김, 『창조적 변화를 주도하는 사람들』(전자신문사, 2002); Sut Jhally, 「The Political Economy of Culture」, Ian Angus & Sut Jhally, eds., 『Cultural Politics in Contemporary America』(New York: Routledge, 1989), pp. 65~107; 김영진, 『할리우드의 꿈』(영화언어, 1997); 연동원, 『영화 대 역사: 영화로 본 미국의 역사』(학문사, 2001).

35) Sharon Zukin, 『Landscapes of Power: From Detroit to Disney World』(Berkeley: University of California Press, 1991), p. 103.

36) 이현두, 「책갈피 속의 오늘」, 『동아일보』, 2008년 10월 24일~2008년 12월 30일.

37) James J. Flink, 『The Automobile Age』(Cambridge, Mass.: The MIT Press, 1990), pp. 78~79; 제러미 리프킨, 이영호 옮김, 『노동의 종말』(민음사, 1996); 김용관, 『탐욕의 자본주의: 투기와 약탈이 낳은 괴물의 역사』(인물과사상사, 2009).

38) 케네스 데이비스, 이순호 옮김, 『미국에 대해 알아야 할 모든 것, 미국사』(책과함께, 2004).

39) Lawrence W. Levine, 『Unpredictable Past: Explorations in American Cultural History』 (New York: Oxford University Press, 1993), p. 210; 김용관, 『탐욕의 자본주의: 투기와 약탈이 낳은 괴물의 역사』(인물과사상사, 2009); 질비아 엥글레르트, 장혜경 옮김, 『상식과 교양으로 읽는 미국의 역사』(웅진지식하우스, 2006).

40) 김유조, 『스타인벡: 환경론에 눈뜬 저널리스트』(건국대학교출판부, 1997); Joseph Interrante, 『The Road to Autopia: The Automobile and the Spatial Transformation of American Culture』, David L. Lewis & Laurence Goldstein, eds., 『The Automobile and American Culture』(Ann Arbor: University of Michigan Press, 1983), p. 103.

41) Mark S. Foster, 『A Nation on Wheels: The Automobile Culture in America Since 1945』

(Belmont, CA: Thompson/Wadsworth, 2003), p. 15.

42) Kenneth T. Jackson, 『Crabgrass Frontier: The Suburbanization of the United States』 (New York: Oxford University Press, 1985), pp. 261~263; Jane Holtz Kay, 『Asphalt Nation: How the Automobile Took Over America, and How We Can Take It Back』(New York: Crown Publishers, 1997), pp. 210~211; 「Travel Trailer」, Wikipedia.

43) Curtis D. MacDougall, 『Understanding Public Opinion: A Guide for Newspapermen and Newspaper Readers』(New York: Macmillan, 1952).

44) 「GMC(Truck)」, Wikipedia.

45) Stuart Ewen, 『All Consuming Images: The Politics of Style in Contemporary Culture, 2nd ed.』(New York: Basic books, 1999), p. 216; 이구한, 『이야기 미국사: 태초의 아메리카로부터 21세기의 미국까지』(청아출판사, 2006).

46) Jane Holtz Kay, 『Asphalt Nation: How the Automobile Took Over America, and How We Can Take It Back』(New York: Crown Publishers, 1997), p. 227.

47) 찰스 패너티, 이용웅 옮김, 『문화와 유행상품의 역사(전2권)』(자작나무, 1997).

48) 손세호, 『하룻밤에 읽는 미국사』(랜덤하우스, 2007).

49) William H. Hudnut III, 『Halfway to Everywhere: A Portrait of America's First-Tier Suburbs』(Washington, D.C.: ULI-the Urban Land Institute, 2003), pp. 24~29; Jane Holtz Kay, 『Asphalt Nation: How the Automobile Took Over America, and How We Can Take It Back』(New York: Crown Publishers, 1997), p. 228.

50) Tom Lewis, 『Divided Highways: Building the Interstate Highways, Transforming American Life』(New York: Penguin Books, 1997), p. 77.

51) 찰스 패너티, 이용웅 옮김, 『문화와 유행상품의 역사(전2권)』(자작나무, 1997).

52) 찰스 패너티, 이용웅 옮김, 『문화와 유행상품의 역사(전2권)』(자작나무, 1997).

53) 찰스 패너티, 이용웅 옮김, 『문화와 유행상품의 역사(전2권)』(자작나무, 1997).

54) David L. Lewis, 「Sex and the Automobile: From Rumble Seats to Rockin' Vans」, David L. Lewis & Laurence Goldstein, eds., 『The Automobile and American Culture』(Ann Arbor: University of Michigan Press, 1983), p. 130.

55) 존 벨튼, 이형식 옮김, 『미국영화/미국문화』(한신문화사, 2000); 「Drive-in Theater」, Wikipedia.

56) James J. Flink, 『The Automobile Age』(Cambridge, Mass.: The MIT Press, 1990), p. 162.

● 4장

1) 「Edsel Ford」, Wikipedia.

2) 2009년 4월 미국 포트폴리오닷컴이 경영대학원 교수들과의 협의를 통해 '가치창출과 파괴, 혁신, 경영기술' 등을 고려해 20위까지 매긴 '미 역사상 최고의 최고경영자(CEO)' 랭킹에서 1위는 헨리 포드가 뽑혔다. 또 미국 역사에서 두 번이나 미 재무부를 구제했던 J. P. 모건이 2위에 올랐고,

월마트의 설립자인 샘 월튼이 3위, 지엠의 앨프리드 슬론이 4위, 루 거스트너 전 IBM 회장이 5위를 기록했다. 「'자동차 왕' 헨리 포드 美 역사상 최고 CEO」, 『경향신문』, 2009년 4월 25일.

3) 로버트 라이시, 형선호 옮김, 『슈퍼 자본주의』(김영사, 2008).

4) Robert B. Reich, 『The Work of Nations: Preparing Ourselves for 21st-Century Capitalism』(New York: Random House 1991), p. 46.

5) F. L. 앨런, 박진빈 옮김, 『원더풀 아메리카』(앨피, 2006).

6) 피터 드러커, 이상두 · 최혁순 옮김, 『방관자의 시대』(범우사, 1979).

7) 이재광 · 김진희, 『영화로 쓰는 20세기 세계경제사』(혜윰, 1999).

8) 권홍우, 『99%의 롤모델: 오늘의 부족한 1%를 채우는 역사』(인물과사상사, 2010).

9) 케이티 앨버드, 박웅희 옮김, 『당신의 차와 이혼하라』(돌베개, 2004).

10) 「White Flight」, Wikipedia.

11) Ray Suarez, 『The Old Neighborhood: What We Lost in the Great Suburban Migration, 1966~1999』(New York: The Free Press, 1999), p. 129.

12) A. C. Spectorsky, 『The Exurbanites(New York: Berkley Publishing Corp., 1955), pp. 14, 236; 「Commuter Town」, Wikipedia.

13) 맬컴 글래드웰, 임옥희 옮김, 『티핑 포인트: 베스트셀러는 어떻게 뜨게 되는가?』(이끌리오, 2000); 「White Flight」, Wikipedia.

14) Bernard J. Frieden & Lynne B. Sagalyn, 『Downtown, Inc.: How America Rebuilds Cities』(Cambridge, MA: The MIT Press, 1989), pp. 28~29.

15) Bernard J. Frieden & Lynne B. Sagalyn, 『Downtown, Inc.: How America Rebuilds Cities』(Cambridge, MA: The MIT Press, 1989), p. 272.

16) Jerilou Hammett & Kingsley Hammett, eds., 『The Suburbanization of New York: Is the World's Greatest City Becoming Just Another Town?』(New York: Princeton Architectural Press, 2007); Mark S. Foster, 『A Nation on Wheels: The Automobile Culture in America Since 1945』(Belmont, CA: Thompson/Wadsworth, 2003), pp. 167~168; Jane Holtz Kay, 『Asphalt Nation: How the Automobile Took Over America, and How We Can Take It Back』(New York: Crown Publishers, 1997), p. 253; 「Gentrification」, Wikipedia.

17) 「Boomburb」, Wikipedia.

18) Joel Garreau, 『Edge City: Life on the New Frontier』(New York: Doubleday, 1991), p. 130.

19) 데이비드 크로토 · 윌리엄 호인스, 전석호 옮김, 『미디어 소사이어티: 산업 · 이미지 · 수용자』(사계절, 2001), 330쪽.

20) Larry Sawers & William K. Tabb, 『Sunbelt Snowbelt: Urban Development and Regional Restructuring』(New York: Oxford University Press, 1984).

21) 21세기연구회, 홍성철 · 김주영 옮김, 『진짜 세계사, 음식이 만든 역사』(베스트홈, 2008).

22) 권홍우, 『99%의 롤모델: 오늘의 부족한 1%를 채우는 역사』(인물과사상사, 2010).

23) 제러미 리프킨, 신현승 옮김, 『육식의 종말』(시공사, 2002).

24) 데니얼 버스타인 · 데이비드 클라인, 김광전 옮김, 『정보고속도로의 꿈과 악몽』(한국경제신문사, 1996).

25) Ray Croc, 『Grinding It Out: The Making of McDonald's』(Chicago, IL: St. Martin's Paperbacks, 1977/1987), p. 200.

26) 조지 리처, 김종덕 옮김, 『맥도날드 그리고 맥도날드화: 유토피아인가, 디스토피아인가』(시유시, 1999).

27) Mark S. Foster, 『A Nation on Wheels: The Automobile Culture in America Since 1945』(Belmont, CA: Thompson/Wadsworth, 2003), pp. 98~99; 데이비드 핼버스탬, 김지원 옮김, 『데이비드 핼버스탬의 1950년대 아메리카의 꿈』(세종연구원, 1996).

28) Stuart Ewen, 『Captains of Consciousness: Advertising and the Social Roots of the Consumer Culture』(New York: McGraw-Hill, 1976); Andrew Wernick, 「Vehicles for Myth: The Shifting Image of the Modern Car」, Ian Angus & Sut Jhally, eds., 『Cultural Politics in Contemporary America』(New York: Routledge, 1989), pp. 198~216.

29) 데이비드 핼버스탬, 김지원 옮김, 『데이비드 핼버스탬의 1950년대 아메리카의 꿈』(세종연구원, 1996).

30) 에드가 모랭, 이상률 옮김, 『스타』(문예출판사, 1992).

31) 데이비드 달튼, 윤철희 옮김, 『제임스 딘: 불멸의 자이언트』(미다스북스, 2003).

32) 도널드 스포토, 정영목 옮김, 『반항아 제임스 딘』(한길아트, 1999).

33) 강찬호, 「엘비스 '로큰롤 황제' 등극」, 『중앙일보』, 1999년 9월 3일, 21면.

34) Michael Omi, 「In Living Color: Race and American Culture」, Ian Angus & Sut Jhally, eds., 『Cultural Politics in Contemporary America』(New York: Routledge, 1989), pp. 111~122.

35) 찰스 패너티, 이용웅 옮김, 『문화와 유행상품의 역사(전2권)』(자작나무, 1997).

36) 데이비드 핼버스탬, 김지원 옮김, 『데이비드 핼버스탬의 1950년대 아메리카의 꿈』(세종연구원, 1996).

37) Mark S. Foster, 『A Nation on Wheels: The Automobile Culture in America Since 1945』(Belmont, CA: Thompson/Wadsworth, 2003), p. 84.

38) Jeremy Packer, 『Mobility without Mayhem: Safety, Cars, and Citizenship』(Durham, NC: Duke University Press, 2008), pp. 196~197.

39) Virginia Scharff, 『Taking the Wheel: Women and the Coming of the Motor Age』(Albuquerque, NM: University of New Mexico Press, 1999), p. 139; Warren Belasco, 「Motivatin' with Chuck Berry and Frederick Jackson Turner」, David L. Lewis & Laurence Goldstein, eds., 『The Automobile and American Culture』(Ann Arbor: University of Michigan Press, 1983), pp. 262~279; Mark S. Foster, 『A Nation on Wheels: The Automobile Culture in America Since 1945』(Belmont, CA: Thompson/Wadsworth, 2003), pp. 82~83; 「Chuck Berry」, Wikipedia.

40) Clay McShane, 『Down the Asphalt Path: The Automobile and the American City』(New York: Columbia University Press, 1994), p. 134; 데이비드 프리드먼, 김태우 옮김, 『막대에서 풍선까지: 남성 성기의 역사』(까치, 2003); 「Jack Johnson(boxer)」, Wikipedia.

41) Tom Lewis, 『Divided Highways: Building the Interstate Highways, Transforming American Life』(New York: Penguin Books, 1997), pp. 36, 270~271.

42) Mark S. Foster, 『A Nation on Wheels: The Automobile Culture in America Since 1945』(Belmont, CA: Thompson/Wadsworth, 2003), pp. 84~85; E. L. Widmer, 「Crossroads: The Automobile, Rock and Roll and Democracy」, Peter Wollen & Joe Kerr, eds., 『Autopia: Cars and Culture』(London: Reaktion Books, 2002), pp. 65~74.

43) 케네스 데이비스, 이순호 옮김, 『미국에 대해 알아야 할 모든 것, 미국사』(책과함께, 2004); 이왕구, 「"몰라, 그냥 헤매는 거야" 美 비트 세대의 방황」, 『한국일보』, 2009년 11월 14일.

44) 이영옥, 「미국 문학의 미국적 특성」, 김형인 외, 『미국학』(살림, 2003), 101~134쪽.

45) 잭 케루악, 이만식 옮김, 『길 위에서(전2권)』(민음사, 2009); 이영옥, 「미국 문학의 미국적 특성」, 김형인 외, 『미국학』(살림, 2003), 101~134쪽; 엘리자베스 커리드, 최지아 옮김, 『세계의 크리에이티브 공장 뉴욕』(쌤앤파커스, 2009).

46) Mark S. Foster, 『A Nation on Wheels: The Automobile Culture in America Since 1945』(Belmont, CA: Thompson/Wadsworth, 2003), p. 68.

47) Walter F. Weiss, 『America's Wandering Youth: A Sociological Study of Young Hitchhikers in the United States』(Jericho, NY: Exposition Press, 1974). 히치하이킹은 thumbing, tramping, hitching, autostop 또는 thumbing up a ride라고도 한다.

48) Jeremy Packer, 『Mobility without Mayhem: Safety, Cars, and Citizenship』(Durham, NC: Duke University Press, 2008), pp. 77~110; Jan Harold Brunvand, 『The Vanishing Hitchhiker: American Urban Legends and Their Meanings』(New York: W.W.Norton & Co., 1981); 「Hitchhiking」, Wikipedia.

49) 장 보드리야르, 이상률 옮김, 『소비의 사회: 그 신화와 구조』(문예출판사, 1991); 이진경, 「1강 근대 이후의 근대, 혹은 포스트모던 어드벤처」, 이진경 편저, 『문화정치학의 영토들: 현대문화론 강의』(그린비, 2007), 15~56쪽.

50) 제러미 리프킨, 이희재 옮김, 『소유의 종말』(민음사, 2001); 빌 브라이슨, 권상이 옮김, 『빌 브라이슨 발칙한 미국 횡단기: 세계에서 가장 황당한 미국 소도시 여행기』(21세기북스, 2009); Russell Jacoby, 『The Last Intellectuals: American Culture in the Age of Academe』(New York: Basic Books, 1987), pp. 45~47; 앨런 브링클리, 황혜성 외 공역, 『미국인의 역사(전3권)』(비봉출판사, 1998).

51) 「Victor Gruen」, Wikipedia.

52) 더글러스 러시코프, 홍욱희 옮김, 『당신의 지갑이 텅 빈 데는 이유가 있다: 디지털 시대에도 예외가 아닌 대기업의 교묘한 마케팅 전략』(중앙M&B, 2000), 133쪽.

53) 제임스 B. 트위첼, 최기철 옮김, 『럭셔리 신드롬: 사치의 대중화, 소비의 마지막 선택』(미래의창, 2003), 191쪽.

54) 더글러스 러시코프, 홍욱희 옮김, 『당신의 지갑이 텅 빈 데는 이유가 있다: 디지털 시대에도 예외가 아닌 대기업의 교묘한 마케팅 전략』(중앙M&B, 2000), 134쪽.

55) 강내희, 「독점자본주의와 '문화공간' ―롯데월드론」, 현실문화연구 편, 『문화연구 어떻게 할 것인가』(현실문화연구, 1993), 64쪽.

56) 데이비드 핼버스탬, 김지원 옮김, 『데이비드 핼버스탬의 1950년대 아메리카의 꿈』(세종연구원, 1996).

57) 권홍우, 『99%의 롤모델: 오늘의 부족한 1%를 채우는 역사』(인물과사상사, 2010).

58) 박인숙, 「1950년대의 미국 외교(1953~1960)」, 최영보 외, 『미국현대외교사: 루즈벨트 시대에서 클린턴 시대까지』(비봉출판사, 1998), 247~274쪽; 한겨레신문 문화부 편, 『20세기 사람들(전2권)』(한겨레신문사, 1995).

59) 윌리엄 그리더, 「제국의 끝」, 이그나시오 라모네(Ignacio Ramonet) 외, 최병권·이정옥 엮음, 『아메리카: 미국, 그 마지막 제국』(휴머니스트, 2002), 85~95쪽.

60) 「Mini」, Wikipedia.

61) Sylvia Whitman, 『Get Up and Go!: The History of American Road Travel』(Minneapolis, MN: Lerner, 1996), pp. 55~58; 케이티 앨버드, 박웅희 옮김, 『당신의 차와 이혼하라』(돌베개, 2004).

62) 에릭 슐로서, 김은령 옮김, 『패스트푸드의 제국』(에코리브르, 2001).

63) 빌 브라이슨, 권상이 옮김, 『빌 브라이슨 발칙한 미국 횡단기: 세계에서 가장 황당한 미국 소도시 여행기』(21세기북스, 2009).

64) 헬레나 노르베리-호지, 이민아 옮김, 『허울뿐인 세계화』(따님, 2000).

65) Douglas Rushkoff, 『Life Inc.: How the World Became a Corporation and How to Make It Back』(New York: Random House, 2009), pp. 53~54; 빌 브라이슨, 권상이 옮김, 『빌 브라이슨 발칙한 미국 횡단기: 세계에서 가장 황당한 미국 소도시 여행기』(21세기북스, 2009); William H. Chafe, 『The Unfinished Journey: America Since World War II』(New York: Oxford University Press, 1986); 노엄 촘스키·데이비드 바사미언, 강주헌 옮김, 『촘스키, 세상의 권력을 말하다(전2권)』(시대의창, 2004).

66) 문원택 외, 『헨리 포드에서 정주영까지』(한국언론자료간행회, 1998).

67) Jane Jacobs, 『The Death and Life of Great American Cities』(New York: Vintage Books, 1961/1992).

68) 케이티 앨버드, 박웅희 옮김, 『당신의 차와 이혼하라』(돌베개, 2004).

69) Catherine Lutz & Anne Lutz Fernandez, 『Carjacked: The Culture of the Automobile & Its Effect on Our Lives』(New York: Palgrave, 2010), pp. 9~10; 노엄 촘스키, 오애리 옮김, 『507년, 정복은 계속된다』(이후, 2000).

70) Mark S. Foster, 『A Nation on Wheels: The Automobile Culture in America Since 1945』(Belmont, CA: Thompson/Wadsworth, 2003), p. 102.

71) Vance Packard, 『The Status Seekers』(New York: Pocket Books, 1959), pp. 104~105.

72) Vance Packard, 『The Status Seekers』(New York: Pocket Books, 1959), p. 277.

73) Vance Packard, 『The Status Seekers』(New York: Pocket Books, 1959), pp. 277~278.

74) 「Dual-Ghia」, Wikipedia.

●5장

1) Rob Walker, 『Buyingin: The Secret Dialogue Between What We Buy and Who We Are』 (New York: Random House, 2008), p. 97; 김병도, 『코카콜라는 어떻게 산타에게 빨간 옷을 입혔는가: 위기를 돌파하는 마케팅』(21세기북스, 2003).

2) John Keats, 『The Insolent Chariots』(Greenwich, CT: Crest Book, 1958/1959), pp. 167~168.

3) James J. Flink, 『The Automobile Age』(Cambridge, Mass.: The MIT Press, 1990), pp. 287, 339; Mark S. Foster, 『A Nation on Wheels: The Automobile Culture in America Since 1945』(Belmont, CA: Thompson/Wadsworth, 2003), p. 156.

4) Mark S. Foster, 『A Nation on Wheels: The Automobile Culture in America Since 1945』 (Belmont, CA: Thompson/Wadsworth, 2003), p. 99; Kenneth T. Jackson, 『Crabgrass Frontier: The Suburbanization of the United States』(New York: Oxford University Press, 1985), pp. 264~265; Mike Davis, 『Dead Cities And Another Tales』(New York: The New Press, 2002), pp. 123~124; 「Robert H. Schuller」, Wikipedia; 「Crystal Cathedral」, Wikipedia.

5) Daniel J. Boorstin, 『The Image: A Guide to Pseudo-Events in America』(New York: Atheneum, 1964), pp. 9~10.

6) Daniel J. Boorstin, 『The Image: A Guide to Pseudo-Events in America』(New York: Atheneum, 1964), pp. 185, 197.

7) William Leach, 『Land of Desire: Merchants, Power and the Rise of a New American Culture』(New York: Vintage Books, 1993).

8) 「Cruising for Sex」, Wikipedia.

9) 찰스 패너티, 이용웅 옮김, 『문화와 유행상품의 역사(전2권)』(자작나무, 1997).

10) 파비엔 카스타-로자, 박규현 옮김, 『연애, 그 유혹과 욕망의 사회사』(수수꽃다리, 2003).

11) 「American Graffiti」, Wikipedia.

12) 「Ford Mustang」, Wikipedia.

13) Douglas Brinkley, 『Wheels for the World: Henry Ford, His Company, and a Century of Progress 1902~2003』(New York: Penguin Books, 2004), pp. 613~618.

14) 케이티 앨버드, 박웅희 옮김, 『당신의 차와 이혼하라』(돌베개, 2004).

15) Jane Holtz Kay, 『Asphalt Nation: How the Automobile Took Over America, and How We Can Take It Back』(New York: Crown Publishers, 1997), p. 83; William J. Holstein, 『Why GM Matters: Inside the Race to Transform an American Icon』(New York: Walker & Co., 2009), p. 119.

16) Paul Ingrassia & Joseph B. White, 『Comeback: The Fall and Rise of the American Automobile Industry』(New York: Touchstone Book, 1994), pp. 369~370.

17) William J. Holstein, 『Why GM Matters: Inside the Race to Transform an American Icon』(New York: Walker & Co., 2009), p. 227.

18) 케네스 데이비스, 이순호 옮김, 『미국에 대해 알아야 할 모든 것, 미국사』(책과함께, 2004).

19) Nicholas Eberstadt, 『Prosperous Paupers & Other Population Problems』(New Brunswick, NJ: Transaction Publishers, 2000), pp. 54~56.

20) Sharon Zukin, 『Point of Purchase: How Shopping Changed American Culture』(New York: Routledge, 2005), pp. 187~188.

21) Mark S. Foster, 『A Nation on Wheels: The Automobile Culture in America Since 1945』 (Belmont, CA: Thompson/Wadsworth, 2003), pp. 147~150.

22) Jethro K. Lieberman, 『Privacy and the Law』(New York: Lothrop, Lee & Shepard, 1978). pp. 106~108.

23) Sylvia Whitman, 『Get Up and Go!: The History of American Road Travel』(Minneapolis, MN: Lerner, 1996), p. 79

24) William L. O'Neill, 『Coming Apart: An Informal History of America in the 1960's』(New York: Times Books, 1971).

25) John Jerome, 『The Death of the Automobile: The Fatal Effect of the Golden Era, 1957~1970』(New York: Norton, 1972), pp. 174~175.

26) 『Lemon(Automobile)』, Wikipedia.

27) William L. O'Neill, 『Coming Apart: An Informal History of America in the 1960's』(New York: Times Books, 1971).

28) John Jerome, 『The Death of the Automobile: The Fatal Effect of the Golden Era, 1957~1970』(New York: Norton, 1972), pp. 242~243.

29) 김용관, 『탐욕의 자본주의: 투기와 약탈이 낳은 괴물의 역사』(인물과사상사, 2009).

30) 피터 비스킨드, 박성학 옮김, 『헐리웃 문화혁명』(시각과언어, 2001).

31) 윌리엄 D. 로마노프스키, 신국원 옮김, 『대중문화전쟁: 미국문화 속의 종교와 연예의 역할』(예영 커뮤니케이션, 2001).

32) 존 벨튼, 이형식 옮김, 『미국영화/미국문화』(한신문화사, 2000).

33) 이성욱, 「마약세대, 할리우드를 쏘다」, 『한겨레 21』, 2002년 1월 24일, 56면.

34) Thomas Frank, 『The Conquest of Cool: Business Culture, Counterculture, and the Rise of Hip Consumerism』(Chicago: University of Chicago Press, 1997), pp. 159~162.

35) Current Biography, 「Scott, Ridley」, Current Biography, 1991.

36) 존 오르, 김경욱 옮김, 『영화와 모더니티』(민음사, 1999), 211쪽.

37) Peter Jenkins, 『A Walk Across America』(New York: Perennial, 1979); William Least Heat-Moon, 『Blue Highways: A Journey into America』(New York: Back Bay Books, 1999); Larry McMurtry, 『Roads: Driving America's Great Highways』(New York:

Touchstone Book, 2000); 빌 브라이슨, 권상이 옮김, 『빌 브라이슨 발칙한 미국 횡단기: 세계
에서 가장 황당한 미국 소도시 여행기』(21세기북스, 2009).
38) Herbert J. Gans, 『The Levittowners: Ways of Life and Politics in a New Suburban
Community』(New York: Columbia University Press, 1967/1982), pp. 408~432.
39) Daniel J. Elazar, 『Building Cities in America: Urbanization and Suburbanization in a
Frontier Society』(Lanham, MD: Hamilton Press, 1987), pp. 263~280.

●6장

1) 헤더 로저스, 이수영 옮김, 『사라진 내일: 쓰레기는 어디로 갔을까』(삼인, 2009); 유근배, 「미국의
환경운동」, 미국학연구소 편, 『미국 사회의 지적 흐름: 정치·경제·사회·문화』(서울대학교출판
부, 1998), 293~318쪽.
2) Helen Leavitt, 『Superhighway-Superhoax』(New York: Doubleday & Co., 1970), p. 36.
3) Kenneth R. Schneider, 『Autokind vs. Mankind』(New York: Schocken Books, 1971/1972);
John Jerome, The Death of the Automobile: The Fatal Effect of the Golden Era,
1957~1970』(New York: Norton, 1972); Ronald A. Buel, 『Dead End: The Automobile in
Mass Transportation』(Baltimore, MD: Penguin Books, 1972/1973); Emma Rothschild,
『Paradise Lost: The Decline of the Auto-Industrial Age』(New York: Vintage Books,
1973/1974).
4) Samir Amin, 「NIEO: How to Put Third World Surpluses to Effective Use」, 『Third World
Quarterly』, 1:1(Jan. 1979).
5) 오원철, 「에너지정책과 중동진출」(기아경제연구소, 1997); 홍하상, 『카리스마 vs 카리스마 이병
철·정주영』(한국경제신문, 2001).
6) Kenneth T. Jackson, 『Crabgrass Frontier: The Suburbanization of the United States』
(New York: Oxford University Press, 1985), p. 247.
7) 윌리엄 노크, 황태호·최기철 옮김, 『21세기 쇼크』(경향신문사, 1996).
8) Lynn Sloman, 『Car Sick: Solutions for Our Car-Addicted Culture』(White River Junction,
VT: Chelsea Green Publishing Co., 2006), p. 9.
9) 카풀은 car-sharing, ride-sharing, lift-sharing이라고도 하는데, car-sharing은 영국 등 일
부 국가에선 자동차를 회원들끼리 돌려가면서 쓰는 걸 뜻한다. 영국에선 그런 회원들의 모임을
car club이라고 하는데, 미국에서 car club은 자동차 애호가들의 클럽을 뜻한다.
10) Jane Holtz Kay, 『Asphalt Nation: How the Automobile Took Over America, and How
We Can Take It Back』(New York: Crown Publishers, 1997), pp. 317~318; 「High-
Pccupancy Vehicle Lane」, Wikipedia.
11) 「Slugging」, Wikipedia.
12) Christopher Lasch, 『Culture of Narcissism: American Life in an Age of Diminishing
Expectations』(New York: Warner Books, 1979).

자동차와 민주주의

308

13) 제러미 리프킨, 이정배 옮김, 『생명권 정치학』(대화출판사, 1996).

14) Peter Steinhart, 「Our Off-Road Fantasy」, David L. Lewis & Laurence Goldstein, eds., 『The Automobile and American Culture』(Ann Arbor: University of Michigan Press, 1983), pp. 349~350.

15) 존 더 그라프 · 데이비드 왠 · 토머스 네일러, 박웅희 옮김, 『어플루엔자: 풍요의 시대, 소비중독 바이러스』(한숲, 2002).

16) Gary Wills, 『Reagan's America: Innocents at Home』(New York: Doubleday, 1987).

17) 탐 엥겔하트, 강우성 · 정소영 옮김, 『미국, 변화인가 몰락인가: 미국의 비판적 지성들과 함께 한 블로그 인터뷰』(창비, 2008).

18) Douglas Brinkley, 『Wheels for the World: Henry Ford, His Company, and a Century of Progress 1902~2003』(New York: Penguin Books, 2004), pp. 67~672; 「Lee Iacocca」, Wikipedia.

19) 「Ford Pinto」, Wikipedia.

20) Mark S. Foster, 『A Nation on Wheels: The Automobile Culture in America Since 1945』(Belmont, CA: Thompson/Wadsworth, 2003), pp. 169~171.

21) Mark S. Foster, 『A Nation on Wheels: The Automobile Culture in America Since 1945』(Belmont, CA: Thompson/Wadsworth, 2003), pp. 170~171.

22) James J. Flink, 『The Automobile Age』(Cambridge, Mass.: The MIT Press, 1990), p. 327.

23) Douglas Brinkley, 『Wheels for the World: Henry Ford, His Company, and a Century of Progress 1902~2003』(New York: Penguin Books, 2004), p. 665; Mark S. Foster, 『A Nation on Wheels: The Automobile Culture in America Since 1945』(Belmont, CA: Thompson/Wadsworth, 2003), pp. 157~158.

24) James J. Flink, 『The Automobile Age』(Cambridge, Mass.: The MIT Press, 1990), p. 340.

25) John B. Rae, 『The American Automobile Industry』(Boston, MA: Twayne Publishers, 1984), pp. 156~158.

26) 윌리엄 노크, 황태호 · 최기철 옮김, 『21세기 쇼크』(경향신문사, 1996).

27) 「1980s Oil Glut」, Wikipedia.

28) 「Honda Accord」, Wikipedia.

29) Derek Bok, 『Universities and the Future of America』(Durham, NC: Duke University Press, 1990), pp. 18~19.

30) Paul Ingrassia & Joseph B. White, 『Comeback: The Fall and Rise of the American Automobile Industry』(New York: Touchstone Book, 1994), pp. 13, 95, 237.

31) Paul Krugman, 「Gephardtnomics: How It Would Wreck the Country」, 『New Republic』, March 28, 1988, pp. 22~25.

32) 백창재, 『미국 패권 연구』(인간사랑, 2009).

33) Keith Bradsher, 『High and Mighty: SUVs-The World's Most Dangerous Vehicles and How They Got Their Way』(New York: PublicAffairs, 2002), p. 177; James David Barber,

『The Presidential Character: Predicting Performance in the White House』, 3rd ed. (Englewood Cliffs, N. J.: Prentice-Hall, 1985); Mark Green & Gail MacColl, 『There He Goes Again: Ronald Reagan's Reign of Error』(New York: Pantheon Books, 1983); 이준구, 「미국 환경정책의 현황」, 미국학연구소 편, 『21세기 미국의 역사적 전망 I: 정치·외교·환경』(서울대학교출판부, 2001), 385~430쪽.

34) Michael D. Wormser, ed., 『Candidates '84』(Washington, D.C.: Congressional Quarterly, 1984).

35) Ian Angus & Sut Jhally, 「Introduction」, Ian Angus & Sut Jhally, eds., 『Cultural Politics in Contemporary America』(New York: Routledge, 1989), pp. 1~14; Judie Mosier Thorpe, 『Lee Iacocca and the Generation of Myth in the Spokesman Advertising Campaign for Chrysler from 1980~1984』, 『Journal of American Culture』, 2:2(Summer 1988), pp. 41~45.

36) Paul Ingrassia & Joseph B. White, 『Comeback: The Fall and Rise of the American Automobile Industry』(New York: Touchstone Book, 1994), p. 83.

37) Mark S. Foster, 『A Nation on Wheels: The Automobile Culture in America Since 1945』(Belmont, CA: Thompson/Wadsworth, 2003), pp. 172~173.

38) Paul Ingrassia & Joseph B. White, 『Comeback: The Fall and Rise of the American Automobile Industry』(New York: Touchstone Book, 1994), pp. 66~70.

39) William Greider, 『Who Will Tell the People: The Betrayal of American Democracy』(New York: Simon & Schuster, 1992), pp. 111~112.

40) Paul Ingrassia & Joseph B. White, 『Comeback: The Fall and Rise of the American Automobile Industry』(New York: Touchstone Book, 1994), p. 333.

41) 「Lexus」, Wikipedia; 「렉서스(Lexus)」, 네이버 백과사전.

42) 토머스 L. 프리드먼, 신동욱 옮김, 『렉서스와 올리브나무: 세계화는 덫인가, 기회인가?(전 2권)』(창해, 2000).

43) Martin Lindstrom, 『Brand Sense: Sensory Secrets Behind the Stuff We Buy』, 2nd ed.(New York: Free Press, 2005), pp. 77~78, 97~99.

44) Steven Rattner, 『Overhaul: An Insider's Account of the Obama Administrations's Emergency Rescue of the Auto Industry』(New York: Houghton Mifflin Harcourt, 2010), p. 15.

45) Paul Ingrassia & Joseph B. White, 『Comeback: The Fall and Rise of the American Automobile Industry』(New York: Touchstone Book, 1994), p. 23.

46) Micheline Maynard, 『The End of Detroit: How the Big Three Lost Their Grip on the American Car Market』(New York: Currency, 2003), pp. 119~120; 「Toyata Camry」, Wikipedia.

47) Paul Ingrassia & Joseph B. White, 『Comeback: The Fall and Rise of the American Automobile Industry』(New York: Touchstone Book, 1994), p. 11.

48) Robert B. Reich, 『The Work of Nations: Preparing Ourselves for 21st-Century Capitalism』(New York: Random House 1991), pp. 113~131.

49) John F. Love, 『McDonald's: Behind the Arches』, 2nd ed.(New York: Bantam Books, 1995), p. 400.

50) 「Tailgate」, Wikipedia.

51) 영국에서는 스테이션왜건 대신 에스테이트카(estate car)라고 한다. 「Station Wagon」, Wikipedia; 이종찬, [틴틴경제] 자동차의 진화, 『중앙일보』, 2010년 7월 16일.

52) Paco Underhill, 『Call of the Mall』(New York: Simon & Schuster, 2004), pp. 26~27; 「Tailgate Party」, Wikipedia.

53) John Madden & Peter Kaminsky, 『John Madden's Ultimate Tailgating』(New York: Viking, 1998).

54) 「Tailgating」, Wikipedia.

55) Anthony Downs, 『Struck in Traffic: Coping with Peak-Hour Traffic Congestion 』(Washington, D.C.: The Brookings Institution, 1992), p. 20; Anthony Downs, 『New Visions for Metropolitan America』(Washington, D.C.: The Brookings Institution, 1994), p. 156.

56) Barry Glassner, 『The Culture of Fear: Why Americans Are Afraid of the Wrong Things』, 2nd ed.(New York: Basic Books, 2009), pp. 3~9.

57) Daniel Gardner, 『The Science of Fear: How the Culture of Fear Manipulates Your Brain』(New York: A Plume Book, 2009), pp. 176~177.

58) Catherine Lutz & Anne Lutz Fernandez, 『Carjacked: The Culture of the Automobile & Its Effect on Our Lives』(New York: Palgrave, 2010), pp. 152~157; Jan Harold Brunvand, 『The Vanishing Hitchhiker: American Urban Legends and Their Meanings』(New York: W.W.Norton & Co., 1981), pp. 234~252; Leon James & Diane Nahl, 『Road Rage and Aggressive Driving: Steering Clear of Highway Warfare』(Amherst, NY: Prometheus Books, 2000); 「Road Rage」, Wikipedia.

59) 제러미 리프킨, 이정배 옮김, 『생명권 정치학』(대화출판사, 1996).

●7장

1) Mike Davis, 『Dead Cities And Another Tales』(New York: The New Press, 2002), pp. 252~253.

2) Ronald A. Buel, 『Dead End: The Automobile in Mass Transportation』(Baltimore, MD: Penguin Books, 1972/1973), p. 168.

3) 손세호, 『하룻밤에 읽는 미국사』(랜덤하우스, 2007).

4) 케네스 데이비스, 이순호 옮김, 『미국에 대해 알아야 할 모든 것, 미국사』(책과함께, 2004); 요미우리 신문사 엮음, 이종주 옮김, 『20세기의 드라마(전3권)』(새로운 사람들, 1996); 이경원·김지

현, 「팽창하는 라틴계와의 마찰로 제2의 'LA폭동'이 우려된다: '4 · 29 LA폭동'의 진실을 찾아서」, 「월간조선」, 2005년 10월, 488~501쪽.

5) Mike Davis, 「Dead Cities And Another Tales」(New York: The New Press, 2002), p. 12; 에드워드 베르, 김남주 옮김, 「미국 미국 미국」(한뜻, 1996).

6) 제러미 리프킨, 이영호 옮김, 「노동의 종말」(민음사, 1996).

7) 로버트 라이시, 남경우 외 옮김, 「국가의 일」(까치, 1994).

8) 에드워드 베르, 김남주 옮김, 「미국 미국 미국」(한뜻, 1996).

9) Edward J. Blakely & Mary Gail Snyder, 「Fortress America: Gated Communities in the United States」(Washington, D.C.: Brookings Institution Press, 1999), p. vii.

10) 에드워드 베르, 김남주 옮김, 「미국 미국 미국」(한뜻, 1996).

11) 강준만, 「벙커도시」, 「한국인을 위한 교양사전」(인물과사상사, 2004).

12) Jan Harold Brunvand, 「The Vanishing Hitchhiker: American Urban Legends and Their Meanings」(New York: W.W.Norton & Co., 1981), pp. 288~289; 「Ford SYNus」, Wikipedia.

13) Benjamin R. Barber, 「A Place for Us: How to Make Society Civil and Democracy Strong」(New York: Hill and Wang, 1998), p. 76.

14) Sherry Turkle, 「Life on the Screen: Identity in the Age of Internet」(New York: Simon & Schuster, 1995), p. 235.

15) 강준만, 「공동체주의」, 「한국인을 위한 교양사전」(인물과사상사, 2004).

16) Robert D. Putnam, 「Bowling Alone: The Collapse and Revival of American Community」(New York: Touchstone Book, 2000).

17) 강준만, 「공동체주의」, 「한국인을 위한 교양사전」(인물과사상사, 2004).

18) 알레잔드로 포르테스, 「제5장 사회자본 개념의 기원과 현대 사회학의 적용」, 유석춘 외 공편역, 「사회자본: 이론과 쟁점」(그린, 2003).

19) 람 이매뉴얼 · 브루스 리드, 안병진 옮김, 「더 플랜: 미국의 새로운 비전과 민주당의 도전」(리북, 2008).

20) sprawl과 같은 뜻으로 decentralization, redistribution, scatterization이라는 말도 쓰였다. 「Tabor R. Stone, Beyond the Automobile: Reshaping the Transportation Environment」(Englewood Cliffs, NJ: Prentice-Hall, 1971), p. 81.

21) James B. Twitchell, 「Shopping for God: How Christianity Went From In Your Heart to In Your Face」(New York: Simon & Schuster, 2007), p. 208.

22) Randal O'Toole, 「The Vanishing Automobile and Other Urban Myths: How Smart Growth Will Harm American Cities」(Bandon, Oregon: The Thoreau Institute, 2001), p. 7.

23) 「Randal O'Toole」, Wikipedia.

24) Mark S. Foster, 「A Nation on Wheels: The Automobile Culture in America Since 1945」(Belmont, CA: Thompson/Wadsworth, 2003), p. 197.

25) 「Traffic Calming」, Wikipedia.

26) Leon James & Diane Nahl, 『Road Rage and Aggressive Driving: Steering Clear of Highway Warfare』(Amherst, NY: Prometheus Books, 2000), pp. 243~246.

27) Tom Vanderbilt, 『Traffic: Why We Drive the Way We Do (and What It Says About Us)』(New York: Vintage Books, 2008/2009), p. 193.

28) 『Copenhagenization』, Wikipedia; 『New Pedestrianism』, Wikipedia.

29) Thomas Frank, 『One Market Under God: Extreme Capitalism, Market Populism, and the End of Economic Democracy』(New York: Doubleday, 2000), p. 51.

30) Tom Vanderbilt, 「The Advertised Life」, Thomas Frank & Matt Weiland, eds., 『Commodify Your Dissent: The Business of Culture in the New Gilded Age』(New York: W.W.Norton, 1997), pp. 127~142.

31) James B. Twitchell, 『Shopping for God: How Christianity Went From In Your Heart to In Your Face』(New York: Simon & Schuster, 2007), pp. 77~78.

32) 로버트 라이시, 오성호 옮김, 『부유한 노예』(김영사, 2001).

33) 윤경희, 「관계의 차별화로 승부하라: 할리데이비슨」, 『MBC ADCOM』, 2005년 5·6월, 46~49쪽; 김민경, 「두 바퀴로 즐기는 '낭만과 스릴'」, 『주간동아』, 2005년 9월 6일, 38면.

34) Pamela N. Danziger, 『Let Them Eat Cake: Marketing Luxury to the Masses—As Well as Classes』(Chicago, Il.: Dearborn Trade Publishing, 2005), p. 129.

35) James B. Twitchell, 『Branded Nation: The Marketing of Megachurch, College Inc., and Museumworld』(New York: Simon & Schuster, 2004), p. 21.

36) Benjamin R. Barber, 『Consumed: How Markets Corrupt Children, Infantilize Adults, And Swallow Citizens Whole』(New York: W. W. Norton & Co., 2007), pp. 197~198.

37) 강준만, 「스타벅스」, 『한국인을 위한 교양사전』(인물과사상사, 2004).

38) Catherine Lutz & Anne Lutz Fernandez, 『Carjacked: The Culture of the Automobile & Its Effect on Our Lives』(New York: Palgrave, 2010), pp. 137~138.

39) Mark Eskeldson, 『What Auto Mechanics Don't Want You to Know』(Fair Oakes, CA: Technews Publishing, 1998); Mark Eskeldson, 『What Car Dealers Don't Want You to Know』, 3rd ed.(Fair Oakes, CA: Technews Publishing, 2000); Helene M. Lawson, 『Ladies on the Lot: Women, Car Sales, and the Pursuit of the American Dream』(New York: Rowman & Littlefield, 2000).

40) Mike Davis, 『Ecology of Fear: Los Angeles and the Imagination of Disaster』(New York: Vintage Books, 1998/1999), pp. 402~403.

41) Douglas Massey & Nancy Denton, 『American Apartheid: Segregation and the Making of the Underclass』(Cambridge, MA: Harvard University Press, 1993); David L. Kirp et al., 『Our Town: Race, Housing, and the Soul of Suburbia』(New Brunswick, NJ: Rutgers University Press, 1995/1997), pp. 167~169.

42) Catherine Lutz & Anne Lutz Fernandez, 『Carjacked: The Culture of the Automobile & Its Effect on Our Lives』(New York: Palgrave, 2010), pp. 4, 146~148; Robert Bernstein,

「The Speed Trap」, John de Graaf, ed., 『Take Back Your Time: Fighting Overwork and Time Poverty in America』(San Francisco, CA: Berrett-Koehler Publishers, 2003), p. 103; Susan Gregory Thomas, 『Buy, Buy Baby: How Consumer Culture Manipulates Parents and Harms Young Minds』(New York: Mariner Books, 2007), p. 224.

43) Catherine Lutz & Anne Lutz Fernandez, 『Carjacked: The Culture of the Automobile & Its Effect on Our Lives』(New York: Palgrave, 2010), pp. 150~151.

44) 비키 쿤켈, 박혜원 옮김, 『본능의 경제학: 본능 속에 숨겨진 인간행동과 경제학의 비밀』(사이, 2009).

45) Dan Balz & Ronald Brownstein, 『Storming the Gates: Protest Politics and the Republican Revival(New York: Little, Brown and Co., 1996), p. 189.

46) Howard Kurtz, 『Hot Air: All Talk All the Time-How the Talk Show Culture Has Changed America』(New York: BasicBooks, 1996/1997), p. 259.

47) Richard A. Viguerie & David Franke, 『America's Right Turn: How Conservatives Used News and Alternative Media to Take Power』(Chicago: Bonus Books, 2004), pp. 198~199.

48) Richard A. Viguerie & David Franke, 『America's Right Turn: How Conservatives Used News and Alternative Media to Take Power』(Chicago: Bonus Books, 2004), pp. 189~190.

49) Dan Balz & Ronald Brownstein, 『Storming the Gates: Protest Politics and the Republican Revival』(New York: Little, Brown and Co., 1996), pp. 169~171, 189.

50) Alexander Zaitchik, 『Common Nonsense: Glenn Beck and the Triumph of Ignorance』 (Hoboken, NJ: John Wiley & Sons, 2010), p. 50.

51) 이청솔, 「오바마를 향해 거침없이 쏴라: 오바마 저격수 나선 미 극우논객들, 통하거나 욕먹거나」, 『경향신문』, 2009년 10월 14일.

52) Alexander Zaitchik, 『Common Nonsense: Glenn Beck and the Triumph of Ignorance』 (Hoboken, NJ: John Wiley & Sons, 2010), pp. 60~61.

53) Alexander Zaitchik, 『Common Nonsense: Glenn Beck and the Triumph of Ignorance』 (Hoboken, NJ: John Wiley & Sons, 2010), pp. 200~209.

54) 페이스 팝콘 · 리스 마리골드, 조은정 · 김영신 옮김, 『클릭! 미래 속으로』(21세기북스, 1999).

55) 앨런 테인 더닝, 구자건 옮김, 『소비사회의 극복: 현대 소비사회와 지구환경 위기』(따님, 1994).

56) Catherine Lutz & Anne Lutz Fernandez, 『Carjacked: The Culture of the Automobile & Its Effect on Our Lives』(New York: Palgrave, 2010), p. 5.

57) 시어도어 로위, 우동성 정리, 「해외논단: 미 정치 3당시대 예고」, 『세계일보』, 1992년 9월 26일, 8면.

58) 「페로의 전략, 꿈과 신화를 판다」, 『뉴스위크 한국판』, 1992년 6월 17일.

59) Bill Readings, 『The University in Ruins』(Cambridge, Mass.: Harvard University Press, 1996), pp. 21~28.

60) Paul Ingrassia & Joseph B. White, 『Comeback: The Fall and Rise of the American Automobile Industry』(New York: Touchstone Book, 1994), pp. 11~12.

61) Steven Rattner, 『Overhaul: An Insider's Account of the Obama Administrations's Emergency Rescue of the Auto Industry』(New York: Houghton Mifflin Harcourt, 2010), pp. 16~17; Catherine Lutz & Anne Lutz Fernandez, Carjacked: The Culture of the Automobile & Its Effect on Our Lives』(New York: Palgrave, 2010), p. 87.

62) 『Automotive Industry Crisis of 2008~2010』, Wikipedia.

●8장

1) Keith Bradsher, 『High and Mighty: SUVs–The World's Most Dangerous Vehicles and How They Got Their Way』(New York: PublicAffairs, 2002).

2) 『Jeep』, Wikipedia.

3) 『Four–Wheel Drive』, Wikipedia.

4) Catherine Lutz & Anne Lutz Fernandez, 『Carjacked: The Culture of the Automobile & Its Effect on Our Lives』(New York: Palgrave, 2010), pp. 16~17.

5) Joseph Heath & Andrew Potter, 『Nation of Rebels: Why Counterculture Became Consumer Culture』(New York: HarperBusiness, 2004).

6) Lee Harris, 『The Next American Civil War: The Populist Revolt Against the Liberal Elite』(New York: Palgrave, 2010).

7) 『Criticism of Sport Utility Vehicles』, Wikipedia.

8) Keith Bradsher, 『High and Mighty: SUVs–The World's Most Dangerous Vehicles and How They Got Their Way』(New York: PublicAffairs, 2002), pp. 128~131.

9) 『Criticism of Sport Utility Vehicles』, Wikipedia.

10) Catherine Lutz & Anne Lutz Fernandez, 『Carjacked: The Culture of the Automobile & Its Effect on Our Lives』(New York: Palgrave, 2010), pp. 72~73, 199~201; Keith Bradsher, 『High and Mighty: SUVs–The World's Most Dangerous Vehicles and How They Got Their Way』(New York: PublicAffairs, 2002); 『Sport Utility Vehicle』, Wikipedia.

11) Keith Bradsher, 『High and Mighty: SUVs–The World's Most Dangerous Vehicles and How They Got Their Way』(New York: PublicAffairs, 2002), pp. 275~281.

12) Micheline Maynard, 『The End of Detroit: How the Big Three Lost Their Grip on the American Car Market』(New York: Currency, 2003), pp. 25, 174~183; 『Automotive Industry Crisis of 2008~2010』, Wikipedia..

13) William Greider, 『The Soul of Capitalism: Opening Paths to a Moral Economy(New York: Simon & Schuster, 2003), pp. 196~197.

14) 폴 비릴리오, 이재원 옮김, 『속도와 정치』(그린비, 2004).

15) 대니얼 부어스틴, 이보형 외 옮김, 『미국사의 숨은 이야기』(범양사출판부, 1991).

16) Douglas Brinkley, 『Wheels for the World: Henry Ford, His Company, and a Century of Progress 1902~2003(New York: Penguin Books, 2004), p. 623; 「Auto Racing」, Wikipedia.

17) Jan Harold Brunvand, 『The Vanishing Hitchhiker: American Urban Legends and Their Meanings』(New York: W.W.Norton & Co., 1981), pp. 66~67.

18) Catherine Lutz & Anne Lutz Fernandez, 『Carjacked: The Culture of the Automobile & Its Effect on Our Lives』(New York: Palgrave, 2010), p. 6.

19) 「Stock Car Racing」, Wikipedia; 「NASCAR」, Wikipedia.

20) Catherine Lutz & Anne Lutz Fernandez, 『Carjacked: The Culture of the Automobile & Its Effect on Our Lives』(New York: Palgrave, 2010), p. 18.

21) Catherine Lutz & Anne Lutz Fernandez, 『Carjacked: The Culture of the Automobile & Its Effect on Our Lives』(New York: Palgrave, 2010), pp. 181~182; Jane Holtz Kay, 『Asphalt Nation: How the Automobile Took Over America, and How We Can Take It Back』(New York: Crown Publishers, 1997), p. 107; James Howard Kunstler, 『Home From Nowhere: Remaking Our Everyday World for the 21st Century』(New York: Touchstone, 1996).

22) Catherine Lutz & Anne Lutz Fernandez, 『Carjacked: The Culture of the Automobile & Its Effect on Our Lives』(New York: Palgrave, 2010), pp. 91~94.

23) Robert Bernstein, 「The Speed Trap」, John de Graaf, ed., 『Take Back Your Time: Fighting Overwork and Time Poverty in America』(San Francisco, CA: Berrett-Koehler Publishers, 2003), p. 105.

24) Naomi Klein, 『The Shock Doctrine: The Rise of Disaster Capitalism』(New York: Picador, 2007).

25) Catherine Lutz & Anne Lutz Fernandez, 『Carjacked: The Culture of the Automobile & Its Effect on Our Lives』(New York: Palgrave, 2010), p. 10.

26) Catherine Lutz & Anne Lutz Fernandez, 『Carjacked: The Culture of the Automobile & Its Effect on Our Lives』(New York: Palgrave, 2010), p. 3.

27) Robert Bernstein, 「The Speed Trap」, John de Graaf, ed., 『Take Back Your Time: Fighting Overwork and Time Poverty in America』(San Francisco, CA: Berrett-Koehler Publishers, 2003), pp. 102~103.

28) Catherine Lutz & Anne Lutz Fernandez, 『Carjacked: The Culture of the Automobile & Its Effect on Our Lives』(New York: Palgrave, 2010), pp. 102~114.

29) William J. Holstein, 『Why GM Matters: Inside the Race to Transform an American Icon』(New York: Walker & Co., 2009), p. 31.

30) Micheline Maynard, 『The End of Detroit: How the Big Three Lost Their Grip on the American Car Market』(New York: Currency, 2003), p. 274.

31) Steven Rattner, 『Overhaul: An Insider's Account of the Obama Administrations's Emergency Rescue of the Auto Industry』(New York: Houghton Mifflin Harcourt, 2010), p. 16.

32) 「United Auto Workers」, Wikipedia.

33) Steven Rattner, 『Overhaul: An Insider's Account of the Obama Administrations's Emergency Rescue of the Auto Industry』(New York: Houghton Mifflin Harcourt, 2010), p. 17.

34) 이청솔, 「미국인 삶을 바꾸는 불황」, 『경향신문』, 2009c년 4월 7일.

35) 김현진, 「1분에 70억 '슈퍼볼 광고' 현대는 웃고 지엠은 울고」, 『조선일보』, 2008년 9월 30일.

36) 황유석, 「"10시간 차 몰고 온 것도 쇼" 조롱·질책만: 美 '車빅3 구제 금융 청문회' 첫날」, 『한국일보』, 2008a년 12월 6일.

37) 「Lemon Socialism」, Wikipedia.

38) Steven Rattner, 『Overhaul: An Insider's Account of the Obama Administrations's Emergency Rescue of the Auto Industry』(New York: Houghton Mifflin Harcourt, 2010), p. 45; Catherine Lutz & Anne Lutz Fernandez, 『Carjacked: The Culture of the Automobile & Its Effect on Our Lives』(New York: Palgrave, 2010), pp. 8, 93.

39) Catherine Lutz & Anne Lutz Fernandez, 『Carjacked: The Culture of the Automobile & Its Effect on Our Lives』(New York: Palgrave, 2010), pp. 9~10.

40) 정영오, 「"빅3 실패는 상명하복식 경영 패러다임 탓": 타임誌 "CEO는 숫자놀음, 중간간부는 상부 눈치"」, 『한국일보』, 2008년 12월 6일.

41) William Greider, 『The Soul of Capitalism: Opening Paths to a Moral Economy』(New York: Simon & Schuster, 2003), pp. 277~278. 시간이 좀 더 흘러 나아진 걸까? 이종훈 명지대 경영학과 교수는 2010년 "앨러배머주는 1인당 소득이 미국 50개 주 가운데 48위였으나, 현대차 공장이 들어선 이후 41위로 상승했다"라며 긍정적 효과를 강조했다. 이종훈, 「앨라배마의 현대 자동차」, 『한국일보』, 2010년 12월 24일.

42) 구정은, 「어제의 오늘」, 『경향신문』, 2009년 6월 24일~10월 28일.

43) 권태호, 「얼어붙은 '미국 자동차 심장' … 회생 안간힘: 미 '빅3 도시' 가보니」, 『한겨레』, 2010년 2월 1일.

44) 구정은, 「어제의 오늘」, 『경향신문』, 2009년 6월 24일~10월 28일.

45) Steven Rattner, 『Overhaul: An Insider's Account of the Obama Administrations's Emergency Rescue of the Auto Industry』(New York: Houghton Mifflin Harcourt, 2010), p. 298.

46) 권태호, 「얼어붙은 '미국 자동차 심장' … 회생 안간힘: 미 '빅3 도시' 가보니」, 『한겨레』, 2010년 2월 1일.

47) 「World Ranking of Manufacturers Year 2009」, World Motor Vehicle Production OICA Correspondents Survey.

48) 「List of Countries by Motor Vehicle Production」, Wikipedia.

49) 권태호, 「[워싱턴에서] 토요타 사태의 또 다른 원인」, 『한겨레』, 2010년 2월 9일.

50) 김범수, 「日언론 "미국車 부활 노린 토요타 때리기"」, 『한국일보』, 2010년 2월 3일.

51) 조일준, 「지엠, 3년 만에 흑자 전환: "올 1분기 순익 8억 달러 넘어"」, 『한겨레』, 2010년 5월 19일.

52) 송태희, 「오 마이 갓 … 美 자동차 시장 '할인 과속': 현대·기아차는 동참 안 해 … 하반기 추이 주목」, 『한국일보』, 2010년 7월 16일.

53) 정경민, 「오바마, 전기차 개발로 '빅3' 부활 집념」, 『중앙일보』, 2010년 7월 17일.

54) 「Hybrid Electric Vehicle」, Wikipedia.

55) 「Hydrogen Vehicle」, Wikipedia.

56) Steven Rattner, 『Overhaul: An Insider's Account of the Obama Administrations's Emergency Rescue of the Auto Industry』(New York: Houghton Mifflin Harcourt, 2010), p. 298.

57) 권태호·황보연, 「경제일반 "한국인들도 미국차 몰기 바란다": 오바마, 한국 콕 집어 수입 압박」, 『한겨레』, 2011년 8월 13일.

● 맺음말

1) Joseph B. White, 「The Top Cars for Teens: Better Safe Than Sporty」, 『The Wall Street Journal(Internet)』, April 6, 2011.

2) Robert Bernstein, 「The Speed Trap」, John de Graaf, ed., 『Take Back Your Time: Fighting Overwork and Time Poverty in America』(San Francisco, CA: Berrett-Koehler Publishers, 2003), pp. 102~103.

3) James Howard Kunstler, 『The Geography of Nowhere: The Rise and Decline of America's Man-Made Landscape』(New York: Touchstone, 1994), p. 115; Catherine Lutz & Anne Lutz Fernandez, 『Carjacked: The Culture of the Automobile & Its Effect on Our Lives』(New York: Palgrave, 2010), p. 20.

4) 「Driver's License in the United States」, Wikipedia.

5) Catherine Lutz & Anne Lutz Fernandez, 『Carjacked: The Culture of the Automobile & Its Effect on Our Lives』(New York: Palgrave, 2010), p. 7.

6) Jean Kilbourne, 『Can't Buy My Love: How Advertising Changes the Way We Think and Feel』(New York: Touchstone, 1999), pp. 96~106.

7) Katie Alvord, 『Divorce Your Car!: Ending the Love Affair with the Automobile』(Gabriola Island, B.C.: Canada: New Society Publishers, 2000), p. 1.

8) 강준만, 「자동차의 미디어 기능에 관한 연구: 자동차는 한국인의 국가·사회 정체성 연구에 어떤 영향을 미쳤는가?」, 『언론과학연구』, 제9권 2호(2009년 6월), 5~46쪽.

9) 김시현, 「자동차를 미국이 발명했다고?: "오바마 첫 의회 연설 곳곳 오류투성이"」, 『조선일보』, 2009년 2월 27일.

10) John B. Rae, 「Why Michigan?」, David L. Lewis & Laurence Goldstein, eds., 『The

Automobile and American Culture』(Ann Arbor: University of Michigan Press, 1983), p. 1.

11) 최원석, 「일본車의 '저력': 리콜 사태, 엔高 … 악조건에서도 매출·이익 급증」, 『조선일보』, 2010년 11월 8일.

12) Alan Wolfe, 『One Nation, After All: What Middle-Class Americans Really Think About』 (New York: Penguin Books, 1998), p. 20.